COLLECTION D'HISTORIENS CONTEMPORAINS

HISTOIRE

DE

LA GRÈCE

PARIS. — IMP. L. POUPART-DAVYL, RUE DU BAC, 30.

G. GROTE

Vice-chancelier de l'Université de Londres, Associé étranger de l'Institut de France

HISTOIRE

DE

LA GRÈCE

DEPUIS LES TEMPS LES PLUS RECULÉS

JUSQU'A LA FIN DE LA GÉNÉRATION CONTEMPORAINE D'ALEXANDRE LE GRAND

TRADUIT DE L'ANGLAIS

PAR A.-L. DE SADOUS

Professeur au Lycée impérial de Versailles, Docteur ès lettres de la Faculté de Paris

TOME DIX-NEUVIÈME

SEULE ÉDITION FRANÇAISE AUTORISÉE PAR L'AUTEUR

AVEC CARTES ET PLANS

PARIS

LIBRAIRIE INTERNATIONALE

15, BOULEVARD MONTMARTRE

Au coin de la rue Vivienne

A. LACROIX, VERBOECKHOVEN ET Cie, ÉDITEURS

A Bruxelles, à Leipzig et à Livourne

1867

Ire PARTIE. — GRÈCE LÉGENDAIRE

Ἀνδρῶν ἡρώων θεῖον γένος, οἳ καλέονται
Ἡμίθεοι προτέρῃ γενεῇ.

HÉSIODE.

2e PARTIE. — GRÈCE HISTORIQUE

. . . . . . Πόλιες μερόπων ἀνθρώπων.

HOMÈRE.

HISTOIRE DE LA GRÈCE

DEUXIÈME PARTIE

GRÈCE HISTORIQUE

CHAPITRE I

AFFAIRES GRECQUES DEPUIS LE DÉBARQUEMENT D'ALEXANDRE EN ASIE JUSQU'A LA FIN DE LA GUERRE LAMIAQUE

État du monde grec quand Alexandre franchit l'Hellespont. — Le courage grec aurait pu être appelé à agir si les Perses avaient bien joué leur jeu. — Espérances que font naître en Grèce d'abord la flotte persane dans la mer Ægée, puis les deux grandes armées persanes sur terre. — Actes publics et politiques d'Athènes, — décidément pacifiques. — Phokiôn et Démade étaient les principaux ministres à Athènes. — Ils étaient au nombre des politiques favorables aux Macédoniens. — Démosthène et Lykurgue, bien que ne jouissant pas d'ascendant politiquement, sont néanmoins des hommes publics d'importance ; activité financière de Lykurgue. — Position de Démosthène; sa conduite prudente. — Mouvement antimacédonien de Sparte; le roi Agis visite les amiraux persans dans la mer Ægée; ses tentatives et en Krête et dans le Péloponèse. — Agis lève une armée dans cette péninsule, et fait une déclaration ouverte contre Antipater. — Agis, heureux d'abord partiellement, est complétement défait par Antipater et tué. — Soumission complète de toute la Grèce à Antipater; députés spartiates envoyés à Alexandre en Asie. — Résultats malheureux des efforts défensifs de la Grèce ; manque de combinaison. — Position des partis à Athènes pendant la lutte d'Agis ; réaction du parti favorable à la Macédoine après sa défaite. — Débat judiciaire entre Æschine et Démosthène ; circonstances préliminaires quant à la proposition de Ktesiphôn et à l'accusation portée par Æschine. — Harangue accusatoire d'Æschine, nominalement contre la proposition de Ktesiphôn, en réalité contre la vie politique de Démosthène. — Appréciation d'Æschine, sur un témoignage indépendant, comme accusateur de Démosthène. — Réponse de Démosthène; discours De Coronâ. — Oraison funèbre de la liberté grecque anéantie. — Verdict des dikastes ; triomphe de Démosthène; exil d'Æschine. — Raisons pour lesquelles Æschine fut exilé; il fut la cause qui procura une couronne à Démosthène. — Accusation subséquente contre Démosthène, dans l'affaire d'Harpalos. — Fuite d'Harpalos à Athènes; sa conduite et ses relations avec Athènes antérieurement. — Faux rapports faits à Alexandre, que les Athéniens s'étaient identifiés avec Harpalos. — Circonstances accompagnant l'arrivée d'Harpalos à Sunion; débat dans l'assemblée athénienne; promesses faites par Harpalos; les Athéniens semblent d'abord favorablement disposés à son égard. — Phokiôn et Démosthène s'accordent à dissuader les Athéniens de recevoir Harpalos. — Antipater demande qu'on le lui livre; les Athéniens refusent d'accéder à cette requête, mais ils arrêtent Harpalos et séquestrent son trésor pour Alexandre. — Démosthène propose un décret à l'effet d'arrêter Harpalos, qui est arrêté, mais qui s'échappe. — Conduite de Démosthène par rapport au trésor d'Harpalos; déficit dans la somme comptée et réalisée, en tant que comparée avec la somme annoncée par Harpalos. — Soupçons au sujet de cet argent; Démosthène propose que l'Aréopage fasse une enquête sur l'affaire; les Aréopagites font un rapport contre Démosthène lui-même, avec Démade et autres, pour s'être approprié cet argent; Démosthène est jugé sur cette accusation; condamné, il se retire en exil. — Démosthène était-il coupable de cette appropriation criminelle? circonstances connues du cas. — Démosthène n'a pu recevoir d'argent d'Harpalos, puisqu'il s'opposa à lui depuis le commencement jusqu'à la fin. — Démosthène eut-il le moyen d'opérer un détournement, après que l'argent ne fut plus sous le contrôle d'Harpalos? Réponse négative. — Discours accusatoire de Dinarque contre Démosthène; invective virulente dépourvue de faits. — Changement d'esprit relativement à Demosthène, dans le public athénien, en peu de mois. — Réalité probable du cas, au sujet de l'argent d'Harpalos et de la sentence de l'Aréopage. — Rescrit d'Alexandre aux cités grecques, ordonnant que les exilés fussent rappelés dans chacune. — But du rescrit — de procurer des partisans à Alexandre dans chacune des cités; mécontentements en Grèce. — Effet produit en Grèce par la mort d'Alexandre. — Les Athéniens se déclarent les champions de l'affranchissement de la Grèce, malgré l'opposition de Phokiôn. — Les Ætoliens et beaucoup d'autres Grecs se joignent à la confédération formée pour l'affranchissement; activité de l'Athénien Leosthenês comme général; députés athéniens envoyés partout pour demander la coopération des divers Grecs. — Assistance prêtée aux députés athéniens par Démosthène, quoiqu'il fût en exil; il est rappelé à Athènes et reçoit un accueil enthousiaste. — Vaste confédération grecque contre Antipater, néanmoins sans Sparte; la Bœôtia fortement dans les intérêts macédoniens; Leosthenês avec l'armée confédérée s'avance en Thessalia. — Bataille en Thessalia; victoire de Leosthenês sur Antipater, qui est forcé de se jeter dans Lamia, et attend du secours d'Asie; Leosthenês fait le blocus de Lamia; il est tué. — Malheur de la mort de Leosthenês; Antiphilos est nommé à sa place; efforts relâchés de l'armée grecque. — Leonnatos, avec une armée macédonienne d'Asie, arrive en Thessalia; sa défaite et sa mort; Antipater s'échappe de Lamia, et prend le commandement. — Guerre maritime entre la flotte macédonienne et la flotte athénienne. — Répugnance des contingents grecs à rester dans un service continué longtemps; l'armée de Thessalia est affaiblie par le départ de beaucoup de soldats retournant dans leurs foyers. — Arrivée attendue de Krateros pour renforcer Antipater; relations entre les officiers macédoniens. — État de la famille royale, des généraux et des soldats macédoniens après la mort d'Alexandre. — Philippe Aridæos est proclamé roi; les satrapies sont distribuées entre les principaux officiers. — Perdikkas principal représentant de l'autorité centrale, aidé par Eumenès de Kardia. — Liste de projets formés par Alexandre à l'époque de sa mort ; les généraux y renoncent comme étant trop vastes; plans de Leonnatos et de Kleopatra. — Krateros rejoint Antipater en Macédoine avec une puissante armée; bataille de Krannôn en Thessalia; Antipater remporte sur les Grecs une victoire qui cependant n'est pas complète. — Antiphilos essaye d'ouvrir des négociations avec Antipater, qui refuse de traiter, si ce n'est avec chaque cité séparément; découragement parmi les Grecs; chaque cité traite séparément; Antipater accorde des conditions favorables à toutes, excepté aux Athéniens et aux Ætoliens. — Antipater et son armée en Bœôtia; Athènes laissée seule et hors d'état de résister; Démosthène et les autres orateurs antimacédoniens prennent la fuite; ambassade de Phokiôn, de Xenokratês et d'autres à Antipater. — Conditions sévères imposées à Athènes par Antipater. — Les douze mille citoyens les plus pauvres d'Athènes sont privés de leurs droits et déportés. — Maux endurés par les déportés d'Athènes; garnison macédonienne placée dans Munychia. — Démosthène, Hypéride et autres sont condamnés à mort pendant leur absence; Antipater envoie des officiers pour suivre à la trace et arrêter les exilés grecs; il met Hypéride à mort. — Démosthène réfugié à Kalauria; Archias, avec des soldats thraces, vient pour l'arrêter; il prend du poison et expire. — Condition misérable de la Grèce; vie et caractère de Démosthène. — Position déshonorante de Phokiôn à Athènes, au milieu de l'état misérable du peuple et de l'occupation macédonienne.

Même en 334 avant J.-C., quand Alexandre commença ses campagnes asiatiques, les cités grecques, grandes aussi bien que petites, s'étaient vu enlever toute leur action libre, et n'existaient que comme dépendances du royaume de Macédoine. Plusieurs d'entre elles étaient occupées par des garnisons macédoniennes, ou gouvernées par des despotes locaux qui avaient cette force armée pour appui. Il n'existait chez elles ni idée commune ni sentiment public, formellement proclamés comme mobiles d'action, si ce n'est ceux qu'il convenait au dessein d'Alexandre d'encourager. La haine contre la Perse, — jadis expression sincère du patriotisme hellénique, au souvenir de laquelle Démosthène faisait habituellement appel, en excitant les Athéniens à agir contre la Macédoine, mais actuellement éteinte et remplacée par des appréhensions plus prochaines, — Alexandre l'avait appliquée à ses propres desseins, comme prétexte pour obtenir l'hégémonie, et comme moyen d'assurer la soumission pendant son absence en Asie. La Grèce était devenue une province de Macédoine; les affaires des Grecs (fait observer Aristote en expliquant une discussion philosophique) sont « dans les mains du roi » (1). Un congrès public des Grecs se rassemblait de temps en temps à Corinthe; mais il ne représentait qu'un sentiment favorable aux Macédoniens; tout ce que nous connaissons de ses actes consistait en félicitations adressées à Alexandre au sujet de ses victoires. Il n'y a pas d'histoire grecque d'un caractère public ou politique; il n'y a pas de faits si ce n'est les détails locaux et municipaux de chaque cité, — « les rues et les fontaines que nous réparons, et les créneaux que nous blanchissons, » pour employer une phrase de Démosthène (2), — la bonne gestion des finances athéniennes par l'orateur Lykurgue, et les débats d'orateurs relatifs à des disputes privées ou à la politique du passé.

Mais bien que l'histoire grecque soit ainsi stagnante et suspendue pendant les premières années des campagnes asiatiques d'Alexandre, elle aurait pu à tout moment devenir animée par un esprit actif d'affranchissement personnel, s'il avait éprouvé des revers, ou si les Perses avaient administré leurs affaires avec habileté et vigueur. J'ai déjà dit que, pendant les deux premières années de la guerre, la flotte persane (nous devrions plutôt dire, la flotte phénicienne au service de la Perse) eut une supériorité décidée sur mer. Darius possédait des trésors immenses qui auraient pu accroître indéfiniment cette supériorité et multiplier ses moyens d'action au delà des mers, s'il avait voulu suivre l'avis de Memnôn, en agissant avec vigueur par mer et en se tenant strictement sur la défensive par terre. Le mouvement ou le repos des Grecs dépendait donc de la tournure des affaires en Asie, comme Alexandre lui-même le savait.

Pendant l'hiver de 334-333 avant J.-C., Memnôn avec la flotte persane parut faire des progrès dans les îles de la mer Ægée (3), et les Grecs contraires aux Macédoniens l'attendaient plus loin à l'ouest en Eubœa et dans le Péloponèse. Leurs espérances étant abattues par sa mort inattendue, et

(1) Arist. Phys. IV, 3, p. 210 *a*, 21. Ἔτι ὡς ἐν βασιλεῖ τὰ τῶν Ἑλλήνων, καὶ ὅλως ἐν τῷ πρώτῳ κινητικῷ.

(2) Démosthène, Olynthiac. III, p. 36.

(3) Arrien, II, 1.

plus encore par l'abandon que fit Darius des plans de cet amiral, ils avaient ensuite à attendre le résultat de ce que pourrait accomplir l'immense armée de terre des Perses. Même jusqu'à la veille de la bataille d'Issus, Démosthène (1) et autres (comme je l'ai déjà mentionné) furent encouragés par leurs correspondants en Asie à espérer un succès pour Darius même en bataille rangée. Mais après le grand désastre essuyé à Issus, pendant un an et demi (de novembre 333 av. J.-C. à mars ou à avril 331 av. J.-C.), aucune espérance ne fut possible. L'armée persane semblait anéantie, et Darius était si paralysé par la captivité de sa famille, qu'il laissa même les citoyens de Tyr et de Gaza périr dans leurs vaillants efforts de défense, sans faire la moindre tentative pour les sauver. Enfin, dans le printemps de 331 avant J.-C., l'avenir parut redevenir favorable. Une seconde armée persane, innombrable comme la première, se rassemblait à l'est du Tigre; Alexandre s'avançait dans l'intérieur, à bien des semaines de marche des rivages de la Méditerranée, pour l'attaquer; et les Perses transmettaient sans doute des encouragements avec de l'argent à des hommes entreprenants en Grèce, dans l'espérance de provoquer des mouvements auxiliaires. Bientôt (octobre 331 av. J.-C.) arriva la catastrophe à Arbèles, après laquelle aucune démonstration contre Alexandre n'aurait pu être tentée avec quelque espoir raisonnable de succès.

Tel fut le point de vue changeant sous lequel la lutte en Asie se présenta aux spectateurs grecs, pendant les trois ans et demi qui s'écoulèrent entre le débarquement d'Alexandre dans ce pays et la bataille d'Arbèles. Quant aux principaux États de la Grèce, nous n'avons à considérer qu'Athènes et Sparte; car Thêbes avait été détruite et démolie comme cité, et ce qui avait été jadis la citadelle de la Kadmeia était actuellement une garnison macédonienne (2). De plus, outre cette garnison, les cités bœôtiennes, Orchomenos, Pla-

---

(1) Æschine cont. Ktesiph. 552.

(2) Vita Demosthenis ap. Westermann, Scriptor. Biograph. p. 301. Φρουρὰν καταστήσαντος Ἀλεξάνδρου ἐν ταῖς Θήβαις μετὰ τὸ κατασκάψαι τοὺς Θηβαίους, etc.

tée, etc., étaient elles-mêmes des places fortes dans la dépendance macédonienne, étant hostiles à Thêbes depuis longtemps, et ayant reçu entre elles des lots de toutes les terres thêbaines (1). Conséquemment, dans le cas de quelque mouvement en Grèce, Antipater, vice-roi de Macédoine, pouvait bien compter trouver en Hellas des alliés intéressés, pour servir de frein sérieux à l'Attique.

A Athènes, le sentiment régnant était décidément pacifique. Peu de gens étaient disposés à braver le prince qui venait de donner une preuve si effrayante de sa force par la destruction de Thêbes et l'asservissement des Thêbains. Ephialtês et Charidêmos, les citoyens militaires à Athènes les plus opposés aux Macédoniens en sentiment, avaient été demandés comme prisonniers par Alexandre, et s'étaient retirés en Asie, pour y prendre du service chez Darius. D'autres Athéniens, hommes d'énergie et d'action, avaient suivi leur exemple et avaient combattu contre Alexandre au Granikos; mais ils tombèrent en son pouvoir, et furent envoyés en Macédoine, où, chargés de chaînes, ils travaillèrent aux mines. Ephialtês périt au siége d'Halikarnassos, pendant qu'il défendait la place avec le dernier courage; Charidêmos souffrit une mort plus indigne par la honteuse sentence de Darius. Les chefs antimacédoniens qui restaient à Athènes, tels que Démosthène et Lykurgue, n'étaient ni généraux ni hommes d'action, mais hommes d'État et orateurs. Ils étaient pleinement convaincus que la soumission à Alexandre était une pénible nécessité, bien qu'ils ne guettassent pas avec moins d'anxiété tout revers qui pourrait lui arriver et permettre à Athènes de diriger un nouvel effort en faveur de la liberté grecque.

Mais ce n'étaient ni Démosthène ni Lykurgue qui guidaient à ce moment la politique générale à Athènes (2).

---

(1) Pausanias, I, 25, 4.

(2) « Depuis que la domination macédonienne (fait observer Démosthène, De Coronâ, p. 331) est devenue toute-puissante, Æschine et des hommes de sa trempe exercent un grand ascendant et une grande influence, — moi je suis impuissant : il n'y a pas de place à Athènes pour des citoyens et des conseillers libres, mais seulement

Pendant les douze années qui s'écoulèrent entre la destruction de Thèbes et la mort d'Alexandre, Phokiôn et Démade furent les ministres des affaires étrangères ; deux hommes de caractères totalement opposés, mais coïncidant en vues pacifiques, et en ce qu'ils considéraient la faveur d'Alexandre et d'Antipater comme le principal but à atteindre. On envoya vingt trirèmes athéniennes pour agir avec la flotte macédonienne, pendant la première campagne d'Alexandre en Asie ; ces trirèmes, avec les prisonniers athéniens faits au Granikos, lui servirent de plus comme garantie de la continuation de la soumission des Athéniens en général (1). Il n'y a pas lieu de douter que la politique pacifique de Phokiôn ne fût alors prudente et essentielle à Athènes, bien qu'on n'en puisse dire autant (comme je l'ai fait remarquer en son lieu) de l'appui qu'il donna à la même politique vingt années auparavant, quand la puissance de Philippe grandissait et aurait pu être arrêtée par une opposition vigoureuse. Il convenait aux desseins d'Antipater d'assurer son empire sur Athènes par de fréquents présents faits à Démade, homme d'habitudes extravagantes et de luxe. Mais Phokiôn, incorruptible aussi bien que pauvre jusqu'à la fin, refusait toute offre semblable, bien qu'il lui en fût souvent fait, non-seulement par Antipater, mais même par Alexandre (2).

Il est une chose qui mérite d'être signalée particulièrement ; c'est que, bien que la politique favorable aux Macédoniens fût alors décidément en faveur, — acceptée, même par des hommes d'une opinion contraire, comme la seule marche admissible dans les circonstances, et confirmée d'autant plus par chaque victoire successive d'Alexandre, — cependant des hommes d'État, tels que Lykurgue et Démosthène, de sentiment antimacédonien notoire, occupaient encore une position remarquable et influente, quoique naturellement bornée à des questions d'administration intérieure. C'est ainsi que Lykurgue continua d'être le

pour les hommes qui font ce qu'on leur ordonne et qui flattent le potentat qui règne. »

(1) Arrien, I, 29, 8.

(2) Plutarque, Phokiôn, 30.

véritable ministre des finances en fonction, pendant trois intervalles panathénaïques de quatre années chacun, c'est-à-dire pendant une période non interrompue de douze années. Il surveilla non-seulement la perception entière, mais encore toute la dépense du revenu public ; rendant un compte périodique rigoureux, toutefois avec une autorité financière plus grande que n'en avait possédé aucun homme d'État depuis Periklês. Il améliora les gymnases et les stades de la cité, — multiplia les dons et le mobilier sacré dans les temples, — agrandit ou construisit à nouveau les bassins et les arsenaux, — prépara un fonds considérable d'armes et d'équipements, militaires aussi bien que navals, — et entretint quatre cents trirèmes en état de tenir la mer, pour protéger le commerce d'Athènes. Jamais il ne fut remplacé dans ces fonctions étendues, bien qu'Alexandre à un moment envoyât demander qu'on lui livrât sa personne, ce que refusa le peuple athénien (1). La principale cause de son puissant empire sur l'esprit public était sa probité connue et incontestable, par laquelle il faisait pendant à Phokiôn.

Quant à Démosthène, il n'occupait pas de position publique élevée comme Lykurgue, mais il jouissait d'une grande estime et d'une grande sympathie de la part du peuple en général, pour sa ligne marquée de conseil public

---

(1) V. le remarquable décret en l'honneur de Lykurgue, rendu par le peuple athénien dix-sept ou dix-huit ans après sa mort, dans l'archontat d'Anaxikratês, 307 avant J.-C. (Plutarque, Vit. X Orator. p. 852). La partie de ce décret qui énumère ses actes et qui constitue quatre cinquièmes du tout, s'étend sur la conduite publique de Lykurgue, et est très-importante.

Il semble que les douze années d'administration financière exercée par Lykurgue doivent être prises probablement, soit de 342-330 avant J.-C. — ou quatre ans plus tard, de 338-326 avant J.-C. Boeckh laisse le point indéterminé entre les deux. Droysen et Meier préfèrent la première période, — O. Müller la plus récente. (Boeckh, Urkunden ueber das Attische Seewesen, et la seconde édition de sa « Staatshaultung der Athener », vol. II. p. 114-118.)

Le total de l'argent public, rapporté par l'inscription comme ayant passé par les mains de Lykurgue pendant les douze années, était de 18,900 talents = 108,500,000 fr., ou environ. Il avait en outre en dépôt, dit-on, une grande quantité d'argent que lui confiaient des particuliers. Ses devoirs publics comme trésorier furent accomplis, pendant les quatre premières années, en son propre nom ; pendant les huit dernières, au nom de deux amis différents.

dans le passé. On en peut trouver la preuve dans un fait très-significatif. L'accusation contre la motion de Ktesiphôn, qui demandait une couronne pour Démosthène, fut intentée par Æschine, et enregistrée officiellement avant la mort de Philippe, — événement qui arriva en août 336 avant J.-C. Cependant Æschine n'osa pas la présenter en justice avant août 330 avant J.-C., après qu'Antipater eut triomphé du soulèvement malheureux du roi lacédæmonien Agis ; et même à ce moment avantageux, quand les partisans des Macédoniens semblaient en plein triomphe, il eut un échec signalé. Nous voyons ainsi que, bien que Phokiôn et Démade dirigeassent actuellement les affaires athéniennes, comme représentant une politique que chacun sentait être inévitable, — cependant le sentiment prépondérant du peuple suivait Démosthène et Lykurgue. Effectivement, nous verrons qu'après la guerre Lamiaque, Antipater jugea nécessaire d'étouffer ou de punir ce sentiment en privant de leurs droits ou en déportant deux tiers des citoyens (1). Il semble toutefois que les hommes d'État contraires aux Macédoniens furent très-attentifs à éviter d'offenser Alexandre, entre 334 et 330 avant J.-C. Ktesiphôn accepta une mission de condoléance auprès de Kleopatra, sœur d'Alexandre, à la mort de son époux Alexandre d'Epire ; et Démosthène est accusé d'avoir adressé à Alexandre (le Grand) en Phénicie des lettres humbles et basses, pendant le printemps de 331 avant J.-C. Cette assertion d'Æschine, bien qu'il ne faille pas la croire exacte, indique la prudence générale de Démosthène à l'égard de son ennemi formidable et bien connu (2).

---

(1) Plutarque, Phokiôn, 28.

(2) Æschine (adv. Ktesiph., p. 635) mentionne cette mission de Ktesiphôn auprès de Kleopatra. Il accuse aussi (dans le même discours) Démosthène d'avoir envoyé des lettres à Alexandre, pour solliciter pardon et faveur. Il dit qu'un jeune homme nommé Aristôn, ami de Démosthène, était en faveur auprès de la personne de ce prince, et que ce fut par son entremise que les lettres furent envoyées. Il cite comme ses autorités les marins du navire athénien public appelé *la Paralos*, et les députés athéniens qui allèrent vers Alexandre en Phénicie dans le printemps ou l'été de 331 avant J.-C. (Cf. Arrien, III, 6, 3). Hypéride égale-

Ce ne fut pas à Athènes, mais à Sparte que les mouvements antimacédoniens prirent alors naissance. Les Spartiates n'avaient pas pris part à la bataille décisive soutenue avec insuccès par Athènes et Thèbes à Chæroneia contre Philippe. Leur roi Archidamos, — qui avait agi conjointement avec Athènes dans la Guerre Sacrée, en essayant de soutenir les Phokiens contre Philippe et les Thêbains, — s'était ensuite retiré de la Grèce centrale pour assister les Tarentins en Italie, et avait été tué dans une bataille contre les Messapiens (1). Il eut pour successeur son fils Agis, homme brave et entreprenant, sous lequel les Spartiates, bien qu'ils s'abstinssent d'hostilités contre Philippe, déclinèrent résolûment de prendre part au congrès de Corinthe, qui nomma le prince macédonien chef des Grecs; et ils persistèrent même dans le même refus également lors de la nomination d'Alexandre. Quand ce prince envoya à Athènes trois cents panoplies après sa victoire au Granikos, pour être consacrées dans le temple d'Athênê, il déclara expressément, dans l'inscription, qu'elles étaient consacrées « par Alexandre et les Grecs, *à l'exception des Lacédæmoniens* » (2). Agis prit les devants en essayant d'obtenir l'aide persane pour des opérations antimacédoniennes en Grèce. Vers la fin de l'été de 333 avant J.-C., un peu avant la bataille d'Issus, il visita les amiraux persans à Chios, afin de demander des hommes et de l'argent pour une action projetée dans le Péloponèse (3). A ce moment, les amiraux avaient peu d'ardeur

---

ment semble avoir avancé la même allégation contre Démosthène. V. Harpokration, v. Ἀριστίων.

Le discours d'Hypéride où il défend Euxenippos (récemment publié par M. Churchill Babington), prononcé à quelque moment pendant le règne d'Alexandre, fournit une preuve générale du sentiment répandu au loin d'éloignement jaloux pour l'ascendant macédonien actuel. Euxenippos avait été accusé de dévouement aux Macédoniens; Hypéride le nie énergiquement, disant qu'Euxenippos n'avait jamais été en Macédoine, et qu'il n'avait conversé avec aucun des Macédoniens qui venaient à Athènes. Même les enfants à l'école (dit Hypéride) connaissent les noms des orateurs corrompus, ou flatteurs, qui servent la Macédoine. — Euxenippos n'est pas de ce nombre (p. 11, 12).

(1) Plutarque, Camille, 19; Diodore, XVI, 88; Plutarque, Agis, 3.

(2) Arrien, I, 16, 11; cf. Pausan. VII, 10, 1.

(3) Arrien, II, 13, 4.

pour la cause de la Grèce, comptant (comme le faisaient alors la plupart des Asiatiques) sur la destruction complète d'Alexandre en Kilikia. Toutefois, aussitôt que le désastre d'Issus fut connu, ils mirent à la disposition d'Agis trente talents et dix trirèmes, qu'il employa, sous son frère Agésilas, à se rendre maître de la Krête, sentant qu'on ne pouvait s'attendre à aucun mouvement en Grèce dans une crise aussi décourageante. Agis lui-même alla bientôt dans cette île, après s'être renforcé d'une division des mercenaires grecs qui avaient combattu sous Darius à Issus. En Krête, il paraît avoir eu un succès temporaire considérable, et même dans le Péloponèse, il organisa quelques démonstrations pour la répression desquelles Alexandre envoya Amphoteros avec une grande armée navale, dans le printemps de 331 avant J.-C. (1). A ce moment, la Phénicie, l'Égypte, et tout l'empire naval de la mer Ægée, avaient passé dans les mains du vainqueur, de sorte que les Perses n'avaient aucun moyen direct d'agir sur la Grèce. Probablement Amphoteros recouvra la Krête, mais il n'avait pas de forces de terre pour attaquer Agis dans le Péloponèse.

En octobre 331 avant J.-C., Darius fut battu à Arbèles et s'enfuit en Médie, laissant Babylone, Suse et Persépolis, avec la masse principale de ses immenses trésors, comme proie pour le vainqueur pendant l'hiver suivant. Après ces additions prodigieuses à la force d'Alexandre, il semblerait que tout mouvement antimacédonien, pendant le printemps de 330 avant J.-C., aurait dû être évidemment désespéré et même insensé. Cependant ce fut précisément alors que le roi Agis trouva moyen d'agrandir son échelle d'opérations dans le Péloponèse, et détermina un corps considérable de nouveaux alliés à se joindre à lui. Quant à lui-même person-

---

(1) Arrien, III, 6, 4; Diodore, XVII, 48; Quinte-Curce, IV, 1, 39.

C'est à cette guerre en Krête, entre Agis et le parti et les troupes des Macédoniens, qu'Aristote fait probablement allusion (dans les quelques mots contenus dans sa Politique, II, 7, 8), comme ayant exposé la faiblesse des institutions krêtoises. — V. une note de Schneider sur le passage. Du moins nous ne connaissons aucun autre événement qui s'accorde avec ces mots.

nellement, lui et les Lacédæmoniens avaient été antérieurement dans un état de guerre ouverte avec la Macédoine (1), et conséquemment ils couraient peu de risques en plus; en outre, c'était un des effets de la guerre asiatique de rejeter sur la Grèce de petites bandes de soldats qui avaient jusqu'alors trouvé du service dans les armées persanes. Ces hommes venaient volontiers au cap Tænaros s'enrôler sous un roi de Sparte guerrier; de sorte qu'Agis se trouva à la tête d'une armée qui parut considérable aux Péloponésiens, familiers seulement avec les petites proportions des rassemblements de guerre grecs, bien qu'insignifiante contre Alexandre ou son vice-roi en Macédoine (2). La révolte de Memnôn, le gouverneur macédonien de Thrace, fit briller un rayon inattendu d'espoir. Antipater fut forcé ainsi de retirer quelques-unes de ses forces à une distance considérable de la Grèce, tandis qu'Alexandre, tout victorieux qu'il fût,

(1) Alexandre, aussitôt qu'il fut devenu maître des trésors persans à Suse (vers décembre 331 av. J.-C.), envoya une remise considérable de trois mille talents à Antipater, comme moyen de faire la guerre aux Lacédæmoniens (Arrien, III, 16, 17). Les manifestations d'Agis dans le Péloponèse avaient commencé au printemps de 331 avant J.-C. (Arrien, III, 6, 4); mais ses mouvements agressifs dans la Péninsule ne prirent pas de proportions formidables avant le printemps de 330 avant J.-C. A la date du discours d'Æschine contre Ktesiphôn (août 330 av. J.-C.), la bataille décisive par laquelle Antipater écrasa les forces d'Agis n'avait été livrée que récemment, car les prisonniers lacédæmoniens étaient seulement *sur le point d'être envoyés* à Alexandre pour apprendre leur sort (Æschin. adv. Ktesiph. p. 524). Quinte-Curce (VII, 1, 21) s'est trompé certainement en disant que la lutte était terminée avant la bataille d'Arbèles. De plus, il y avait des députés lacédæmoniens, présents auprès de Darius même peu de jours avant sa mort (juillet 330 av. J.-C.), qui tombèrent ensuite dans les mains d'Alexandre (Arrien, III, 24, 7); ces hommes avaient pu difficilement connaître la ruine de leur patrie. Je suppose que la victoire d'Antipater fut remportée vers juin 330 avant J.-C., — et que l'armement péloponésien d'Agis fut réuni environ trois mois auparavant (mars 330 av. J.-C.).

M. Clinton (Fast. H. App. c. 4, p. 234) discute la chronologie de cet événement, mais d'une manière que je ne crois pas satisfaisante. Il semble disposé à le placer quelques mois plus tôt. Je ne vois pas de nécessité pour expliquer le mot attribué à Alexandre (Plutarque, Agésilas, 15) comme prouvant une coïncidence étroite de temps entre la bataille d'Arbèles et la défaite définitive d'Agis.

(2) Alexandre en Médie, informé de toute l'affaire après la mort d'Agis, en parlait avec mépris comme d'une bataille de souris et de grenouilles, si nous devons en croire le mot de Plutarque, Agésilas, 15.

étant en Persis ou en Médie, à l'est du mont Zagros, paraissait aux yeux d'un Grec avoir atteint les extrêmes limites du monde habitable (1). Agis profita de cet encouragement partiel, pour sortir de Laconie avec toutes les troupes, mercenaires et indigènes, qu'il put réunir. Il invita les Péloponésiens à faire un dernier effort contre la domination macédonienne, tandis que Darius conservait encore toute la moitié orientale de son empire, et qu'on pouvait encore espérer de lui de l'appui en hommes et en argent (2).

Quant à cette guerre, nous connaissons très-peu de détails. D'abord, de brillants succès parurent réservés à Agis. Les Eleiens, les Achæens (excepté Pellênê), les Arkadiens (excepté Megalopolis) et quelques autres Péloponésiens, se joignirent à son étendard, de sorte qu'il put réunir une armée qu'on porte à vingt mille fantassins et à deux mille chevaux. Défaisant les premières forces macédoniennes envoyées contre lui, il se mit en devoir d'assiéger Megalopolis, cité qui, actuellement comme jadis, était le boulevard de l'influence macédonienne dans la péninsule, et était probablement occupée par une garnison macédonienne. Athènes se montra disposée à accorder une sympathie active, et à équiper une flotte pour aider cet effort antimacédonien. Phokiôn et Démade résistèrent à ce mouvement, sans doute pour toute raison de prudence, mais en particulier pour un motif financier, allégué par le second, qui assura que le peuple serait forcé de renoncer à la distribution théôrique (3). Démosthène lui-même, dans des circonstances si évidemment décourageantes, ne put recommander la formidable démarche de se déclarer contre Alexandre, bien qu'il semble s'être permis d'exprimer des sympathies antimacédoniennes générales, et s'être plaint de l'impuissance à laquelle la mauvaise politique passée d'Athènes l'avait ame-

(1) Æschine adv. Ktesiph. p. 553. Ὁ δ' Ἀλέξανδρος ἔξω τῆς ἄρκτου καὶ τῆς οἰκουμένης ὀλίγου δεῖν πάσης μεθειστήκει, etc.

(2) Diodore, XVII, 62; Dinarque cont. Demosth. s. 35.

(3) Plutarque, Reipubl. Gerend. Præcept. p. 818.

née (1). Antipater, finissant la guerre en Thrace aux meilleures conditions possibles, se hâta de revenir en Grèce avec toutes ses forces, et arriva dans le Péloponèse à temps, pour délivrer Megalopolis, qui avait commencé à être en danger. Une bataille décisive, qui se livra en Arkadia, suffit pour terminer la guerre. Agis et son armée, les Lacédæmoniens en particulier, combattirent avec vaillance et désespoir, mais ils furent complétement défaits. Cinq mille de leurs soldats furent tués, y compris Agis lui-même, qui, bien que couvert de blessures, dédaigna de quitter le champ de bataille, et tomba en résistant jusqu'à la fin. Les vainqueurs, suivant un récit, perdirent trois mille cinq cents hommes; suivant un autre, il y en eut mille de tués, avec un grand nombre de blessés. C'était une perte plus grande que celle qu'Alexandre avait subie soit à Issus soit à Arbèles; preuve évidente qu'Agis et ses compagnons, bien que malheureux dans le résultat, avaient montré un courage digne des meilleurs jours de Sparte.

Les forces alliées furent alors si complétement écrasées, que tous se soumirent à Antipater. Après avoir consulté le congrès favorable aux Macédoniens à Corinthe, il condamna les Achæens et les Eleiens à payer cent vingt talents à Megalopolis et força les Tégéens à punir ceux de leurs principaux personnages qui avaient conseillé la guerre (2). Mais il ne voulut pas prendre sur lui de déterminer le traitement des Lacédæmoniens sans consulter spécialement Alexandre.

(1) C'est ce que nous reconnaissons, quant à la conduite de Démosthène, par Æschine, adv. Ktesiph. p. 553.

Toutefois il est difficile de croire ce qu'insinue Æschine, à savoir que Démosthène se vantait d'avoir provoqué le mouvement lacédæmonien, — et cependant qu'il ne fit aucune proposition ni ne donna aucun conseil pour l'appuyer. Démosthène ne peut guère avoir prêté d'aide positive à l'opération, bien qu'on dût compter sur ses sentiments antimacédoniens, dans le cas où les choses prendraient une tournure favorable.

Dinarque (*ut suprà*) accuse aussi Démosthène d'être resté inactif à ce moment critique.

(2) Quinte-Curce, VI, 1, 15-20; Diodore, XVII, 63-73. Après la défaite, un décret suspensif fut rendu par les Spartiates, à l'effet de décharger d'ἀτιμία ceux qui avaient échappé à la bataille, — comme on l'avait fait après Leuktra (Diodore, XIX, 70).

Il leur demanda cinquante otages, et envoya à ce prince en Asie des députés ou prisonniers, qui devaient se mettre à sa merci (1). On nous dit qu'ils n'atteignirent le roi que longtemps après, à Baktra (2); nous ignorons ce qui fut décidé au sujet de Sparte en général.

Le soulèvement des Thêbains, peu de mois après l'avénement d'Alexandre, avait été la première tentative faite par les Grecs pour s'affranchir de la domination macédonienne; cette entreprise d'Agis fut la seconde. Toutes deux, malheureusement, avaient été partielles, sans possibilité d'aucune combinaison étendue ni combinée à l'avance; toutes deux eurent une issue misérable, qui riva les chaînes de la Grèce plus fortement que jamais. C'est ainsi que la force que possédait la Grèce de se défendre elle-même fut anéantie peu à peu. Le plan d'Agis était en effet désespéré dès le début même, en tant qu'il attaquait la puissance gigantesque d'Alexandre; et il n'aurait peut-être jamais été entrepris, si le roi Agis lui-même n'eût déjà été compris dans des hostilités contre la Macédoine, avant la destruction de l'armée persane à Issus. Ce malheureux prince (sans aucun talent supérieur, autant que nous le savons) montra un courage et un patriotisme pleins de dévouement, dignes de son prédécesseur Léonidas aux Thermopylæ, dont le renom est plus grand, uniquement parce que la bannière qu'il soutenait finit par triompher. Les Athéniens et les Ætoliens, qui ne prirent parti pour Agis ni les uns ni les autres, restèrent alors, Thêbes et Sparte ayant disparu, comme les deux grandes puissances militaires de la Grèce, que nous verrons bientôt paraître, quand nous arriverons à la dernière lutte soutenue pour l'indépendance grecque, — la guerre Lamiaque qui fut mieux combinée et promit davantage, et qui cependant ne fut pas moins désastreuse dans son résultat.

Bien que les plus fortes considérations de prudence condamnassent Athènes au repos pendant ce mouvement antimacédonien dans le Péloponèse, il a dû s'élever une puis-

---

(1) Æschine, adv. Ktesiph. p. 524. (2) Quinte-Curce, VII, 4, 32.

sante sympathie parmi ses citoyens tandis que la lutte se continuait. Si Agis eût gagné la victoire sur Antipater, les Athéniens se seraient probablement déclarés en sa faveur; et bien qu'une position indépendante n'eût pu être maintenue d'une manière permanente contre un ennemi maître d'une puissance aussi écrasante qu'Alexandre, cependant si l'on songe qu'il était complétement occupé et loin dans l'intérieur de l'Asie, la Grèce aurait pu tenir tête à Antipater pendant un intervalle assez considérable. En face de pareilles éventualités, les craintes des hommes d'État partisans des Macédoniens alors au pouvoir à Athènes, les espérances de leurs adversaires, et les antipathies réciproques des uns et des autres, ont dû se manifester d'une manière inaccoutumée; de sorte que la réaction qui suivit, lorsque la puissance macédonienne devint plus irrésistible que jamais, fut considérée par les ennemis de Démosthène comme offrant une occasion favorable pour le ruiner et le déshonorer.

C'est à la particularité politique de ce moment que nous devons le débat judiciaire entre les deux grands orateurs athéniens: la mémorable accusation d'Æschine contre Ktesiphôn, pour avoir proposé une couronne en faveur de Démosthène, et la défense plus mémorable encore de Démosthène, au nom de son ami aussi bien qu'au sien propre. C'était dans l'automne ou dans l'hiver de 337-336 avant J.-C., que Ktesiphôn avait proposé ce vote d'honneur en faveur de Démosthène, et qu'il avait obtenu l'acquiescement préalable (probouleuma) du sénat; ce fut dans la même année attique, et peu de temps après, qu'Æschine attaqua la proposition en vertu de la Graphê Paranomôn, comme illégale, inconstitutionnelle, funeste, et fondée sur de fausses allégations (1). Plus de six ans s'étaient ainsi écoulés depuis

(1) Parmi les divers documents, réels ou prétendus, insérés dans le discours de Démosthène De Coronâ, on en voit un (p. 266) qui prétend être le décret même proposé par Ktesiphôn; et un autre (p. 243) qui prétend être l'accusation intentée par Æschine. J'ai déjà dit que je suis d'accord avec Droysen pour douter de tous les documents attachés à ce discours; tous portent le nom de faux archontes, la plupart des noms d'archontes inconnus;

que l'accusation avait été formellement enregistrée ; cependant Æschine n'avait pas voulu la produire réellement devant le tribunal ; ce qui dans le fait ne pouvait se faire sans quelque danger pour lui-même, devant la justice nombreuse et populaire d'Athènes. Deux ou trois fois, avant que son accusation fût intentée, d'autres personnes avaient proposé de conférer le même honneur à Démosthène (1), et avaient été accusées en vertu de la Graphê Paranomôn ; mais avec un insuccès si marqué, que leurs accusateurs n'obtinrent pas même un cinquième des suffrages des dikastes, et furent en conséquence soumis (d'après le règlement permanent d'une loi attique) à une peine de mille drachmes. Le même danger attendait Æschine ; et bien que, par rapport à l'illégalité de la motion de Ktesiphôn (qui était le but direct et ostensible visé en vertu de la Graphè Paranomôn), son accusation fût fondée sur des circonstances spéciales que les accusateurs antérieurs n'ont pu être en état de présenter, cependant son dessein réel n'était pas de se borner à cet argument étroit et technique. Il avait l'intention d'étendre

---

quelques-uns ne conviennent pas à la place où ils paraissent. V. tome XVII, ch. 4 et 5.

Nous savons par l'assertion d'Æschine lui-même que la motion de Ktesiphôn fut faite après la nomination de Démosthène comme l'un des inspecteurs des fortifications de la cité, et que cette nomination se fit dans le dernier mois de l'archonte Chærondas (juin 337 av. J.-C. — V. Æschine, adv. Ktesiph. p. 421-426). Nous savons aussi que l'accusation d'Æschine contre Ktesiphôn fut intentée avant l'assassinat de Philippe, événement qui arriva en août 336 avant J.-C. (Æschine, *ib.* p. 612, 613). Il paraît ainsi que la motion de Ktesiphôn (avec le probouleuma qui la précéda) a dû être présentée à quelque moment pendant l'automne ou l'hiver de 337-336 avant J.-C, — que l'accusation d'Æschine a dû être enregistrée peu de temps après, et que cette accusation n'a pu l'être à la date que porte le pseudo-document, p. 243, — le mois Elaphebolion de l'archonte Chærondas, ce qui serait antérieur à la nomination de Démosthène. De plus, en comparant la prétendue motion de Ktesiphôn, telle qu'elle est insérée dans Démosth. De Coronâ, p. 266, avec les mots dont se sert Æschine lui-même (adv. Ktesiph. p. 631. Ὅθεν τὴν ἀρχὴν τοῦ ψηφίσματος ἐποιήσω. V. aussi p. 439) pour représenter l'exorde de cette motion, on verra qu'elle ne peut être authentique.

(1) Démosthène, De Coronâ, p. 253, 302, 303, 310. Il dit (p. 267-313) qu'il avait été couronné *souvent* (πολλάκις) par les Athéniens et d'autres citoyens grecs. La couronne qu'il reçut sur la motion d'Aristonikos (après les succès contre Philippe à Byzantion et dans la Chersonèse, etc., en 340 av. J.-C.) fut la *seconde* couronne (p. 253). — Plutarque, Vit. X Orator. p. 848.

le cercle de l'accusation, de manière à y comprendre tout le rôle et toute la politique de Démosthène, qui, dans le cas où le verdict lui serait défavorable, se verrait ainsi publiquement déshonoré tant comme citoyen que comme homme politique. Dans le fait, à moins que ce dernier but ne fût atteint, Æschine ne gagnait rien à porter l'accusation en justice ; car la seule déclaration de l'accusation devait avoir eu déjà pour effet d'empêcher le probouleuma d'être transformé en décret, et la couronne d'être réellement accordée. Sans doute Ktesiphôn et Démosthène auraient pu forcer Æschine à l'alternative soit de laisser tomber son accusation, soit de la porter devant le dikasterion. Mais c'était un défi hardi, que, eu égard à un vote purement honorifique, ils ne s'étaient pas senti le courage d'envoyer ; surtout après la prise de Thêbes en 335 avant J.-C., quand Alexandre victorieux demandait qu'on lui livràt Démosthène avec plusieurs autres citoyens.

C'est dans cet état d'expectative et de compromis, — Démosthène jouissant de l'honneur ébauché d'un vote flatteur de la part du sénat, Æschine l'empêchant d'être transformé en vote du peuple, — que et le vote et l'accusation étaient restés pendant un peu plus de six ans. Mais l'accusateur se sentit actuellement encouragé à pousser son accusation en justice au milieu du sentiment de parti réactionnaire, qui suivit l'avortement des espérances antimacédoniennes, succéda à la victoire complète d'Antipater sur Agis, et amena l'accusation de citoyens antimacédoniens à Naxos, à Thasos et dans d'autres cités grecques également (1). Au milieu des craintes que l'on avait que le vainqueur ne voulùt porter son ressentiment plus loin encore, Æschine pouvait à ce moment faire valoir qu'Athènes était déshonorée pour avoir adopté ou même approuvé la politique de Démosthène (2), et qu'une condamnation expresse prononcée contre

(1) Démosth. De Coronâ, p. 294.

(2) Æschine adv. Ktesiph. p. 645. Διαβέβληται δ' ἡμῶν ἡ πόλις ἐκ τῶν Δημοσθένους πολιτευμάτων περὶ τοὺς νῦν καιρούς· δόξετε δ' ἐὰν μὲν τοῦτον στεφανώσητε, ὁμογνώμονες εἶναι τοῖς παραβαίνουσι τὴν κοινὴν εἰρήνην· ἐὰν δὲ τοὐναντίον

lui était le seul moyen de la délivrer de la charge de connivence avec ceux qui avaient levé l'étendard contre la suprématie macédonienne. Dans une harangue pleine de talent et d'amertume, Æschine montre d'abord que la motion de Ktesiphôn était illégale, à cause des fonctions publiques occupées par Démosthène au moment où elle fut proposée ; — ensuite il entre en détail dans toute la vie et le rôle de Démosthène, pour prouver qu'il est indigne d'un pareil honneur, même n'y eût-il pas eu de motifs formels d'objection Il divise la vie entière de Démosthène en quatre périodes, la première, finissant à la paix de 346 avant J.-C. entre Philippe et les Athéniens, — la seconde, finissant à l'explosion de la guerre qui vient ensuite en 341-340 avant J.-C., — la troisième, finissant au désastre de Chæroneia, — la quatrième, comprenant tout le temps suivant (1). Pendant toutes ces quatre périodes, il dénonce la conduite de Démosthène, comme ayant été corrompue, perfide, lâche et ruineuse pour la cité. Ce qui est plus surprenant encore, il l'accuse expressément d'une grande dépendance à l'égard et de Philippe et d'Alexandre au moment même où il s'attribuait le mérite de leur faire une opposition patriotique et intrépide (2).

Qu'Athènes eût subi une triste défaite et une pénible humiliation, en ayant été abaissée de la position indépendante et même présidentielle au rôle dégradé de cité macédonienne sujette, depuis le moment où Démosthène débuta pour la première fois dans la vie politique, c'était un fait qui n'était que trop certain. Æschine en fait même une partie de son argumentation, en attribuant une révolution si

τούτου πράξητε, ἀπολύσετε τὸν δῆμον τῶν αἰτιῶν. — Cf. avec ces mots la dernière phrase du discours de Démosthène en réponse, où il adresse une prière aux Dieux : — Ἡμῖν δὲ τοῖς λοιποῖς τὴν ταχίστην ἀπαλλαγὴν τῶν ἐπηρτημένων φόβων δότε καὶ σωτηρίαν ἀσφαλῆ.

La mention que fait Æschine (immédiatement avant) des jeux Pythiens, comme étant sur le point d'être célébrés dans peu de jours, marque la date de ce procès judiciaire, — août 330 avant J.-C.

(1) Æschine adv. Ktesiph. p. 443.

(2) Æschine adv. Ktesiph. p. 449, 456, 467, 551.

déplorable à la mauvaise et perfide gestion de Démosthène, et en le dénonçant comme candidat à un éloge public sans autre titre qu'une série de calamités publiques (1). Après avoir critiqué ainsi la conduite de Démosthène avant la bataille de Chæroneia, Æschine arrive au passé plus récent, et il prétend que Démosthène ne peut être sincère dans sa prétendue inimitié pour Alexandre, vu qu'il a laissé échapper trois occasions successives, toutes extrêmement favorables, d'engager Athènes à se montrer hostile aux Macédoniens. De ces trois occasions, la première fut quand Alexandre passa pour la première fois en Asie; la seconde, immédiatement avant la bataille d'Issus; la troisième, pendant la série de succès obtenus par Agis dans le Péloponèse (2). Dans aucune de ces occasions Démosthène ne fit appel à aucune action publique contre la Macédoine, preuve (selon Æschine) que ses déclarations antimacédoniennes n'étaient pas sincères.

J'ai déjà fait remarquer plus d'une fois, qu'à considérer l'inimitié amère qui régnait entre ces deux orateurs, on peut rarement se fier avec sûreté à l'allégation sans preuve de l'un des deux contre l'autre. Mais par rapport aux accusations mentionnées en dernier lieu qu'avançait Æschine, il y assez de faits connus, et nous avons des preuves indépendantes, telles que nous en rencontrons rarement, pour l'apprécier comme accusateur de Démosthène. La carrière victorieuse d'Alexandre, exposée dans les chapitres précédents, prouve amplement qu'aucune des trois périodes, indiquées ici par Æschine, ne présenta même un encouragement passable à un patriote athénien raisonnable pour engager son pays dans une guerre contre un ennemi aussi formidable. Rien ne peut être plus frivole que ces accusations contre Démosthène, d'avoir laissé passer des moments favorables à des opérations antimacédoniennes. En partie pour cette raison, sans doute, Démosthène ne les mentionne pas

(1) Æschine adv. Ktesiph. p. 526, 538, 541.

(2) Æschine adv. Ktesiph. p. 551-553.

dans sa réponse ; peut-être, plutôt encore pour une autre raison ; c'est qu'il n'était pas sans danger d'exprimer ce qu'il sentait et pensait au sujet d'Alexandre. Sa réponse insiste entièrement sur la période qui précède la mort de Philippe. Quant à l'empire illimité acquis subséquemment par le fils de ce roi, il n'en parle que pour le déplorer comme un triste châtiment de la fortune, qui a désolé à la fois le monde hellénique et le monde barbare, — dans lequel Athènes a été engloutie avec les autres, — et auquel même ces Grecs sans foi et changeants, qui concouraient à agrandir Philippe, n'avaient pas mieux échappé qu'Athènes, ni à vrai dire aussi bien (1).

Je ne toucherai pas ici le discours de Démosthène De Coronâ au point de vue de la rhétorique, et je n'ajouterai rien aux éloges qui en ont été faits unanimement, tant dans l'antiquité que dans les temps modernes, comme étant le chef-d'œuvre de l'éloquence grecque, dont il est impossible d'approcher. Il appartient à cet ouvrage comme portion de l'histoire grecque ; revue des efforts faits par un patriote et un homme d'État pour soutenir la dignité d'Athènes et l'autonomie du monde grec, contre un dangereux agresseur du dehors. J'ai raconté, dans les chapitres précédents, comment ces efforts furent dirigés, et de quelle manière lamentable ils échouèrent. Démosthène les passe ici en revue, en répondant aux accusations dirigées contre sa conduite publique pendant l'intervalle de dix ans, entre la paix de 346 avant J.-C. (ou la période qui la précède immédiatement) et la mort de Philippe. Il est remarquable que, bien qu'il déclare entamer une défense de toute sa vie publique (2), il peut néanmoins se permettre de laisser sans la mentionner la portion de cette vie qui est peut-être la plus honorable pour lui, — l'ancienne période de ses premières Philippiques et de ses premières Olynthiennes, — alors que, quoique étant un politique encore novice et sans influence

(1) Démosth. De Coronâ, p. 311-316.

(2) Démosth. De Coronâ, p. 227. Μέλλων τοῦ τε ἰδίου βίου παντὸς, ὡς ἔοικε, λόγον διδόναι τήμερον καὶ τῶν κοινῇ πεπολιτευμένων, etc.

établie, il fut le premier à apercevoir à distance les périls dont menaçait l'agrandissement de Philippe, et le plus ardent à provoquer des précautions opportunes et énergiques contre son ambition, malgré l'apathie et les murmures de politiques plus âgés, aussi bien que du public en général. Commençant à la paix de 346 avant J.-C., Démosthène défend la part qu'il a eue aux antécédents de cet événement contre les accusations d'Æschine, qu'il dénonce comme l'auteur de tout le mal, controverse que j'ai déjà essayé d'élucider dans un autre chapitre. Passant ensuite à la période qui suit cette paix, — aux quatre années d'abord de diplomatie hostile, ensuite d'action hostile, contre Philippe, qui aboutirent au désastre de Chæroneia, — Démosthène ne se contente pas d'une simple justification. Il revendique cette politique comme un sujet d'orgueil et d'honneur, malgré ses résultats. Il félicite ses compatriotes d'avoir manifesté un patriotisme panhellénique digne de leurs ancêtres, et il ne réclame que l'honneur d'avoir été le premier à proclamer et à exprimer ce glorieux sentiment commun à tous. La fortune a été contraire; cependant, sa politique antimacédonienne vigoureuse n'était pas une erreur; Démosthène le jure par les combattants de Marathôn, de Platée et de Salamis (1). Qu'une domination étrangère ait été imposée à la Grèce, c'est une calamité accablante; mais si elle l'avait été sans une énergique résistance de la part d'Athènes, à cette calamité se serait ajouté le déshonneur.

Conçue dans ce ton sublime, la réponse de Démosthène à son rival a une importance historique, comme oraison funèbre de la liberté athénienne et grecque anéantie. Six années auparavant, l'orateur avait été nommé par ses compatriotes pour prononcer la harangue publique habituelle en

(1) Démosth. De Coronâ, p. 297. Ἀλλ' οὐκ ἔστιν, οὐκ ἔστιν ὅπως ἡμάρτετε, ἄνδρες Ἀθηναῖοι, τὸν ὑπὲρ τῆς ἁπάντων ἐλευθερίας καὶ σωτηρίας κίνδυνον ἀράμενοι — οὐ μὰ τοὺς Μαραθῶνι προκινδυνεύσαντας τῶν προγόνων καὶ τοὺς ἐν Πλαταιαῖς παραταξαμένους καὶ τοὺς ἐν Σαλαμῖνι ναυμαχήσαντας, etc., serment si souvent cité et admiré.

l'honneur des guerriers tués à Chæroneia. Ce discours est aujourd'hui perdu; mais il touchait probablement les mêmes arguments. Bien que la sphère d'action de toute cité grecque, aussi bien que de tout citoyen grec, fût actuellement entravée et limitée par une force macédonienne irrésistible, il restait encore le sentiment de la liberté et de la dignité politiques, dont on avait joui pleinement dans le passé, — l'admiration pour les ancêtres qui les avaient défendues avec succès, — et la sympathie pour les chefs qui s'étaient récemment mis en avant pour les soutenir, bien qu'ils eussent échoué. C'est un des faits les plus mémorables de l'histoire grecque, que, malgré la victoire de Philippe à Chæroneia, — malgré la conquête subséquente de Thêbes par Alexandre, et le danger dont elle menaça Athènes; — malgré les conquêtes en Asie, qui avaient depuis jeté toute la puissance persane dans les mains du roi macédonien, — le peuple athénien n'ait jamais pu être persuadé, soit de répudier Démosthène, soit de renier sa sympathie pour sa politique. Quel art et quel talent déployèrent ses nombreux ennemis pour l'amener à le faire, le discours d'Æschine suffit pour nous l'apprendre. Et si l'on songe avec quelle facilité le public se dégoûte de projets qui aboutissent à un malheur, — quel grand soulagement d'esprit procure habituellement le blâme jeté sur des chefs malheureux, — il n'eût pas été étonnant que, dans l'une des nombreuses persécutions où se trouva enveloppée la réputation de Démosthène, les dikastes eussent rendu contre lui un jugement défavorable. Qu'il en soit toujours sorti acquitté, et acquitté honorablement, c'est une preuve de fidélité rare et de constance de caractère dans les Athéniens. C'est une preuve que ces sentiments nobles, patriotiques et panhelléniques, que nous trouvons constamment inculqués dans ses discours pendant une période de vingt années, avaient pénétré dans les esprits de ses auditeurs, et qu'au milieu de maintes allégations générales de corruption avancées contre lui, proclamées hautement par ses ennemis, il n'y avait pas un seul fait bien prouvé qu'ils pussent établir devant le dikasterion.

L'accusation intentée actuellement à Ktesiphôn par Æschine ne fit que procurer un nouveau triomphe à Démosthène. Quand on compta les suffrages des dikastes, Æschine n'obtint pas même le cinquième. Il se trouva donc passible de l'amende ordinaire de mille drachmes. Il paraît qu'il quitta immédiatement Athènes, sans payer l'amende, et qu'il se retira en Asie, d'où il ne revint jamais. Il ouvrit, dit-on, une école de rhétorique à Rhodes, et alla jusque dans l'intérieur de l'Asie pendant la dernière année de la vie d'Alexandre (au moment où ce monarque imposait aux cités grecques un rappel obligatoire de tous leurs exilés), afin d'obtenir son appui pour rentrer à Athènes. Ce projet fut désappointé par la mort d'Alexandre (1).

Nous ne pouvons supposer qu'Æschine fût hors d'état de payer l'amende de mille drachmes, ou de trouver des amis qui voulussent la payer pour lui. Ce ne fut donc pas une contrainte légale qui lui fit quitter Athènes; ce furent le désappointement et l'humiliation extrêmes d'une défaite si marquée. Nous devons nous rappeler que c'était un défi gratuit envoyé par lui-même; que la célébrité des deux rivaux avait attiré des auditeurs, non-seulement d'Athènes, mais de diverses autres cités grecques, et que l'effet du discours de Démosthène dans sa propre défense, — prononcé avec toute sa perfection de voix et d'action, électrisant les auditeurs par la sublimité de son sentiment public, et de plus rempli de louange personnelle admirablement maniée et d'amertume méprisante à l'égard de son rival, — cet effet, dis-je, doit avoir été puissant et imposant à un point inexprimable. Probablement les amis d'Æschine furent eux-mêmes irrités contre lui pour avoir poussé plus loin l'accusation; car sa défaite a dû avoir pour effet que le vote du sénat, qu'il attaquait, fut présenté et passa dans l'assemblée publique, et que Démosthène a dû recevoir une couronne publique (2). D'aucune autre manière, dans les circonstances

---

(1) V. les diverses vies d'Æschine — dans Westermann, Scriptores Biographici, p. 268, 269.

(2) Démosthène, De Coronâ, p. 315. Ἀλλὰ· νυνὶ τήμερον ἐγὼ μὲν ὑπὲρ τοῦ στεφανωθῆναι δοκιμάζομαι, τὸ δὲ μήδ' ὁτιοῦν ἀδικεῖν ἀνωμολόγημαι — σοὶ δὲ συκοφάντῃ μὲν εἶναι δοκεῖν

actuelles où se trouvait Athènes, Démosthène n'aurait pu obtenir un éloge aussi expressif. Il n'est donc guère surprenant qu'une pareille mortification fût insupportable à Æschine. Il se dégoûta de sa ville natale. Nous lisons que plus tard, dans son école de rhétorique de Rhodes, il débita un jour, comme leçon à ses disciples, l'heureuse harangue de son rival, De Coronâ. Naturellement, elle provoqua une explosion d'admiration. « Que serait-ce, s'écria Æschine, si vous eussiez entendu le monstre lui-même ! »

De ce mémorable triomphe de l'illustre orateur et défenseur, nous avons à passer à un autre procès, — accusation directe portée contre lui, à laquelle il n'échappa point aussi facilement. Nous sommes forcé ici de sauter par-dessus cinq ans et demi (d'août 330 av. J.-C. à janvier 324 av. J.-C.), intervalle pendant lequel nous n'avons aucune information sur l'histoire grecque, et qui s'écoula entre la marche d'Alexandre en Baktriâne et son retour en Persis et en Susiane. Mécontent de la conduite des satrapes pendant son absence, Alexandre en mit à mort ou punit plusieurs, et ordonna aux autres de licencier sans délai les troupes mercenaires qu'ils avaient prises à leur solde. Cet ordre péremptoire remplit l'Asie et l'Europe de détachements errants de soldats sans emploi, dont quelques-uns cherchèrent leur subsistance dans les îles grecques et sur la côte méridionale lacédæmonienne, au cap Tænaros, en Laconie.

Ce fut vers cette époque (commencement de 324 av. J.-C.) qu'Harpalos, le satrape de Babylonia et de Syria, commençant à éprouver des craintes à la pensée d'être puni par Alexandre pour ses fastueuses prodigalités, s'enfuit d'Asie en Grèce, avec un trésor considérable et un corps de cinq mille soldats (1). Pendant qu'il était satrape, il avait appelé en Asie, successivement, deux femmes athéniennes comme

---

ὑπάρχει, κινδυνεύεις δὲ εἴτε δεῖ σε ἔτι τοῦτο ποιεῖν, εἴτ' ἤδη πεπαῦσθαι μὴ μεταλαβόντα τὸ πέμπτον μέρος τῶν ψήφων, etc.

Cependant Æschine était devenu riche, suivant Démosthène, p. 329.

(1) Diodore, XVII, 108. Il porte à cinq mille talents le trésor emporté d'Asie par Harpalos.

maîtresses, Pythionikê et Glykera, à chacune desquelles il était fort attaché, et qu'il entretenait avec des dépenses et un luxe insensés. A la mort de la première, il témoigna sa douleur par deux monuments funèbres élevés à grands frais à sa mémoire ; l'un à Babylone, l'autre en Attique, entre Athènes et Eleusis. Quant à Glykera, on dit qu'il résida avec elle à Tarsos, en Kilikia, — qu'il ordonna aux hommes de se prosterner devant elle et de lui parler comme à une reine, — et qu'il éleva sa statue avec la sienne propre à Rhossos, port de mer sur les confins de la Kilikia et de la Syria (1). Pour plaire à ces maîtresses, ou peut-être afin de s'assurer une retraite pour lui-même en cas de besoin, il avait envoyé à Athènes du blé en profusion à distribuer au peuple, de qui il avait reçu des votes de remerciement avec le don de droit de cité athénien (2). De plus, il avait confié à Chariklès, gendre de Phokiôn, la tâche d'élever le monument en Attique en l'honneur de Pythionikê, avec une remise considérable d'argent dans ce dessein (3). Le profit ou le détournement résultant de cette dépense lui assura la bonne volonté de Chariklês, — homme très-différent de son beau-père, l'honnête et austère Phokiôn. D'autres Athéniens furent probablement gagnés par divers présents ; de sorte que, quand Harpalos jugea à propos de quitter l'Asie, vers le commencement de 324 avant J.-C., il avait acquis déjà

(1) V. les fragments de la lettre ou pamphlet de Théopompe adressé à Alexandre, tandis qu'Harpalos était encore à Tarsos, et avant sa fuite à Athènes. — Theopomp. Fragm. 277, 278, éd. Didot ap. Athenæ. XIII, p. 586-595. Théopompe parle au présent : — Καὶ ὁρᾷ (Harpalos) ὑπὸ τοῦ λάου προσκυνουμένην (Glykera), etc.

Clitarque affirmait ces faits, aussi bien que Théopompe (Athénée, *ibid.*).

(2) Athénée, XIII, p. 596, — extrait du drame satirique appelé Agên, représenté devant Alexandre à Suse, dans la fête Dionysiaque ou premier mois de 324 avant J.-C.

(3) Plutarque, Phokiôn, 22 ; Pausanias, I, 37, 4 ; Dikæarchi Fragm. 72, éd. Didot.

Le récit de Plutarque égare en ce qu'il semble impliquer que Harpalos donna cet argent à Chariklês *après* son arrivée à Athènes. Nous savons par Théopompe (Fr. 277) que le monument avait été terminé quelque temps avant qu'Harpalos quittât l'Asie. Plutarque en parle comme d'une construction médiocre, indigne de la somme qu'on y dépensa ; mais Dikæarque et Pausanias le représentent tous deux comme somptueux et magnifique.

quelque empire, tant sur le public d'Athènes que sur quelques-uns de ses principaux personnages. Il fit voile, avec son trésor et son armement, droit au cap Sunion, en Attique, d'où il envoya demander asile et protection dans cette cité (1).

Les premiers rapports transmis en Asie paraissent avoir annoncé que les Athéniens avaient accueilli Harpalos comme un ami et un allié, qu'ils avaient secoué le joug macédonien et s'étaient préparés à une guerre pour rétablir la liberté hellénique. C'est ainsi que le fait est coloré, tel qu'il est présenté dans le drame satirique appelé Agên, représenté devant Alexandre à la fête Dionysiaque à Suse, en février ou en mars 324 avant J.-C. Cette nouvelle, se rattachant, dans l'esprit d'Alexandre, à la récente défaite de Zopyrion, en Thrace, et à d'autres désordres des mercenaires licenciés, l'enflamma tellement de colère, qu'il ordonna d'abord d'équiper une flotte, décidé à franchir la mer et à aller attaquer Athènes en personne (2). Mais il fut bientôt calmé par une communication plus exacte, certifiant que les Athéniens

---

(1) Quinte-Curce, X, 2, 1.

(2) Quinte-Curce, X, 2, 1. « Igitur triginta navibus Sunium transmittunt » (Harpalos et ceux qui l'accompagnent) « unde portum urbis petere decreverunt. His cognitis, rex Harpalo Atheniensibusque juxta infestus, classem parari jubet, Athenas protinus petiturus. » Cf. Justin, XIII, 5, 7, — qui mentionne cette intention hostile dans l'esprit d'Alexandre, mais en expose différemment la cause.

L'extrait du drame *Agên* (donné dans Athénée, XIII, p. 596) représente les rapports qui excitèrent cette colère d'Alexandre. On disait qu'Athènes avait repoussé son asservissement avec l'abondance dont elle avait joui auparavant dans cet état, — afin de commencer une lutte pour la liberté, avec la certitude de privations présentes et d'une ruine future :

A. Ὅτε μὲν ἔφασκον (les Athéniens) [δοῦλον ἐκτῆσθαι βίον,
Ἱκανὸν ἐδείπνουν · νῦν δὲ, τὸν χέ- [δροπα μόνον
Καὶ τὸν μάραθον ἔσθουσι, πυροὺς [δ' οὐ μάλα.
B. Καὶ μὴν ἀκούω μυριάδας τὸν Ἅρ- [παλον
Αὐτοῖσι τῶν Ἀγῆνος οὐκ ἐλάττονας
Σίτου παραπέμψαι, καὶ πολίτην γε- [γονέναι.
A. Γλυκέρας ὁ σῖτος οὗτος ἦν · ἔστιν [δ' ἴσως
Αὐτοῖσιν ὀλέθρου κοὐχ ἑταίρας [ἀῤῥαβών ·

Je crois que ce drame *Agên* fut représenté sur les bords du *Choaspes* (non l'*Hydaspes*, — V. ma note dans le chapitre qui précède immédiatement [t. XVIII, p. 287, n. 4]), c'est-à-dire à Suse, dans les Dionysia de 324 avant J.-C. Il est intéressant comme signe des sentiments du temps.

avaient positivement refusé d'épouser la cause d'Harpalos (1).

Le fait de ce rejet final par les Athéniens est tout à fait incontestable. Mais il semble, autant que nous pouvons l'établir au moyen de preuves imparfaites, que cette mesure ne fut pas prise sans débat, ni sans symptômes d'une disposition contraire, suffisants pour expliquer les bruits qui arrivèrent d'abord aux oreilles d'Alexandre (324 av. J.-C.). A vrai dire, la première arrivée d'Harpalos à Sunion excita l'alarme, comme s'il venait avec l'intention de s'emparer de Peiræeus, et on chargea l'amiral Philoklês de prendre des précautions pour la défense du port (2). Mais Harpalos, envoyant son armement en Krête ou à Tænaros, sollicita et obtint la permission de venir à Athènes, avec un seul vaisseau et ses propres serviteurs personnels. Ce qui avait une importance plus grande encore, il apporta avec lui une somme considérable d'argent, montant, nous dit-on, à plus de sept cents talents, ou plus de quatre millions de francs. Nous devons nous rappeler qu'il était déjà favorablement connu du peuple par de grands présents de blé, qui lui avaient procuré un vote de droit de cité. Il se reposait actuellement sur la gratitude des Athéniens, comme un suppliant cherchant une protection contre la colère d'Alexandre ; et, tout en demandant aux Athéniens une intervention si dangereuse pour eux-mêmes, il ne négligea pas de les encourager en exagérant les moyens qu'il avait à

(1) Néanmoins l'impression qu'Alexandre avait l'intention d'assiéger Athènes a dû dominer dans l'armée plusieurs mois encore, pendant l'automne de 324 avant J.-C., quand il était à Ekbatane. Ephippus l'historien, en racontant les flatteries adressées à Alexandre à Ekbatane, mentionne la rodomontade d'un soldat nommé Gorgos : — Γόργος ὁ ὁπλοφύλαξ Ἀλέξανδρον Ἄμμωνος υἱὸν στεφανοῖ χρυσοῖς τρισχιλίοις, καὶ ὅταν Ἀθήνας πολιορκῇ, μυρίαις πανοπλίαις καὶ ταῖς ἴσαις καταπέλταις καὶ πᾶσι τοῖς ἄλλοις βέλεσιν εἰς τὸν πόλεμον ἱκανοῖς (Ephippus ap. Athenæ. XII, p. 538, Fragm. 3 éd. Didot).

(2) Dinarque adv. Philokl. s. 1. Φάσκων κωλύσειν Ἅρπαλον εἰς τὸν Πειραιᾶ καταπλεῦσαι στρατηγὸς ὑφ' ὑμῶν ἐπὶ τὰ νεώρια καὶ τὴν Μουνυχίαν κεχειροτονημένος, etc. Dinarque adv. Aristogeiton. s. 4. Ὃς παρ' Ἁρπάλου λαβεῖν χρήματα ἐτόλμησεν, ὃν ᾔσθεθ' ἥκειν καταληψόμενον τὴν πόλιν ὑμῶν, etc.

sa disposition. Il s'étendit sur la haine et le mécontentement universels ressentis contre Alexandre, et donna l'assurance qu'à lui se joindraient de puissants alliés, étrangers aussi bien que Grecs, si une fois une cité comme Athènes levait l'étendard de la délivrance (1). A un grand nombre de patriotes athéniens, plus ardents que doués d'une longue vue, ces appels inspirèrent et de la sympathie et de la confiance. De plus, Harpalos dut naturellement acheter tout partisan influent qui voulut accepter un présent, outre les hommes tels que Chariklês, qui étaient déjà dans ses intérêts. Sa cause fut épousée par Hypéride (2), citoyen antimacédonien déclaré, et orateur qui ne le cédait qu'à Démosthène. Il semble qu'il y a tout lieu de croire qu'on fut d'abord fortement disposé à prendre parti pour l'exilé, le peuple n'étant pas effrayé même par l'idée d'une guerre avec Alexandre (3).

Phokiôn, qu'Harpalos s'efforça en vain de corrompre,

---

(1) V. les fragments nouveaux et intéressants, bien que malheureusement peu abondants, du discours d'Hypéride contre Démosthène, publiés et élucidés par M. Churchill Babington d'après un papyrus égyptien récemment découvert (Cambridge, 1850). Par le fragm. 14 (p. 38 de l'édition de M. Babington), nous pouvons voir que les promesses mentionnées dans le texte furent réellement faites par Harpalos, — et à vrai dire nous aurions pu presque le présumer sans témoignage positif, — Hypéride dit à Démosthène : — Ταύτας ὑπ...... ις τῷ ψηφίσματι, συλλαβὼν τὸν Ἅρπαλον · καὶ τοὺς μὲν ἄλλους ἅπαντας πρεσβεύεσθαι πεποίηκας ὡς Ἀλέξανδρον, οὐκ ἔχοντας ἄλλην οὐδεμίαν ἀποστροφήν · τοὺς δὲ βαρβάρους, οἳ αὐτοὶ ἂν ἧκον φέροντες εἰς ταὐτὸ τὴν δύναμιν, ἔχοντες τὰ χρήματα καὶ τοὺς στρατιώτας ὅσους ἕκαστος αὐτῶν εἶχε, τούτους σύμπαντας οὐ μόνον κεκώλυκας ἀποστῆναι ἐκείνου τῇ συλλήψει τοῦ Ἁρπάλου, ἀλλὰ καὶ.....

Le langage employé ainsi par Hypéride dans son accusation nous fait voir quelles espérances lui (et naturellement Harpalos, sur l'autorité duquel il a dû parler) avaient présentées au peuple quand l'affaire fut soumise pour la première fois à une discussion.

Le fragment cité ici est complet quant au sens général, et il ne demande pas un très-grand secours à la conjecture. Dans quelques-uns des autres fragments, les restitutions, conjectures de M. Babington, bien qu'extrêmement probables et judicieuses, forment une partie trop considérable du tout pour nous permettre de les citer avec confiance comme témoignage.

(2) Pollux, X, 159.

(3) Plutarque, de Vitioso Pudore, p. 531. Τῶν γὰρ Ἀθηναίων ὡρμημένων Ἁρπάλῳ βοηθεῖν, καὶ κορυσσόντων ἐπὶ τὸν Ἀλέξανδρον, ἐξαίφνης ἐπεφάνη Φιλόξενος, ὁ τῶν ἐπὶ θαλάσσῃ πραγμάτων Ἀλεξάνδρου στρατηγός · ἐκπλαγέντος δὲ τοῦ δήμου, καὶ σιωπῶντος διὰ τὸν φόβον, ὁ Δημοσθένης — Τί ποιήσουσιν, ἔφη, πρὸς τὸν ἥλιον ἰδόντες, οἱ μὴ δυνάμενοι πρὸς τὸν λύχνον ἀντιβλέπειν;

résista naturellement à la proposition d'épouser sa cause. Et Démosthène résista aussi, d'une manière non moins décidée, dès le début même (1). Nonobstant toute sa haine pour la suprématie macédonienne, il ne pouvait ne pas voir la folie qu'il y aurait à déclarer la guerre à Alexandre. Dans le fait, en étudiant ses discours d'un bout à l'autre, on trouvera ses conseils tout aussi remarquables pour la prudence que pour l'énergie du patriotisme. Toutefois, sa prudence en cette occasion fut nuisible à sa position politique; car, tandis qu'elle irrita Hypéride et les citoyens les plus opposés aux Macédoniens, elle ne lui valut probablement rien de plus qu'une trêve temporaire de la part de ses anciens adversaires partisans d'Alexandre.

L'opposition combinée de politiques aussi opposés que Démosthène et Phokiôn l'emporta sur le mouvement que les partisans d'Harpalos avaient créé. On ne put obtenir de décret en sa faveur. Bientôt toutefois le cas se compliqua par l'arrivée d'ambassadeurs envoyés de Macédoine, par Antipater et Olympias, pour demander qu'on le livrât (2). La même requête fut également adressée par l'amiral macédonien Philoxenos, qui arriva d'Asie avec une petite escadre. Ces demandes furent refusées, à la prière de Phokiôn non moins qu'à celle de Démosthène. Néanmoins on présenta alors au peuple les perspectives de la vengeance macédonienne comme si prochaines et si effrayantes, que toute disposition à appuyer Harpalos céda à la nécessité de se rendre Alexandre favorable. Un décret fut rendu à l'effet d'arrêter Harpalos, et de mettre tout son argent sous séquestre dans l'akropolis, jusqu'à ce qu'on pût recevoir des ordres spéciaux d'Alexandre, auquel, à ce qu'il paraît, on envoya des députés qui emmenaient avec eux les esclaves d'Harpalos pour être interrogés par ce prince, et étaient chargés de solliciter auprès de lui une sentence peu sévère (3).

(1) Plutarque, Phokiôn, c. 21; Plutarque, Démosthène, 25.

(2) Diodore, XVII, 108.

(3) Dinarque adv. Démosth. s. 69. Ἐὰν τοὺς παῖδας καταπέμψῃ (Alexandre) πρὸς ἡμᾶς τοὺς νῦν εἰς ἑαυτὸν ἀνακεκομισμένους, καὶ τούτων ἀξιοῖ τὴν ἀλήθειαν πυθέσθαι, etc.

Or ce fut Démosthène qui proposa ces décrets, à l'effet d'arrêter la personne d'Harpalos et de séquestrer son argent (1); et par là il encourut un ressentiment plus vif de la part d'Hypéride et des autres partisans d'Harpalos, qui le dénoncèrent comme une créature dans la dépendance du tout-puissant monarque. Harpalos fut emprisonné, mais bientôt il s'échappa, probablement fort à la satisfaction de Phokiôn, de Démosthène et de tous les autres citoyens; car même ceux qui désiraient le plus se débarrasser de lui devaient reculer devant l'odieux et le déshonneur de le livrer, même par contrainte, à une mort certaine. Il s'enfuit en Krête, où bientôt il fut tué par un de ses propres compagnons (2).

Au moment où l'on rendit les décrets pour l'arrestation et le séquestre, Démosthène pria un citoyen qui se trouvait près de lui de demander à Harpalos, publiquement dans l'assemblée, quel était le montant de son argent, que le peuple avait résolu à l'instant de séquestrer (3). Harpalos répondit : sept cent vingt talents, et Démosthène déclara cette somme au peuple, sur l'autorité d'Harpalos, insistant avec quelque force sur sa grandeur. Mais quand on en arriva à compter l'argent dans l'akropolis, on découvrit qu'il n'y

---

(1) V. le fragment cité dans une note précédente du discours d'Hypéride contre Démosthène. Que ce fût Démosthène qui proposa le décret à l'effet de déposer l'argent dans l'akropolis, c'est ce que nous apprenons aussi d'un de ses autres accusateurs, — le citoyen qui prononça le discours composé par Dinarque (adv. Demosth. s. 68, 71, 89) : — Ἔγραψεν αὐτὸς ἐν τῷ δήμῳ Δημοσθένης, ὡς δηλόνοτι δικαίου τοῦ πράγματος ὄντος, φυλάττειν Ἀλεξάνδρῳ τὰ εἰς τὴν Ἀττικὴν ἀφικόμενα μετὰ Ἁρπάλου χρήματα.

Dinarque (adv. Demosth. s. 97-106) accuse Démosthène de basse flatterie à l'égard d'Alexandre. Hypéride avance aussi la même accusation. — V. les Fragments dans l'édition de M. Babington, s. 2, Fr. 11, p. 12; s. 3, Fr. 5, p. 34.

(2) Paus. II, 33, 4; Diod. XVII, 108.

(3) Ce fait essentiel de la question adressée publiquement à Harpalos dans l'assemblée par quelqu'un, à la requête de Démosthène, paraît dans les Fragments d'Hypéride, p. 5, 7, 9, éd. Babington : — Καθήμενος κάτω ὑπὸ τῇ κατατομῇ, ἐκέλευσε..... τὸν χορευτὴν ἐρωτῆσαι τὸν Ἅρπαλον ὅποσα εἴη τὰ χρήματα τὰ ἀνοισθησόμενα εἰς τὴν ἀκρόπολιν · ὁ δὲ ἀπεκρίνατο ὅτι ἑπτακόσια, etc.

Le terme κατατομὴ (V. une note de M. Babington) « désigne un large passage se trouvant à intervalles entre les bancs arrangés d'une manière concentrique dans un théâtre, et étant parallèle à eux ».

avait en réalité pas plus de trois cent cinquante talents. Or on dit que Démosthène ne communiqua pas immédiatement au peuple ce prodigieux déficit dans la somme réelle en tant que comparée avec ce qu'avait annoncé Harpalos, et qu'il répéta lui-même dans l'assemblée publique. L'impression régna, nous ignorons pendant combien de temps, que sept cent vingt talents d'Harpalos avaient été réellement placés dans l'akropolis, et quand la vérité finit par être connue, elle excita une grande surprise et fit jeter les hauts cris (1). On supposa que la moitié de la somme annoncée qui manquait avait dû être employée en corruption, et des soupçons s'élevèrent contre presque tous les orateurs, y compris et Démosthène et Hypéride.

Dans cet état de doute, Démosthène proposa que le sénat de l'aréopage fît une enquête sur l'affaire et fît connaître quels étaient les délinquants présumés (2) qui méritaient d'être cités devant le dikasterion; il déclara dans le discours qui accompagnait sa motion que les délinquants réels, quels qu'ils pussent être, méritaient la peine capitale. Les aréopagites différèrent leur rapport pendant six mois, bien que Démosthène, dit-on, le demandât avec quelque impatience. On fit des recherches dans les maisons des principaux orateurs, à l'exception d'un seul qui s'était marié récemment (3). A la fin le rapport parut; il énumérait plusieurs noms de citoyens que l'on pouvait accuser de

---

(1) Plutarque, Vit. X Orator. p. 846. Dans la vie de Démosthène donnée par Photius (Cod. 265, p. 494), il est dit qu'on ne trouva que trois cent huit talents.

(2) Que cette motion ait été faite par Démosthène lui-même, c'est un point sur lequel insiste fortement son accusateur Dinarque, —adv. Demosth. s. 5, 62. 84, etc. Cf. aussi les Fragm. d'Hypéride, p. 59, éd. Babington.

Dinarque, dans sa rhétorique vague, essaye de présenter la chose comme si Démosthène avait proposé de reconnaître la sentence de l'aéropage comme définitive et péremptoire, et comme s'il était par conséquent condamné sur l'autorité invoquée par lui-même. Mais cette assertion est suffisamment réfutée par le seul fait que le procès fut intenté plus tard, outre qu'elle est contraire à la pratique judiciaire d'Athènes.

(3) Plutarque, Démosth. 26. Nous apprenons par Dinarque (adv. Demosth. I, 46) que le rapport des aréopagites ne fut fait qu'après un intervalle de six mois. Au sujet de leur retard et de l'impatience de Démosthène, V. Fragm. Hypéride, p. 12-33, éd. Babington.

s'être approprié cet argent, et il spécifiait combien chacun d'eux avait pris. Parmi ces noms se trouvait Démosthène lui-même, accusé d'avoir pris vingt talents, — Démade, six mille statères d'or, — et d'autres citoyens, avec différentes sommes attachées à leurs noms (1). Sur ce rapport, on nomma dix (2) accusateurs publics chargés de poursuivre l'accusation contre les personnes spécifiées, devant le dikasterion. Au nombre des accusateurs était Hypéride, dont le nom n'avait pas été compris dans le rapport aréopagitique. De toutes les personnes accusées, Démosthène fut cité le premier, devant un nombreux dikasterion de quinze cents citoyens (3), qui confirma le rapport des aréopagites, le reconnut coupable et le condamna à payer cinquante talents à l'État. Comme il n'était pas en état d'acquitter cette amende considérable, on le mit en prison; mais après quelques jours il trouva moyen de s'évader, et s'enfuit à Trœzen dans le Péloponèse, où il passa quelques mois comme exilé, triste et découragé, jusqu'à la mort d'Alexandre (4). Que fut-il fait à l'égard des autres citoyens compris dans le rapport aréopagitique, nous l'ignorons. Il paraît que Démade (5), — qui était du nombre, et qui est attaqué spécialement avec Démosthène et par Hypéride et par Dinarque, — ne comparut pas pour être jugé, et qu'il a dû par conséquent être condamné à l'exil; toutefois, s'il en fut ainsi, il n'a pu tarder à revenir, vu qu'il semble avoir été à Athènes au moment de la mort d'Alexandre. Philoklês et Aristogeitôn furent également cités en justice comme étant compris par l'aréopage dans la liste des délinquants; mais quelle fut l'issue de leur procès, c'est ce que nous ne voyons pas (6).

---

(1) Dinarque, adv. Demosth. s. 92. V. les Fragm. d'Hypéride dans M. Babington, p. 18.

(2) Dinarque, adv. Aristogeiton. s. 6. Stratoklês était un des accusateurs.

(3) Dinarque, adv. Demosth. s. 108, 109.

(4) Plutarque, Démosth. 26.

(5) Dinarque, adv. Demosth. s. 104.

(6) V. les deux discours composés par Dinarque contre Philoklês et Aristogeitôn.

Dans la seconde et la troisième lettre attribuée à Démosthène (p. 1470, 1483, 1485), on lui fait dire qu'il avait été condamné seul par le dikasterion,

Cette condamnation et ce bannissement de Démosthène, — incontestablement le plus grand orateur et l'un des plus grands citoyens de l'antiquité athénienne, — sont le résultat le plus pénible des débats relatifs à l'exilé Harpalos. Démosthène lui-même nia l'accusation, mais par malheur nous ne possédons ni la défense ni les faits allégués comme preuve contre lui; de sorte que nos moyens d'établir une conclusion positive sont imparfaits. En même temps, à en juger par les circonstances autant que nous les connaissons, il y en a plusieurs qui peuvent prouver son innocence, et il n'y en a aucune qui tende à prouver sa culpabilité. Si l'on nous demande de croire qu'il reçut de l'argent d'Harpalos, nous devons savoir pour quel service fut fait le payement. Démosthène prit-il parti pour Harpalos, et conseilla-t-il aux citoyens d'épouser sa cause? Garda-t-il même le silence, et s'abstint-il de les engager à rejeter les propositions? C'est tout le contraire. Démosthène fut dès le commencement un adversaire déclaré d'Harpalos et de toutes les mesures que l'on prendrait pour appuyer sa cause. Plutarque, à la vérité, nous raconte l'anecdote suivante : — Démosthène commença par s'opposer à Harpalos, mais il ne tarda pas à être séduit par la beauté d'une coupe d'or parmi les trésors de ce satrape. Harpalos, remarquant son admiration, lui envoya, la nuit suivante, la coupe d'or avec vingt talents, que Démosthène accepta. Quelques jours après, quand l'affaire d'Harpalos fut débattue de nouveau dans l'assemblée publique, l'orateur parut la gorge enveloppée de bandes de laine, et il affecta d'avoir perdu la voix; alors le peuple, reconnaissant que cette feinte incapacité était dictée par le présent qu'il avait reçu, exprima son déplaisir en partie par des railleries sarcastiques, en

parce que sa cause était venue la première, — qu'Aristogeitôn et toutes les autres personnes jugées furent acquittés, bien que l'accusation contre tous fût la même, et la preuve contre tous la même également, — à savoir rien de plus que le simple rapport de l'aréopage. Comme je suis d'accord avec ceux qui regardent ces lettres comme étant probablement apocryphes, je ne puis croire, sur cette autorité seule, que toutes les autres personnes jugées aient été acquittées, — fait extrêmement improbable en lui-même.

partie par des murmures d'indignation (1). Telle est l'anecdote de Plutarque. Mais nous avons une preuve qu'elle n'est pas vraie. Dans le fait il se peut que Démosthène ait été mis par un mal de gorge hors d'état de parler à quelque assemblée particulière; dans cette mesure l'histoire peut être exacte. Mais qu'il ait renoncé à s'opposer à Harpalos (le point réel de l'allégation avancée contre lui), c'est ce qui n'est certainement pas vrai; car nous savons, par ses accusateurs Dinarque et Hypéride, que ce fut lui qui fit la motion finale à l'effet d'emprisonner Harpalos et de séquestrer son trésor en dépôt pour Alexandre. En effet, Hypéride lui-même dénonce Démosthène comme ayant, par déférence obséquieuse pour le prince macédonien, fermé la porte à Harpalos et à ses espérances (2). Cette opposition directe et continue est une preuve concluante que Démosthène ne fut ni payé ni acheté par Harpalos. Le seul service qu'il rendit à l'exilé fut de refuser de le livrer à Antipater et de ne pas l'empêcher de s'échapper de prison. Or Phokiôn lui-même concourut à ce refus; et probablement les meilleurs Athéniens de tous les partis furent désireux de favoriser la fuite d'un exilé qu'il eût été odieux de remettre à un exécuteur macédonien. En tant que c'était un crime de ne pas empêcher Harpalos de s'échapper, le crime fut commis autant par Phokiôn que par Démosthène, et plus dans le fait, si l'on songe que Phokiôn était un des généraux chargés des devoirs administratifs les plus importants, — tandis que Démosthène était seulement un orateur, auteur de motions dans l'assemblée. De plus, Harpalos n'avait aucun moyen de récompenser les personnes, quelles qu'elles fussent, auxquelles il dut son évasion; car la même motion qui décréta son arrestation décréta aussi la séquestration de son argent, et lui enleva ainsi le moyen d'en disposer (3).

(1) Plutarque, Démosth. 25 : Cf. aussi Plutarque, Vit. X Orator. p. 846; et Photius, Vie de Démosth. Cod. 265, p. 494.

(2) V. le fragment d'Hypéride dans l'édition de M. Babington, p. 37, 38 (fragment déjà cité dans une précédente note), insistant sur le mal prodigieux qu'avait fait Démosthène par son décret à l'effet d'arrêter (σύλληψις) Harpalos.

(3) Dans la Vie de Démosthène dans

Ainsi l'accusation portée contre Démosthène par ses deux accusateurs, — celle d'avoir reçu de l'argent *des mains* d'Harpalos, — est telle que tous les faits connus de nous tendent à la réfuter. Mais ce n'est pas absolument le cas tout entier. Démosthène eut-il le moyen de détourner l'argent, quand il cessa d'être sous le contrôle d'Harpalos? A cette question aussi nous pouvons répondre par la négative, autant que la pratique athénienne nous met à même d'en juger.

Démosthène avait proposé, et le peuple avait voté, que ces trésors fussent placés, en dépôt pour Alexandre, dans l'Akropolis, lieu où était gardé habituellement tout l'argent public athénien, — dans l'arrière-salle du Parthénon. Une fois placées dans cette salle, ces nouvelles richesses tombaient sous la garde des officiers du trésor athénien, et étaient hors de la portée de Démosthène tout autant que le reste de l'argent public. Qu'est-ce que Phokiôn lui-même aurait pu faire de plus, pour conserver intacts les fonds harpaliens, que de les mettre dans le lieu de sûreté reconnu? Ensuite, quant à l'opération intermédiaire, de recevoir l'argent d'Harpalos pour le porter à l'Akropolis, il n'y a aucune preuve, — et à mon sens, aucune probabilité, — que Démosthène y ait été mêlé en rien. Même compter, vérifier et peser une somme de plus de deux millions de francs, non en billets de banque ou en lettres de change, mais

---

Photius (Cod. 265), le prétendu service qu'il rendit à Harpalos, et pour lequel il fut accusé d'avoir reçu mille dariques, est avancé comme je l'ai présenté dans le texte, — Démosthène parla d'abord publiquement contre l'admission d'Harpalos, mais bientôt δαρεικοὺς χιλίους (ὥς φασι) λαβὼν πρὸς τοὺς ὑπὲρ αὐτοῦ λέγοντας μετετάξατο (suivent alors les actes particuliers par lesquels se manifesta ce changement prétendu de sentiment, actes particuliers qui sont décrits comme il suit) — καὶ βουλομένων τῶν Ἀθηναίων Ἀντιπάτρῳ προδοῦναι τὸν ἄνθρωπον ἀντεῖπεν, τά τε Ἁρπάλεια χρήματα εἰς ἀκρόπολιν ἔγραψεν ἀποθέσθαι, μηδὲ τῷ δήμῳ τὸν ἀριθμὸν αὐτῶν ἀποσημηνάμενος.

Que Démosthène s'opposât d'abord à l'admission d'Harpalos, et qu'ensuite il s'opposât à ce qu'on le livrât sur la demande d'Antipater, — ces deux actes sont représentés comme un changement de politique qui a besoin de l'hypothèse d'un présent pour s'expliquer. Mais en réalité il n'y a pas de changement du tout. Les deux actes sont parfaitement compatibles l'un avec l'autre, et tous deux sont défendables.

subdivisée en monnaies nombreuses et pesantes (statères, dariques, tetradrachmes), qui vraisemblablement n'étaient pas même attiques, mais asiatiques, — ç'a dû être une tâche fastidieuse demandant à être accomplie par des calculateurs compétents, et étrangère aux habitudes de Démosthène. Les officiers du trésor athénien ont dû effectuer ce travail, en se pourvoyant des esclaves ou des mulets nécessaires pour transporter un fardeau si pesant jusqu'à l'Akropolis. Or, nous avons d'amples preuves, par les inscriptions qui restent, que les détails concernant le transport et la vérification des richesses publiques, à Athènes, étaient accomplis habituellement avec un soin laborieux. Ce soin dut moins que jamais faire défaut dans le cas de l'immense trésor d'Harpalos, où le fait même du décret rendu impliquait une grande crainte d'Alexandre. Si Harpalos, quand on lui demanda publiquement dans l'assemblée, — quelle était la somme à porter dans l'Akropolis, — répondit en annonçant le montant qu'il avait apporté dans l'origine, et non celui qu'il avait de reste, — Démosthène pouvait assurément répéter cette assertion immédiatement après lui, sans qu'il fût sous-entendu par là qu'il s'engageait comme garant de son exactitude. Un avocat contraire, tel qu'Hypéride, pouvait, il est vrai, pointiller en disant (1) : — « *Tu* as dit à

(1) Fragm. Hypéride, p. 7, éd. Babington : — Ἐν τῷ δήμῳ ἑπτακόσια φήσας εἶναι τάλαντα, νῦν δὲ ἡμίση ἀναφέρεις;

Dans la page 26 des mêmes Fragments, nous voyons Hypéride reprocher à Démosthène de ne pas avoir veillé d'une manière efficace sur la personne d'Harpalos ; de n'avoir proposé aucun décret pourvoyant à une garde spéciale ; de ne pas avoir fait connaître à l'avance, ni poursuivi ensuite la négligence des geôliers ordinaires. C'est rendre Démosthène responsable de l'accomplissement de *tous* les devoirs administratifs de la cité, de la bonne conduite des trésoriers et des geôliers.

Nous devons nous rappeler qu'Hypéride avait défendu Harpalos avec le plus de force, et avait fait tout ce qu'il avait pu pour amener les Athéniens à adopter la cause de cet exilé contre Alexandre. L'une des accusations (déjà citée d'après son discours) contre Démosthène est que celui-ci empêcha ce dessein de s'accomplir ; — cependant il y a une autre accusation du même orateur, à savoir que Démosthène ne tint pas Harpalos sous assez bonne garde pour qu'il fût livré au glaive de l'exécuteur macédonien.

La ligne d'accusation adoptée par Hypéride est pleine de honteuses contradictions.

l'assemblée qu'il y avait sept cents talents, et maintenant *tu* n'en produis pas plus de la moitié, » — mais l'imputation enveloppée dans ces mots contre la probité de Démosthène, est absolument sans fondement. En dernier lieu, quand le véritable montant fut connu d'une manière certaine, faire un rapport à ce sujet était le devoir des officiers du trésor. Démosthène ne pouvait le connaître que par eux ; et il pouvait certainement être convenable pour lui, bien que ce ne fût en aucun sens un devoir obligatoire, de s'instruire sur ce point, en voyant qu'il avait sans le savoir concouru à donner de la publicité à un faux renseignement. Le renseignement véritable fut donné; mais nous ne savons ni par qui, ni à quel moment (1).

Ainsi, en examinant les faits qui nous sont connus, nous les voyons tendre tous à réfuter l'accusation avancée contre Démosthène. Cette conclusion sera certainement fortifiée par la lecture du discours accusatoire que composa Dinarque; discours qui est une pure invective virulente, vide de faits et de points d'évidence, et qui s'étend sur toute la vie de Démosthène pendant les vingt années précédentes. Que le discours d'Hypéride aussi eût le même caractère décousu, c'est ce qu'indiquent les fragments qui restent. Même le rapport fait par les aréopagites ne contenait aucun exposé de faits, — aucun point justificatif, — rien qu'une spécification de noms avec les sommes pour lesquelles chacun d'eux était accusable (2). Il paraît avoir été fait *ex parte*, autant que nous en pouvons juger, — c'est-à-dire, fait sans qu'on

(1) Dans la Vie de Démosthène (Plutarque, Vit. X Orator. p. 846) on fait reposer la charge d'accusation contre lui, surtout sur le fait qu'il ne fit pas cette communication au peuple : — Καὶ διὰ τοῦτο μήτε τὸν ἀριθμὸν τῶν ἀνακομισθέντων μεμηνυκὼς μήτε τῶν φυλασσόντων ἀμελείαν, etc. Le biographe dans Photius semble l'avancer, comme si Démosthène n'avait pas communiqué ce montant, au moment où il proposait le décret de séquestration. Nous pouvons contredire cette dernière assertion par le témoignage d'Hypéride.

(2) Hypéride, Fragm. p. 18, éd. Babington. Τὰς γὰρ ἀποφάσεις πάσας τὰς ὑπὲρ τῶν χρημάτων Ἁρπάλου, πάσας ὁμοίως ἡ βουλὴ πεποίηται, καὶ τὰς αὐτὰς κατὰ πάντων · καὶ οὐδεμίᾳ προσγέγραφε, διʼ ὅτι ἕκαστον ἀποφαίνει · ἀλλʼ ἐπικεφάλαιον γράψασα, ὁπόσον ἕκαστος εἴληφε χρυσίον, τοῦτʼ οὖν ὀφειλέτω...

entendît ces personnes dans leur défense, à moins qu'il ne se trouvât qu'elles fussent elles-mêmes aréopagites. Cependant Hypéride et Dinarque présentent tous deux ce rapport comme étant à lui seul une preuve concluante que les dikastes ne pouvaient rejeter. Quand Démosthène demanda, comme le faisait naturellement tout défendeur, que l'accusation avancée contre lui fût démontrée par quelque preuve évidente, Hypéride écarta cette demande, comme n'étant rien de plus qu'un argument subtil et spécial (1).

Il reste à mentionner une autre considération. Neuf mois seulement après le verdict du dikasterion contre Démosthène, Alexandre mourut. Bientôt les Athéniens et les autres Grecs se levèrent contre Antipater dans la lutte appelée Guerre Lamiaque. Démosthène fut rappelé alors; il reçut de ses concitoyens un accueil enthousiaste, tel qu'il n'en avait jamais été fait à un exilé de retour depuis les jours d'Alkibiadês; il prit une part importante dans la direction de la guerre, et périt, lors de son issue désastreuse, en même temps que son accusateur Hypéride.

Ce prompt changement d'opinion au sujet de Démosthène appuie la conclusion que me semblent suggérer les autres circonstances du cas, — à savoir que le verdict prononcé contre lui ne fut pas judiciaire, mais politique, et résulta des nécessités embarrassantes du moment.

L'on ne peut guère douter qu'Harpalos, pour lequel une déclaration de soutien actif de la part des Athéniens était une question de vie ou de mort, n'ait distribué divers pré-

(1) Hypéride, Fragm. p. 20, éd. Babingt. Ἐγὼ δ' ὅτι μὲν ἔλαβες τὸ χρυσίον, ἱκανὸν οἶμαι εἶναι σημεῖον τοῖς δικασταῖς, τὸ τὴν βουλὴν σοῦ καταγνῶναι (V. Dinarque, adv. Demosth. s. 49, et le commencement de la seconde épître de Démosthène).

Hypéride, p. 16, éd. Babingt. Καὶ συκοφαντεῖς τὴν βουλὴν, προκλήσεις προτιθείς, καὶ ἐρωτῶν ἐν ταῖς προκλήσεσιν, πόθεν ἔλαβες τὸ χρυσίον, καὶ τίς ἦν σοὶ ὁ δοὺς καὶ πῶς; τελευταῖον δ' ἴσως ἐρωτήσεις, καὶ εἰ ἐχρήσω τῷ χρυσίῳ, ὥσπερ τραπεζιτικὸν λόγον παρὰ τῆς βουλῆς ἀπαιτῶν.

Cette monstrueuse phrase crée une forte présomption en faveur du défendeur, — et une présomption plus forte encore contre l'accusateur. Cf. Dinarque, adv. Demosth. s. 6, 7.

Le biographe dans Photius affirme qu'Hypéride et quatre autres orateurs obtinrent (κατεσκεύασαν) la condamnation de Démosthène par l'Aréopage.

sents à tous ceux qui consentirent à les recevoir, et qui pouvaient favoriser ses vues, — et probablement même à quelques-uns qui s'abstenaient simplement de s'opposer à elles, — à tous, en un mot, si ce n'est à des adversaires prononcés. Si nous devions juger seulement d'après des probabilités, nous dirions qu'Hypéride lui-même, comme l'un des principaux appuis, dut être au nombre de ceux qui reçurent le plus (1). Il y eut une abondante distribution de dons, — notoire dans la masse, bien que peut-être insaisissable dans le détail, — accomplie tout entière pendant le moment brillant de promesses qui marqua les premières discussions de l'affaire harpalienne. Quand le courant de sentiment prit une autre direction, — que la crainte de la force macédonienne devint le sentiment accablant, — qu'Harpalos et ses trésors furent séquestrés et mis en dépôt pour Alexandre, — les nombreuses personnes qui avaient reçu des présents étaient déjà compromises et alarmées. Probablement, afin de détourner les soupçons, elles furent elles-mêmes au nombre des plus empressées à demander à grands cris une enquête et une punition contre les délinquants. De plus, la cité était responsable de sept cents talents à l'égard d'Alexandre, tandis qu'il ne s'en trouvait que trois cent cinquante (2). Il était indispensable que quelques individus déterminés fussent déclarés coupables et punis, en partie afin de mettre un terme aux accusations réciproques qui circulaient dans la cité, en partie pour apaiser le mécontentement d'Alexandre au sujet du déficit pécuniaire. Mais comment trouver les coupables? Il n'y avait pas de ministère public; le nombre de personnes soupçonnées mettait l'affaire hors de la portée d'accusations privées; peut-être la marche recommandée par Démosthène lui-même était-elle la meilleure, à savoir de remettre à l'aréopage cette enquête préalable.

---

(1) Le biographe d'Hypéride (Plut. Vit. X Orat. p. 48) nous dit qu'il fut le seul orateur qui n'acceptât pas de présents; l'auteur comique Timoklês nomme Hypéride avec Démosthène et autres comme en ayant reçu (ap. Athenæ. VIII, p. 342).

(2) V. ce point présenté par Dinarque, adv. Demosth. s. 69, 70.

Six mois s'écoulèrent avant que les aréopagites fissent leur rapport. Or, il est impossible de supposer que tout ce temps ait pu être employé à la recherche de faits, — et s'il l'avait été, le rapport une fois publié aurait contenu quelque trace de ces faits, au lieu de renfermer une simple liste de noms et de sommes. La probabilité est, que leur temps se passa tout autant en discussions de parti qu'en recherches de faits ; que les personnes qui différaient d'opinion furent longues à finir par s'entendre sur ceux qu'on sacrifiérait ; et que, quand elles furent d'accord, ce fut une sentence plutôt politique que judiciaire, désignant Démosthène comme victime extrêmement agréable à Alexandre, et comprenant aussi Démade, en manière de compromis, dans la même liste de délinquants, — deux politiques opposés, tous deux mal vus dans le moment. J'ai déjà fait observer que Démosthène était impopulaire à cette époque auprès des deux partis dominants; auprès des philomacédoniens, de longue date, et non sans motifs suffisants; auprès des antimacédoniens, parce qu'il se mettait en avant pour s'opposer à Harpalos. Ses accusateurs comptent sur la haine des premiers contre lui, comme chose toute naturelle; ils le recommandent à la haine des seconds, comme une vile créature d'Alexandre. Parmi les dikastes il y avait sans doute des hommes des deux partis; et comme corps collectif, ils purent probablement comprendre que ratifier la liste présentée par l'aréopage était la seule manière de clore finalement une question remplie de dangers et de discordes.

Telle semble être l'histoire probable des affaires harpaliennes. Elle laisse Démosthène innocent de profit corrompu, non moins que Phokiôn ; mais pour les politiques athéniens en général, elle n'est nullement honorable; tandis qu'elle présente la conscience judiciaire d'Athènes comme étant sous la pression de dangers du dehors, et comme travaillée par des intrigues de parti à l'intérieur (1).

(1) Nous lisons dans Pausanias (II, 33, 4) que l'amiral macédonien Philoxenos, après avoir arrêté plus tard un des esclaves d'Harpalos, apprit de lui les noms de ceux des Athéniens que son maître avait gagnés, et que Dé-

Pendant la demi-année et plus qui s'écoula entre l'arrivée d'Harpalos à Athènes et le jugement de Démosthène, il se passa en Grèce un événement au moins d'une importance considérable (324 av. J.-C.). Alexandre envoya Nikanôr à la grande fête Olympique célébrée cette année, avec une lettre en forme ou rescrit, qui ordonnait à toute cité grecque de rappeler tous les citoyens qui étaient en exil, excepté ceux qui étaient souillés d'impiété. Ce rescrit, que lut publiquement à la fête le héraut qui avait gagné le prix à cause de la force de sa voix, fut entendu avec le plus vif enthousiasme par vingt mille exilés, qui s'y étaient réunis sur l'avis qu'on avait l'intention de prendre cette mesure. Tel était le rescrit : « Le roi Alexandre aux exilés des cités grecques. Nous n'avons pas été l'auteur de votre bannissement ; mais nous serons l'auteur de votre rétablissement dans vos cités natales. Nous avons écrit à Antipater à ce sujet, en lui ordonnant d'employer la force contre celles des villes qui ne vous rappelleront pas de leur propre mouvement (1). »

Il est évident que beaucoup d'exilés avaient exhalé leurs plaintes et leurs accusations devant Alexandre, et avaient trouvé en lui un auditeur bien disposé. Mais nous ne savons pas sur quelles recommandations ce rescrit avait été obtenu. Il semblerait qu'Antipater avait l'ordre en outre de restreindre ou de modifier les confédérations des cités achæennes et arkadiennes (2), et d'imposer non-seulement le rappel des exilés, mais la restitution de leurs biens (3).

Que ce rescrit souverain fût dicté par méfiance du ton de sentiment régnant dans les cités grecques en général, et destiné à remplir chaque cité de partisans dévoués d'Alexandre, — nous n'en pouvons pas douter. C'était de sa

---

mosthène *n'était pas* du nombre. Cette assertion, dans une certaine mesure, tend à disculper Démosthène. Cependant je ne puis lui attribuer autant d'importance que le fait l'évêque Thirlwall. Son récit des affaires harpaliennes est habile et distingue bien les faits (Hist. vol. VII, ch. 56, p. 170 *seq.*).

(1) Diodore, XIX, 8.

(2) V. les fragments d'Hypéride, p. 36, éd. Babington.

(3) Quinte-Qurce, X, 2, 6.

part un exercice de souveraineté impérieux et radical, — qui mettait de côté les conditions sous lesquelles il avait été nommé chef de la Grèce, — qui dédaignait même de rechercher des cas particuliers, et d'essayer une distinction entre des sentences justes et injustes, — qui maîtrisait en masse les autorités politiques et judiciaires dans chaque cité. Il proclamait avec une force amère la servitude du monde hellénique. Il était sûr que des exilés rétablis en vertu de l'ordre coercitif d'Alexandre rechercheraient l'appui de la Macédoine, mépriseraient les autorités de leur patrie, et rempliraient leurs cités respectives de discordes qui les affaibliraient. La plupart des cités, n'osant pas résister paraissent avoir obéi à contre-cœur; mais les Athéniens et les Ætoliens refusèrent, dit-on, d'exécuter l'ordre (1). Ce qui prouve le dégoût que le rescrit souleva dans Athènes, c'est que Dinarque adresse un reproche sévère à Démosthène, parce que, comme chef de la théôrie athénienne ou légation sacrée à la fête Olympique, on l'y vit accompagner publiquement Nikanôr et causer familièrement avec lui (2).

Dans l'hiver ou au commencement du printemps de 323 av. J.-C., plusieurs cités grecques envoyèrent en Asie des députés pour faire à Alexandre des remontrances contre cette mesure : nous pouvons présumer que les Athéniens étaient du nombre; mais nous ne savons pas si les remontrances produisirent aucun effet (3). Il paraît qu'il régna en Grèce un mécontentement considérable pendant cet hiver et ce printemps (323 av. J.-C.). Les soldats licenciés venus d'Asie conservaient encore un camp à Tænaros; là Leosthenês, Athénien énergique de sentiments antimacédoniens

(1) Quinte-Curce, X, 2, 6. L'assertion de Diodore, — qui affirme que le rescrit fut populaire et agréable à tous les Grecs, à l'exception des Athéniens et des Ætoliens, — ne peut être crue. Il fut populaire sans doute auprès des exilés eux-mêmes et de leurs amis immédiats.

(2) Dinarque, adv. Demosth. s. 81 : cf. Hyper. Frag. p. 36, éd. Babington.

(3) Diodore, XVII, 113. Il semble qu'il y a eu des cas dans lesquels Alexandre intervint dans les sentences du dikasterion athénien contre des citoyens athéniens : voir le cas d'un homme déchargé d'une amende judiciaire à sa prière. Pseudo-Démosthène, Epistol. 3, p. 1480.

consentit à les commander, et même il attira d'Asie de nouveaux soldats mercenaires, de concert avec divers confédérés à Athènes, et avec les Ætoliens (1). Quant à l'argent, que l'on disait monter à cinq mille talents, apporté d'Asie par Harpalos, la plus grande partie n'avait pas été prise par ce dernier pour Athènes, mais elle paraît avoir été laissée à ses officiers pour l'entretien des troupes qui l'avaient accompagné.

Telle était la position générale des affaires quand Alexandre mourut à Babylone en juin 323 avant J.-C. Cette étonnante nouvelle, à laquelle personne ne pouvait avoir été préparé, a dû se répandre d'une extrémité à l'autre de la Grèce pendant le mois de juillet. Elle ouvrait les perspectives les plus favorables à tous les amis de la liberté et aux victimes de la domination macédonienne. Sa force militaire souveraine ressemblait au gigantesque Polyphemos après que son œil avait été crevé par Odysseus (2) : Alexandre n'avait pas laissé d'héritier capable, et personne ne s'imaginait que son vaste empire pût être maintenu dans une unité effective par d'autres mains. Antipater en Macédoine était menacé de la défection de divers voisins sujets de ce royaume (3).

La mort d'Alexandre ne fut pas plus tôt certifiée d'une manière incontestable que les chefs antimacédoniens à Athènes excitèrent vivement le peuple à se déclarer le premier champion de la liberté hellénique et à organiser une confédération dans toute la Grèce pour cet objet. Démos-

---

(1) Diodore, XVII, 111; cf. XVIII, 21. Pausanias (I, 25, 5; VIII, 52, 2) affirme que Leosthenês fit venir cinquante mille de ces mercenaires d'Asie dans le Péloponèse, pendant la vie d'Alexandre, et contre la volonté de ce prince. Le nombre avancé ici me semble incroyable ; mais il est assez probable qu'il en engagea quelques-uns à venir en Grèce. — Justin (XIII, 5) mentionne qu'une résistance armée fut préparée par les Athéniens et les Ætoliens contre Alexandre lui-même pendant les derniers mois de sa vie, par rapport au mandat qui ordonnait le rappel des exilés. Il semble exagérer la grandeur de leurs actes avant la mort d'Alexandre.

(2) Comparaison frappante faite par l'orateur Démade (Plutarque, Apophth. p. 181).

(3) V. Frontin, Strategèmata, II, 11, 4.

thène était alors en exil; mais Leosthenès, Hypéride et d'autres orateurs du même parti se trouvèrent en état d'allumer dans leurs compatriotes une disposition et une détermination guerrières, malgré une opposition décidée de la part de Phokiôn et de ses partisans (1). Les hommes riches pour la plupart se rangèrent du côté de Phokiôn ; mais la masse des citoyens fut enflammée par le souvenir encourageant de ses ancêtres et par l'espérance de reconquérir la liberté grecque. On rendit un vote qui annonçait publiquement la résolution des Athéniens à cet effet. On décréta qu'on équiperait deux cents quadrirèmes et quarante trirèmes, que tous les Athéniens au-dessous de quarante ans seraient soumis à la réquisition militaire, et que des députés seraient envoyés partout dans les diverses cités grecques, pour invoquer instamment leur alliance dans l'œuvre de l'affranchissement (2). Phokiôn, bien qu'adversaire déclaré de ces projets guerriers, resta encore à Athènes et fut, à ce qu'il paraît, prorogé dans ses fonctions comme l'un des généraux (3). Mais Pytheas, Kallimedôn et d'autres de ses amis s'enfuirent auprès d'Antipater, qu'ils aidèrent énergiquement à tenter d'arrêter le mouvement projeté dans toute la Grèce.

---

(1) Plutarque, Phokiôn, 23. Dans les Fragments de Dexippos, on trouve de courts extraits de deux discours, vraisemblablement composés par cet auteur dans son histoire de ces affaires : l'un qu'il attribue à Hypéride conseillant la guerre, l'autre à quelque orateur inconnu, combattant ce conseil et que C. Müller suppose être Phokiôn (Fragm. Hist. Græc. vol. III, p. 668).

(2) Diodore, XVIII, 10. Diodore affirme que les Athéniens envoyèrent les trésors harpaliens au secours de Leosthenès. Il paraît s'imaginer qu'Harpalos apporta dans Athènes tous les cinq mille talents qu'il avait enlevés d'Asie ; mais il est certain qu'il n'en déclara pas plus de sept cents ou de sept cent vingt dans l'assemblée athénienne, — et que de cette somme il ne se trouva réellement qu'une moitié. Diodore n'est pas conséquent avec lui-même, quand il dit ensuite (XVIII, 19) que Thimbrôn, qui tua Harpalos en Krète, s'empara des trésors et des mercenaires harpaliens, et les transporta à Kyrênê, en Afrique.

(3) C'est à ce moment, à ce qu'il paraît, qu'on doit rapporter l'anecdote suivante (si elle est vraie) : — Les Athéniens étaient impatients d'envahir la Bœôtia à un instant inopportun ; Phokiôn, général âgé de quatre-vingts ans, les retint, en appelant, pour servir, les citoyens de soixante ans et au-dessus, et en offrant de marcher lui-même à leur tête (Plutarque, Reip. Ger. Præcept. p. 818).

Leosthenès, à qui Athènes fournit quelque argent et des armes, se mit à la tête des mercenaires réunis à Tænaros et traversa le Golfe pour se rendre en Ætolia. Il y fut rejoint par les Ætoliens et les Akarnaniens, qui entrèrent avec ardeur dans la ligue avec Athènes, afin de chasser les Macédoniens de la Grèce. S'avançant droit vers les Thermopylæ et la Thessalia, il rencontra de la faveur et de l'encouragement presque partout. La cause de la liberté grecque fut épousée par les Phokiens, les Lokriens, les Doriens, les Ænianes, les Athamanes et les Dolopes ; par la plupart des Maliens, des Œtéens, des Thessaliens et des Achæens de Phthiôtis; par les habitants de Leukas et par quelques-uns des Molosses. Diverses tribus illyriennes et thraces firent aussi des promesses de coopération. Dans le Péloponèse, les Argiens, les Sikyoniens, les Épidauriens, les Trœzéniens, les Eleiens et les Messêniens entrèrent dans la ligue, aussi bien que les Karystiens en Eubœa (1). Ces adhésions furent obtenues en partie par Hypéride et par les autres députés athéniens, qui visitèrent les diverses cités, tandis que Pytheas et d'autres ambassadeurs allaient partout de la même manière pour défendre la cause d'Antipater. Les deux côtés furent ainsi publiquement discutés par d'habiles avocats devant différentes assemblées publiques. Dans ces débats, l'avantage fut en général du côté des orateurs athéniens, dont les efforts furent en outre puissamment secondés par l'aide volontaire de Démosthène, qui vivait alors dans le Péloponèse comme exilé.

Ce grand orateur vit avec plus de plaisir que personne la mort d'Alexandre et la nouvelle perspective d'organiser une confédération hellénique avec quelque chance passable de succès. Il embrassa avec joie l'occasion de se joindre aux députés athéniens et de les assister dans les diverses villes du Péloponèse, et ces députés sentirent tout le prix de son énergique éloquence. Le service qu'il rendit ainsi à son pays fut si important que non-seulement les Athéniens lui accordèrent

(1) Diodore, XVIII, 11; Pausanias, I, 25, 4.

par un vote la permission de revenir, mais qu'ils envoyèrent une trirème qui devait le transporter au Peiræeus. Son arrivée causa une grande joie et un vif enthousiasme. Les archontes, les prêtres et tout le corps des citoyens se rendirent au port pour le recevoir à son débarquement et l'escorter jusqu'à la cité. Rempli d'une émotion passionnée, Démosthène exprima sa reconnaissance d'avoir pu voir un pareil jour et jouir d'un triomphe plus grand même que celui qui avait été conféré à Alkibiadès à son retour de l'exil, vu qu'il avait été accordé spontanément et non arraché par force. Son amende ne pouvait lui être remise, conformément à la coutume athénienne; mais le peuple rendit un vote qui lui accordait cinquante talents comme surveillant du sacrifice périodique de Zeus Soter, et l'accomplissement de ce devoir par lui fut considéré comme équivalent à un acquittement de l'amende (1).

Quelle part Démosthène prit-il aux plans ou aux détails de la guerre, c'est ce qu'il ne nous est pas donné de savoir (automne 323 av. J.-C.). Des opérations vigoureuses se poursuivirent alors, sous le commandement militaire de Leosthenês. La confédération contre Antipater comprenait un assemblage plus considérable d'États helléniques que celle qui avait résisté à Xerxès, en 480 avant J.-C. Néanmoins le nom de Sparte ne paraît pas dans la liste. Ce fut un triste décompte pour les chances de la Grèce, dans cette dernière lutte qu'elle soutint pour son affranchissement, que les forces de Sparte eussent été écrasées dans l'effort vaillant, mais mal concerté, d'Agis contre Antipater, sept années auparavant, et qu'elles n'eussent pas été réparées depuis. Le grand boulevard des intérêts macédoniens, dans l'intérieur de la Grèce, était la Bœôtia. Platée, Orchomenos et les autres anciennes ennemies de Thêbes, ayant reçu d'Alexandre le domaine appartenant jadis à Thêbes elle-même, savaient bien que cet arrangement ne pouvait être maintenu que par la pression continue de la suprématie macédonienne en

(1) Plutarque, Démosth. 27.

Grèce. Il semble probable aussi qu'il y avait des garnisons macédoniennes dans la Kadmeia, — à Corinthe — et à Megalopolis ; de plus, que les cités arkadiennes et achæennes avaient été *macédonisées* par les mesures prises contre elles en vertu des ordres d'Alexandre, l'été précédent (1) ; car nous ne trouvons pas ces villes mentionnées dans la lutte prochaine. Les Athéniens équipèrent une armée de terre considérable destinée à rejoindre Leosthenês aux Thermopylæ, armée de citoyens composée de cinq mille fantassins et de cinq cents cavaliers, avec deux mille mercenaires en outre. Mais l'opposition résolue des cités bœôtiennes les empêcha d'avancer au delà du mont Kithærôn, jusqu'à ce que Leosthenês lui-même, venant des Thermopylæ pour les rejoindre avec une partie de son armée, attaquât les troupes bœôtiennes, remportât une victoire complète et ouvrît le passage. Il s'avança alors avec toutes les forces helléniques, comprenant des Ætoliens et des Athéniens, en Thessalia pour rencontrer Antipater, qui s'avançait de Macédoine en Grèce, à la tête des forces qui étaient immédiatement à sa disposition, treize mille fantassins et six mille cavaliers, — et avec une flotte de cent dix vaisseaux de guerre qui coopérait sur la côte (2).

Antipater n'était probablement pas préparé à cette réunion rapide et imposante de Grecs combinés aux Thermopylæ, ni aux mouvements énergiques de Leosthenês. Encore moins l'était-il à la défection de la cavalerie thessalienne, qui, après avoir toujours formé un élément important dans l'armée macédonienne, prêtait actuellement sa force aux Grecs. Il envoya de pressants messages aux commandants macédoniens en Asie, — Krateros, Leonnatos, Philôtas, etc., pour solliciter des renforts ; mais en même temps il jugea à propos d'accepter le défi de Leosthenês. Toutefois, dans la

(1) V. les Fragments d'Hypéride, p. 36. éd. Babington. Καὶ περὶ τοῦ τοὺς κοινοὺς συλλόγους Ἀχαίων τε καὶ Ἀρκάδων... Nous ne savons pas ce qui fut fait pour ces confédérations de district, mais il semble qu'il s'y opéra quelque changement considérable, à l'époque où fut promulgué le décret à l'effet de rétablir les exilés.

(2) Diodore, XVIII, 13.

bataille qui s'ensuivit, il fut complétement défait, et même la possibilité de se retirer en Macédoine lui fut enlevée. Il ne lui resta pas de meilleure ressource que la ville fortifiée de Lamia (près du fleuve Sperchios, au delà de la frontière méridionale de la Thessalia), où il comptait tenir jusqu'à ce qu'il arrivât des secours d'Asie. Immédiatement Leosthenês commença le siége de Lamia et le poussa avec la plus grande énergie, faisant diverses tentatives pour prendre la ville d'assaut. Mais ses fortifications étaient solides, avec une garnison nombreuse et forte, — de sorte qu'il fut repoussé avec des pertes considérables. Par malheur, il ne possédait ni train de machines de siége ni ingénieurs, ce qui avait formé un élément si puissant dans les succès militaires de Philippe et d'Alexandre. Aussi se vit-il forcé de changer le siége en blocus et d'adopter des mesures systématiques pour intercepter l'arrivage des provisions. Il avait toute chance de réussir et de prendre Antipater en personne. Les espérances helléniques paraissaient brillantes et encourageantes; on n'entendait à Athènes et dans les autres cités que félicitations et actions de grâces (1). Phokiôn, en entendant le langage confiant de ceux qui l'entouraient, fit la remarque suivante : — « Le stade (ou petite course) a été parcouru brillamment; mais je crains que nous n'ayons pas la force de fournir la longue course (2). » A ce moment critique, Leosthenês, en inspectant les tranchées du blocus, fut blessé à la tête par une grosse pierre, lancée de l'une des catapultes placées sur le mur de la cité, et il mourut en deux jours (3). Hypéride prononça à Athènes une oraison funèbre en son honneur, aussi bien qu'en l'honneur des autres guerriers qui avaient péri en combattant contre Antipater (4).

---

(1) Plutarque, Phokiôn, 23, 24.

(2) Plutarque, Phokiôn, c. 23; Plutarque, Reip. Ger. Præcept. p. 803.

(3) Diodore, XVIII, 12, 13.

(4) Un beau fragment du Λόγος Ἐπιτάφιος d'Hypéride est conservé dans Stobée, tit. 124, vol. III, p. 618. Il est agréable d'apprendre qu'une grande portion additionnelle de ce discours a été récemment apportée d'Égypte dans un papyrus, et est sur le point d'être publiée par M. Churchill Babington.

La mort de cet éminent général, en plein courant de succès, fut un rude coup porté par la fortune à la cause de la liberté grecque. Pendant la dernière génération, Athènes avait produit plusieurs orateurs excellents, et un qui combinait une magnifique éloquence avec de sages et patriotiques conseils. Mais, pendant tout cet intervalle, aucun de ses citoyens, avant Leosthenês, n'avait déployé un génie et une ardeur militaires en même temps que des desseins panhelléniques. Sa mort paraît avoir sauvé Antipater de la défaite et de la captivité. Il était très-difficile de maintenir réunie une armée mêlée de Grecs, qui, après la bataille, se persuadaient facilement que la guerre était finie et désiraient retourner dans leurs foyers, — peut-être en promettant de revenir. Même du vivant de Leosthenês, les Ætoliens, le plus puissant contingent de l'armée, avaient obtenu la permission d'aller chez eux, pour quelque nécessité domestique, réelle ou prétendue (1). Quand il fut tué, il n'y avait pas de commandant en second, et même, s'il y en avait eu un, l'influence personnelle d'un officier ne pouvait passer à un autre. On s'en référa à Athènes, où, après quelque débat, Antiphilos fut élu commandant, après que la proposition de nommer Phokiôn eut été faite et rejetée (2). Mais, pendant cet espace de temps, il n'y avait pas d'autorité pour diriger les opérations militaires ni même pour tenir l'armée réunie. Aussi les précieux moments indispensables pour rendre le blocus effectif furent-ils perdus, et Antipater put-il se maintenir jusqu'à ce que Leonnatos arrivât d'Asie pour le secourir. Nous pouvons juger combien la position d'Antipater était dangereuse par le fait qu'il sollicita la paix, mais que les assiégeants exigèrent qu'il se rendît à discrétion (3), — condition à laquelle il refusa de se soumettre.

Antiphilos paraît avoir été un officier brave et capable. Mais, avant qu'il pût réduire Lamia, Leonnatos, venant

(1) Diodore, XVIII, 13-15.
(2) Plutarque, Phokiôn, 24.
(3) Diodore, XVIII, 11; Plutarque, Phokiôn, 26.

d'Asie avec une armée macédonienne, avait franchi l'Hellespont et était arrivé aux frontières de la Thessalia (de l'automne à l'hiver 323-322 av. J.-C.). Un si grand nombre des contingents grecs avaient quitté le camp que le général athénien ne fut pas assez fort pour à la fois continuer le blocus et combattre l'armée de secours. En conséquence, il leva le blocus, et s'éloigna par des marches rapides afin d'attaquer Leonnatos séparément d'Antipater. Il accomplit cette opération avec vigueur et succès. Grâce à l'efficacité supérieure de la cavalerie thessalienne sous Menôn, il remporta dans un combat de cavalerie un important avantage sur Leonnatos, qui lui-même fut tué (1), et la phalange macédonienne, étant ainsi exposée sur les flancs et par derrière, quitta la plaine pour un terrain plus difficile, laissant les Grecs maîtres du champ de bataille avec les morts. Le lendemain même, Antipater arriva, amenant les troupes de Lamia, et il prit le commandement de l'armée défaite. Toutefois, il ne jugea pas à propos de renouveler le combat; mais il retira son armée de Thessalia en Macédoine, restant dans sa marche sur le terrain élevé, hors des atteintes de la cavalerie (2).

Dans le même temps en général que ces opérations en Thessalia, il paraît que la guerre se faisait activement sur mer. Nous entendons parler d'une descente opérée par Mikiôn avec une flotte macédonienne à Rhamnonte, sur la côte occidentale de l'Attique, et qui fut repoussée par Phokiôn ; également d'une flotte macédonienne de deux cent quarante voiles, sous Kleitos, livrant deux combats à la flotte athénienne commandée par Eetiôn, près des îles appelées Echinades, à l'embouchure de l'Acheloos, sur la côte ætolienne occidentale. Les Athéniens furent défaits dans les deux engagements, et l'on fit à Athènes de grands efforts pour construire de nouveaux vaisseaux dans le dessein de combler les pertes qu'on avait éprouvées (3). Nos

(1) Plutarque, Phokiôn, 25; Diodore, XVIII, 14, 15; cf. Plutarque, Pyrrhus, 1.

(2) Diodore, XVIII, 15.

(3) Diodore, XVIII, 15.

informations ne sont pas suffisantes pour nous révéler le but ni les détails de ces opérations. Mais il semble probable que la flotte macédonienne attaquait l'Ætolia par Œniadæ, ville dont les citoyens avaient été récemment chassés par les Ætoliens (1), et il se peut que telle ait été la raison qui fit rappeler de Thessalia le contingent ætolien.

Malgré ces événements malheureux sur mer, la cause de la liberté panhellénique semblait prospère en général (printemps 322 av. J.-C.). Bien que l'occasion capitale eût été manquée, de faire Antipater prisonnier dans Lamia, cependant il avait été expulsé de Grèce, et il était hors d'état, au moyen de ses propres forces de Macédoine, d'y reprendre un pied. Les contingents grecs s'étaient comportés avec bravoure et unanimité dans la poursuite du but commun, et ce qui avait déjà été fait était bien suffisant pour justifier le soulèvement, comme risque légitime, promettant de raisonnables espérances de succès. Néanmoins des citoyens grecs ne ressemblaient pas à des soldats macédoniens exercés. Après un temps de service qui n'était pas fort prolongé, ils avaient besoin de retourner à leurs familles et à leurs biens, et cela n'arrivait guère moins après une victoire qu'après une défaite. Aussi l'armée d'Antiphilos en Thessalia finit-elle par beaucoup s'affaiblir (2), bien qu'elle restât encore assez considérable pour contenir les forces macédoniennes d'Antipater, même augmentées comme elles l'avaient été par Leonnatos, — et pour le forcer à attendre le renfort plus puissant encore destiné à suivre sous Krateros.

En expliquant les relations entre ces trois commandants macédoniens, — Antipater, Leonnatos et Krateros, — il est nécessaire de revenir à juin 323 av. J.-C., époque de la mort d'Alexandre, et d'examiner l'état dans lequel était tombé son vaste et puissant empire. Je ferai brièvement cet examen, et seulement en tant qu'il a trait aux dernières luttes et à la réduction définitive du monde grec.

A la mort inattendue d'Alexandre, le camp à Babylone,

(1) Diodore, XVIII, 8.

(2) Diodore, XVIII, 17.

avec ses forces considérables, devint un théâtre de désordre. Il ne laissait pas de rejetons, si ce n'est un enfant nommé Hêraklês, qu'il avait eu de sa maîtresse Barsinê. Roxanê, une de ses épouses, était grosse, il est vrai, et au milieu des incertitudes du moment, la première disposition d'un grand nombre était d'attendre la naissance de son enfant. Elle-même, désireuse d'empêcher toute rivalité, fit tomber dans un piége et assassiner, avec sa sœur, Statira, la reine qu'Alexandre avait épousée en dernier lieu (1). Il y avait toutefois à Babylone un frère d'Alexandre, nommé Aridæos (fils que Philippe avait eu d'une maîtresse thessalienne), déjà dans la force de l'âge, quoique faible d'intelligence, vers lequel penchait un parti plus considérable encore. En Macédoine, il y avait Olympias, mère d'Alexandre; — Kleopatra, sa sœur, veuve d'Alexandre d'Épire, — et Kynanê (2), autre sœur, veuve d'Amyntas (cousin d'Alexandre le Grand et mis à mort par lui), toutes disposées à tirer parti de leur parenté avec le conquérant défunt, dans la lutte actuellement ouverte en vue du pouvoir.

Après une violente dispute entre la cavalerie et l'infanterie à Babylone, Aridæos fut proclamé roi sous le nom de Philippe Aridæos. Perdikkas fut nommé son tuteur et son premier ministre; les diverses satrapies et les fractions de l'empire furent distribuées entre les autres officiers principaux. L'Égypte et la Libye furent assignées à Ptolemæos; la Syria, à Laomedôn; la Kilikia, à Philôtas; la Pamphylia, la Lykia et la Grande Phrygia, à Antigonos; la Karia, à Asandros; la Lydia, à Menandros; la Phrygia hellespontine, à Leonnatos; la Kappadokia et la Paphlagonia, au Kardien Eumenês; la Médie, à Pithôn. Les satrapies orientales furent laissées entre les mains de ceux qui les occupaient actuellement.

En Europe, les distributeurs donnèrent la Thrace avec la Chersonèse à Lysimachos; les contrées à l'ouest de la

(1) Plutarque, Alexandre, 77.

(2) Arrien, De Rebus post Alexandrum, VI, ap. Photium, cod. 92.

Thrace, comprenant (avec les Illyriens, les Triballes, les Agrianes et les Épirotes) la Macédoine et la Grèce, à Antipater et à Krateros (1). Nous trouvons ainsi les cités grecques transmises à de nouveaux maîtres, comme fragments de l'immense domaine laissé par Alexandre sans héritier désigné. On ne jugea plus nécessaire la vaine formalité de réunir et de consulter un congrès de députés à Corinthe.

Tous les officiers mentionnés ci-dessus furent considérés comme des lieutenants locaux, administrant des portions d'un empire un et indivisible sous Aridæos. Les principaux officiers qui jouirent de l'autorité centrale, s'étendant sur tout l'empire, furent Perdikkas, chiliarque de la cavalerie (poste occupé par Hephæstiôn jusqu'à sa mort), espèce de vizir (2), et Seleukos, commandant des gardes à cheval. Personne, à cette époque, ne parlait de partager l'empire. Mais on vit bientôt que Perdikkas, profitant de la faiblesse d'Aridæos, était résolu à ne lui laisser rien de plus que le titre de roi et à accaparer pour lui-même l'autorité réelle. Toutefois, dans ses disputes avec les autres chefs, il représentait encore la famille souveraine et l'intégrité de l'empire, en luttant contre l'idée de séparation et d'indépendance locale. Dans cette tâche (outre son frère Alketas), son auxiliaire le plus habile et le plus efficace fut Eumenès de Kardia, secrétaire d'Alexandre pendant plusieurs années jusqu'à sa mort. Un des premiers actes de Perdikkas fut d'arracher la Kappadokia au chef local Ariarathès (qui s'était arrangé pour l'occuper pendant tout le règne d'Alexandre), et de la transférer à Eumenès, auquel elle avait été assignée dans le plan général de partage (3).

Au moment de la mort d'Alexandre, Krateros était en Kilikia, à la tête d'une armée de vieux soldats macédoniens. Il lui avait été enjoint de la conduire en Macédoine,

(1) Arrien, De Rebus post Alexand. *ut supra;* Diodore, XVIII, 3, 4; Quinte-Curce, X, 10; Dexippos, Fragm. ap. Photium, cod. 82, ap. Fragmenta Historiæ Græcæ, vol. III, p. 667, éd. Didot (De Rebus post Alexandrum).

(2) Arrien et Dexippos, — De Reb. post Alex. *ut supra* : cf. Diodore, XVIII, 48.

(3) Diodore, XVIII, 16.

avec ordre d'y rester lui-même à la place d'Antipater, qui devait venir en Asie avec de nouveaux renforts. Krateros avait avec lui un papier d'instructions écrites par Alexandre, comprenant des projets, sur l'échelle la plus gigantesque, pour une conquête occidentale, — la translation d'habitants en masse d'Europe en Asie et d'Asie en Europe, — l'érection de magnifiques édifices religieux dans diverses parties de la Grèce et de la Macédoine, etc. Cette liste fut soumise par Perdikkas aux officiers et aux soldats autour de lui, qui écartèrent ces projets comme étant trop vastes pour qu'un autre qu'Alexandre y songeât (1). Krateros et Antipater eurent chacun un droit égal à la Grèce et à la Macédoine, et les distributeurs de l'empire leur avaient assigné ces contrées conjointement, sans oser exclure l'un ou l'autre. Au milieu des prétentions rivales de ces grands officiers macédoniens, Leonnatos nourrissait aussi l'espoir d'obtenir le même prix. Il était satrape du territoire asiatique contigu à l'Hellespont, et il avait reçu des propositions de Kleopatra, à Pella, qui l'invitait à l'épouser et à prendre le gouvernement de Macédoine. Vers le même temps, il lui fut aussi envoyé (par l'entremise d'Hekatæos, despote de Kardia) des messages pressants d'Antipater, immédiatement après la défaite qui précéda le siége de Lamia, pour demander sa coopération contre les Grecs. En conséquence, Leonnatos vint avec l'intention d'aider Antipater contre les Grecs, mais aussi de le déposséder du gouvernement de la Macédoine et d'épouser Kleopatra (2). Ce plan resta sans exécution, vu que (comme je l'ai déjà raconté) Leonnatos fut tué dans sa première rencontre avec les Grecs. Pour eux, sa mort fut un malheur sérieux; pour Antipater, ce fut un avantage qui fit plus que contre-balancer sa défaite, puisqu'elle le délivra d'un rival dangereux.

Ce ne fut que l'été suivant que Krateros trouva le loisir de conduire son armée en Macédoine (322 avant J.-C). Par cette jonction, Antipater, auquel il céda le commandement,

---

(1) Diodore, XVIII, 4. (2) Plutarque, Eumenês, 3.

se trouva à la tête d'une puissante armée, — 40,000 fantassins pesamment armés, 5,000 chevaux et 3,000 archers et frondeurs. Il s'avança de nouveau en Thessalia contre les Grecs commandés par Antiphilos, et les deux armées se trouvèrent en présence dans les plaines thessaliennes, près de Krannôn. L'armée grecque consistait en 25,000 fantassins et en 3,500 cavaliers, — ces derniers Thessaliens, sous les ordres de Menôn, troupe d'une force admirable. Les soldats, en général, étaient braves, mais insubordonnés, tandis que les contingents d'un grand nombre de cités étaient retournés dans leurs foyers sans revenir, malgré de pressantes remontrances du commandant. Espérant être rejoint par ces absents, Antiphilos et Menôn essayèrent d'abord d'ajourner le combat; mais Antipater les força à une bataille. Bien que Menôn avec sa cavalerie thessalienne défît et dispersât la cavalerie macédonienne, l'infanterie grecque fut hors d'état de résister au nombre supérieur de l'infanterie d'Antipater et à la lourde pression de la phalange. Elle fut repoussée et plia; toutefois, comme la phalange macédonienne était incapable de la poursuivre, elle se retira dans un ordre passable, jusqu'à un terrain voisin difficile, où elle fut bientôt rejointe par sa cavalerie victorieuse. Les Grecs, dit-on, perdirent cinq cents hommes; les Macédoniens, cent vingt (1).

La défaite de Krannôn (août 322 av. J.-C.) ne fut ni décisive ni ruineuse en aucune sorte, et elle n'aurait probablement pas abattu l'ardeur de Leosthenês, s'il eût été vivant et revêtu du commandement. L'arrivée des contingents absents aurait pu encore permettre aux Grecs de résister à l'ennemi. Mais Antiphilos et Menôn, après avoir tenu conseil, refusèrent d'attendre et d'accélérer cette jonction. Ils se crurent dans la nécessité d'envoyer ouvrir des négociations pour la paix avec Antipater, qui toutefois fit répondre qu'il ne reconnaîtrait aucune confédération grecque ni ne traiterait avec elle, et qu'il ne recevrait de propositions que

(1) Diodore, XVIII, 17; Plutarque, Phokiôn, 26.

de chaque cité séparément. Sur cette réponse les commandants grecs résolurent immédiatement de continuer la guerre, et de demander des renforts à leurs compatriotes. Mais leur propre manifestation de timidité avait détruit la chance qui restait de l'arrivée de ces renforts. Tandis qu'Antipater commença à agir avec vigueur et succès contre les cités thessaliennes séparément, les Grecs furent de plus en plus découragés et alarmés. Les cités les unes après les autres envoyèrent leurs députés pour demander la paix à Antipater, qui accorda à chacune des conditions douces, en réservant seulement les Athéniens et les Ætoliens. En peu de jours, l'armée grecque combinée fut dispersée ; Antiphilos avec les Athéniens retourna en Attique; Antipater le suivit au sud jusqu'en Bœôtia, prenant ses quartiers au poste macédonien établi dans la Kadmeia, — jadis la Thêbes hellénique, —à deux jours de marche d'Athènes (1).

Contre les forces écrasantes qui se trouvaient ainsi sur les frontières de l'Attique, les Athéniens n'avaient aucun moyen de défense (322 av. J.-C.). Les principaux orateurs antimacédoniens, en particulier Démosthène et Hypéride, se retirèrent aussitôt de la cité, et cherchèrent un asile dans les temples de Kalauria et d'Ægina. Phokiôn et Démade, comme les ambassadeurs les plus agréables à Antipater, furent envoyés à la Kadmeia pour porter la soumission de la cité et demander des conditions douces. Démade était, dit-on, privé de ses droits de citoyen et de la faculté de parler en public, pour avoir été accusé et reconnu coupable trois fois (quelques-uns disent sept fois) en vertu de la Graphê Paranomôn; mais les Athéniens rendirent un vote spécial de réhabilitation, qui lui permit de reprendre ses fonctions de citoyen. Cependant, ni Phokiôn ni Démade ne purent déterminer Antipater à rien de moins qu'à la reddition d'Athènes à discrétion; conditions que Leosthenês avait exigées d'Antipater lui-même à Lamia. Krateros était même disposé à s'avancer en Attique, pour dicter des conditions

(1) Diodore, XVIII, 17; Plutarque, Phokiôn, c. 26.

sous les murs d'Athènes ; et ce ne fut pas sans difficulté que Phokiôn obtint qu'il renonçât à cette intention ; puis il retourna à Athènes avec la réponse. Le peuple n'ayant pas d'autre choix que de se mettre à la merci d'Antipater (1), Phokiôn et Démade retournèrent à Thêbes pour apprendre sa détermination. Cette fois, ils furent accompagnés par le philosophe Xenokratês, — le successeur de Platon et de Speusippos, en qualité de premier maître dans l'école de l'Académie. Bien que n'étant pas citoyen d'Athènes, Xenokratês y avait résidé longtemps ; et l'on supposait que la dignité de son caractère et la supériorité de son intelligence pourraient être efficaces pour apaiser la colère du vainqueur. Aristote avait quitté Athènes pour Chalkis avant cette époque ; autrement lui, l'ami personnel d'Antipater, aurait probablement été choisi pour cette pénible mission. Dans le fait, Xenokratês ne réussit pas, étant durement reçu et presque réduit au silence par Antipater. Une raison de la conduite du Macédonien peut être que le philosophe avait été jusqu'à un certain point le rival d'Aristote ; et il faut ajouter, à son honneur, qu'il conserva un ton plus élevé et plus indépendant qu'aucun des deux autres députés (2).

Suivant les conventions dictées par Antipater, les Athéniens devaient payer une somme égale à tous les frais de la guerre ; livrer Démosthène, Hypéride, et vraisemblablement du moins deux autres orateurs antimacédoniens ; recevoir une garnison macédonienne dans Munychia ; abandonner leur constitution démocratique, et enlever leurs priviléges à tous leurs citoyens pauvres. La plupart de ces hommes pauvres devaient être transportés de leurs demeures, et

(1) Democharês, neveu de Démosthène, qui avait tenu un langage hardi et pris une part active contre Antipater pendant la guerre Lamiaque, prononça, dit-on, une harangue publique où il recommandait la résistance même à ce dernier moment. Du moins, tel était le récit qui se rattachait à sa statue, élevée quelques années plus tard à Athènes, le représentant dans le costume d'un orateur, avec une épée à la main. Plutarque, vol. X Orator. p. 847 : cf. Polybe, XII, 13.

(2) Plutarque, Phokiôn, 27 ; Diodore, XVIII, 18.

recevoir de nouvelles terres sur un rivage étranger. Les colons athéniens à Samos devaient être dépossédés et l'île rendue aux exilés et aux indigènes samiens.

On dit que Phokiôn et Démade entendirent ces conditions avec satisfaction, comme douces et raisonnables. Xenokratês fit contre elles la protestation la plus forte qu'admettait le cas (1), quand il dit : — « Si Antipater vous regarde comme des esclaves, les conditions sont modérées ; s'il vous regarde comme des citoyens, elles sont rigoureuses. » Quand Phokiôn demanda qu'on renonçât à introduire une garnison, Antipater répondit par un refus, en donnant à entendre que la garnison ne serait pas moins utile à Phokiôn lui-même qu'aux Macédoniens; tandis que Kallimedôn aussi, exilé athénien qui était là, repoussa la proposition avec mépris. Relativement à l'île de Samos, on détermina Antipater à permettre qu'on s'en référât spécialement à l'autorité souveraine.

Si Phokiôn jugeait les conditions douces, nous devons croire qu'il s'attendait à une sentence de destruction contre Athènes, pareille à celle qu'Alexandre avait prononcée et exécutée contre Thèbes. Cette comparaison seule peut les faire paraître douces. Des 21,000 citoyens d'Athènes ayant droit à ce titre, tous ceux qui ne possédaient pas de biens montant à 2,000 drachmes furent condamnés à la perte de leurs droits et à la déportation. Le nombre au-dessous de cette qualité prescrite, qui tomba sous le coup de cette peine, fut de 12,000, ou les trois cinquièmes du tout. On les écarta comme des démocrates turbulents et bruyants; les 9,000 citoyens les plus riches, le « parti de l'ordre, » restèrent en possession exclusive, non-seulement du droit de citoyen, mais encore de la cité. Les 12,000 condamnés furent déportés hors de l'Attique, quelques-uns en Thrace, d'autres sur la côte illyrienne ou italienne, d'autres en Libye ou dans le

(1) Plutarque, Phokiôn, 27. Οἱ μὲν οὖν ἄλλοι πρέσβεις ἠγάπησαν ὡς φιλανθρώπους τὰς διαλύσεις, πλὴν τοῦ Ξενοκράτους, etc. Pausanias même affirme (VII, 10, 1) qu'Antipater était disposé à accorder des conditions plus douces, mais qu'il en fut dissuadé par Démade.

territoire Kyrénaïque. Outre la multitude bannie simplement à cause d'une pauvreté comparative, les politiques antimacédoniens marquants furent bannis aussi, y compris Agnonidês, ami de Démosthène et l'un de ses défenseurs les plus ardents quand il fut accusé relativement aux trésors harpaliens (1). A la requête de Phokiôn, Antipater consentit à rendre la déportation moins radicale qu'il ne l'avait projeté dans l'origine, jusqu'à permettre à quelques exilés, à Agnonidês entre autres, de rester dans les limites du Péloponèse (2). Nous le verrons bientôt méditer une déportation plus complète encore du peuple ætolien.

Il est profondément à regretter que cette importante révolution, qui non-seulement enlevait à Athènes une moitié de sa population de citoyens, mais encore comprenait une déportation pleine de souffrances et de maux individuels, ne nous soit communiquée que dans deux ou trois phrases de Plutarque et de Diodore, sans aucun détail dû à des observateurs contemporains. Diodore l'appelle un retour à la constitution solonienne; mais la comparaison déshonore le nom de cet admirable législateur, dont les changements, pris dans leur ensemble, en accordant de nouveaux droits, eurent un caractère prodigieusement libéral, comparativement avec ce qu'il trouva établi. La déportation ordonnée par Antipater doit, dans le fait, avoir réduit les citoyens

---

(1) V. Fragments d'Hypéride adv. Demosth. p. 61-65, éd. Babington.

(2) Diodore, XVIII, 18. Οὗτοι μὲν οὖν ὄντες πλείους τῶν μυρίων (au lieu de δισμυρίων, qui semble une erreur) καὶ δισχιλίων μετεστάθησαν ἐκ τῆς πατρίδος· οἱ δὲ τὴν ὡρισμένην τίμησιν ἔχοντες περὶ ἐνναχισχιλίους, ἀπεδείχθησαν κύριοι τῆς τε πόλεως καὶ τῆς χώρας, καὶ κατὰ τοὺς Σόλωνος νόμους ἐπολιτεύοντο. Plutarque porte à plus de douze mille le nombre de ceux qui perdirent leurs droits.

Plutarque, Phokiôn, 28, 29. Ὅμως δ' οὖν ὁ Φωκίων καὶ φυγῆς ἀπήλλαξε πολλοὺς δεηθεὶς τοῦ Ἀντιπάτρου· καὶ φεύγουσι διεπράξατο, μὴ καθάπερ οἱ λοιποὶ τῶν μεθισταμένων ὑπὲρ τὰ Κεραύνια ὄρη καὶ τὸν Ταίναρον ἐκπεσεῖν τῆς Ἑλλάδος, ἀλλ' ἐν Πελοποννήσῳ κατοικεῖν, ὧν ἦν καὶ Ἀγνωνίδης ὁ συκοφάντης.

Diodore et Plutarque (c. 29) mentionnent qu'Antipater assigna des résidences en Thrace pour les expatriés. Ceux qui allèrent au delà des monts Kérauniens durent se rendre à la côte illyrienne, à Apollonia ou à Epidamnos, — ou au golfe de Tarente. Ceux qui allèrent au delà du Tænaros durent probablement être envoyés en Libye : V. Thucydide, VII, 19, 10; VII, 50, 2.

pauvres d'Athènes à un état de souffrance, dans les contrées étrangères, analogue à ce que Solôn décrit comme ayant précédé sa Seisachtheia, ou mesure pour le soulagement des débiteurs (1). Quelles règles les neuf mille citoyens qui restaient adoptèrent-ils pour leur nouvelle constitution ; c'est ce que nous ignorons. Tout ce qu'ils firent a dû alors être soumis au consentement d'Antipater et de la garnison macédonienne, qui entra dans Munychia, sous le commandement de Menyllos, le 20 du mois boedromion (septembre) un peu plus d'un mois après la bataille de Krannôn. Le jour de son entrée présenta un pénible contraste. C'était le jour dans lequel, pendant la cérémonie annuelle des mystères de Dêmêtêr Éleusinienne, la multitude des citoyens, dans une procession de fête, escortait le dieu Iacchos d'Athènes à Eleusis (2).

Une des premières mesures des Neuf Mille fut de condamner à mort, sur la proposition de Démade, les orateurs antimacédoniens distingués qui avaient déjà fui, — Démosthène, Hypéride, Aristonikos et Himeræos, frère du citoyen célèbre dans la suite comme Demetrios le Phaléréen (octobre 322 av. J.-C.). Les trois derniers s'étant réfugiés à Ægina, et Démosthène dans Kalauria, ils étaient tous hors de la portée d'une sentence athénienne, mais non au delà de celle du glaive macédonien. A cette lamentable époque, la Grèce était remplie de pareils exilés, les chefs antimacédoniens de toutes les cités qui avaient pris part à la guerre Lamiaque. Les officiers d'Antipater, appelés dans le langage du temps les Chasseurs d'exilés (3), étaient partout aux aguets pour arrêter ces hommes proscrits ; un grand nombre d'orateurs, des autres cités aussi bien que d'Athènes, furent tués, et aucun d'eux ne trouva de refuge que dans les montagnes d'Ætolia (4). Un de ces officiers,

---

(1) Plutarque, Phokiôn, 28. Ἐκπεπολιορκομένοις ᾤκεσαν : cf. Solôn, Fragm: 28, éd. Gaisford.

(2) Plutarque, Phokiôn, 28.

(3) Plutarque, Démosth. 28. Ἀρχίας ὁ κληθεὶς Φυγαδοθήρας. Plutarque, Vit. X Orat. p. 846.

(4) Polybe, IX, 29, 30. Ce fait est affirmé, comme sujet d'orgueil traditionnel, par un orateur ætolien plus

un Thurien nommé Archias, qui avait jadis été acteur tragique, passa avec une compagnie de soldats thraces à Ægina, où il arrêta les trois orateurs athéniens, — Hypéride, Aristonikos et Himeræos, — en les arrachant de l'asile de l'Æakeion ou chapelle d'Æakos. On les envoya tous comme prisonniers à Antipater, qui, pendant ce temps, s'était avancé avec son armée jusqu'à Corinthe et à Kleonæ dans le Péloponèse. Ils furent tous mis à mort par son ordre. On dit même, et sur une autorité respectable, que la langue d'Hypéride fut tranchée avant qu'il fût tué ; suivant une autre assertion, il la coupa lui-même avec ses dents et la cracha, — quand on le mit à la torture, et qu'il voulut rendre impossible la révélation de secrets. Relativement aux détails de sa mort, il y avait plusieurs récits différents (1).

Après avoir conduit ces prisonniers à Antipater, Archias se rendit avec ses Thraces à Kalauria à la recherche de Démosthène (octobre 322 av. J.-C.). Le temple de Poseidôn qui y était situé, et dans lequel l'orateur avait cherché un asile, était tenu en si grande vénération qu'Archias, hésitant à l'en arracher de force, essaya de le persuader de sortir volontairement, sous la promesse qu'il ne lui serait fait aucun mal. Mais Démosthène, sachant bien le sort qui l'attendait, avala du poison dans le temple, et quand la dose commença à faire son effet, il sortit du terrain sacré, et expira immédiatement après qu'il eut passé la limite. Les circonstances qui accompagnèrent cette mort étaient racontées de plusieurs manières différentes (2). Eratos-

---

d'un siècle après. Dans le discours de son adversaire akarnanien, il n'y a rien qui le contredise, — tandis que le fait est en lui-même extrêmement probable.

V. Westermann, Geschichte der Beredsamkeit in Griechenland, ch. 71, note 4.

(1) Plutarque, Démosth. 28; Plutarque, Vit. X Orator. p. 849; Photius, p. 496.

(2) Plutarque, Démosth. 30. Τῶν δ' ἄλλων, ὅσοι γεγράφασί τι περὶ αὐτοῦ, παμπολλοὶ δ' εἰσὶ, τὰς διαφορὰς οὐκ ἀναγκαῖον ἐπεξελθεῖν, etc.

Les sarcasmes sur la profession d'Archias, comme acteur, et comme acteur médiocre, que Plutarque met dans la bouche de Démosthène (c. 29), ne me paraissent dignes ni de l'homme ni de l'occasion; et ils ne sont pas non plus suffisamment prouvés pour m'en-

thène (vers l'autorité duquel je penche) affirmait que Démosthène portait le poison dans un anneau autour de son bras; d'autres disaient qu'il était suspendu dans un sachet de toile autour de son cou; suivant un troisième récit, il était contenu dans une plume à écrire, qu'on le vit mordre et sucer, pendant qu'il composait une dernière lettre destinée à Antipater. Au milieu de ces détails contradictoires, nous pouvons seulement affirmer comme certain que le poison dont il s'était pourvu à l'avance le sauva de l'épée d'Antipater, et peut-être d'avoir la langue coupée. L'assertion la plus remarquable fut celle que Democharês, neveu de Démosthène, avança dans ses harangues à Athènes quelques années plus tard. Democharês affirmait que son oncle n'avait pas pris de poison, mais qu'il avait été doucement retiré du monde, par une providence spéciale des dieux, juste au moment essentiel pour qu'il échappât à la cruauté des Macédoniens. Ce qui ne mérite pas moins d'être signalé, comme explication de la veine de sentiment qui régna dans la suite, c'est qu'Archias, le Chasseur d'exilés, périt, affirmait-on, dans le plus grand déshonneur et la dernière misère (1).

Les morts violentes de ces illustres orateurs, l'enlèvement des droits et la déportation du Dêmos athénien, la suppression des dikasteria publics, l'occupation d'Athènes par une garnison macédonienne, et de la Grèce en général par des officiers macédoniens Chasseurs d'exilés, — sont des événements qui appartiennent à une seule et même lamentable tragédie, et qui marquent l'extinction du monde hellénique autonome.

Quant à Hypéride comme citoyen, nous ne connaissons de lui que le fait général, — qu'il fit depuis le commencement jusqu'à la fin, et avec un talent oratoire qui ne le

gager à les transcrire. Quelque amertume d'esprit que Démosthène pût vouloir manifester à un pareil moment, elle devait assurément s'adresser au principal ennemi, Antipater, et non au simple instrument.

(1) Plutarque, Démosth. 30; Plut., Vit. X Orator. p. 846; Photius, p. 494, Arrien, De Rebus post Alex. VI, ap. Photium, cod. 92.

cédait qu'à celui de Démosthène, une opposition énergique à la domination macédonienne sur la Grèce; bien que les poursuites qu'il dirigea contre Démosthène, relativement au trésor harpalien, paraissent (autant que nous en pouvons juger par ce que nous avons sous les yeux) très-peu honorables.

Quant à Démosthène, nous possédons sur lui plus de renseignements, — assez pour le juger tant comme citoyen que comme homme d'État. Quand il mourut, il avait environ soixante-deux ans, et nous avons sous les yeux sa première Philippique, prononcée trente ans auparavant (352-351 av. J.-C.). Nous sommes sûr ainsi que, même à cette première époque, il mesura avec sagacité et prévoyance le danger dont l'énergie et les empiétements de Philippe menaçaient la liberté grecque. Il révéla avec force à ses compatriotes ce danger prochain, à un moment où les politiques plus âgés ou plus influents ne pouvaient ou ne voulaient pas le voir; il demanda avec instance à ses concitoyens un service personnel et des contributions pécuniaires, en fortifiant cet appel par tous les artifices d'une éloquence consommée, alors que ces propositions désagréables ne faisaient que lui valoir de l'impopularité. A l'époque où Démosthène adressa ces appels énergiques à ses compatriotes, longtemps avant la chute d'Olynthos, la puissance de Philippe, quoique formidable, aurait pu parfaitement bien être contenue dans les limites de la Macédoine et de la Thrace, et l'aurait probablement été si Démosthène eût possédé en 351 avant J.-C. autant d'influence publique qu'il en avait acquis dix ans plus tard, en 341 avant J.-C.

D'un bout à l'autre de la carrière de Démosthène comme conseiller public, jusqu'à la bataille de Chæroneia, nous retrouvons la même combinaison d'ardent patriotisme avec une politique sage et prévoyante. Pendant la guerre de trois années, qui aboutit à la bataille de Chæroneia, les Athéniens en général suivirent ses conseils; et quelque désastreux qu'aient été les derniers résultats militaires de la guerre, dont Démosthène ne pouvait être responsable,

— ses périodes antérieures furent honorables et heureuses, son plan général fut le meilleur que le cas admît, et sa direction diplomatique universellement triomphante. Mais ce qui donne aux desseins et à la politique de Démosthène une grandeur particulière, c'est qu'ils ne furent pas seulement athéniens, mais qu'ils furent aussi panhelléniques à un haut degré. Ce ne fut pas Athènes seule qu'il chercha à défendre contre Philippe, ce fut tout le monde hellénique. Sous ce rapport, il s'élève au-dessus des plus grands de ses prédécesseurs pendant un demi-siècle avant sa naissance, — Periklês, Archidamos, Agésilas, Épaminondas, dont la politique fut athénienne, spartiate, thêbaine plutôt qu'hellénique. Il nous ramène au temps de l'invasion de Xerxês et de la génération qui la suivit immédiatement, alors que les luttes des Athéniens contre les Perses et leurs souffrances étaient ennoblies par une identité complète d'intérêt avec la Grèce collective. Les sentiments auxquels Démosthène fait appel d'un bout à l'autre de ses nombreux discours sont ceux du plus noble et du plus large patriotisme, qui essayait d'allumer l'ancien sentiment grec d'un monde hellénique autonome, comme indispensable condition d'une existence digne et désirable (1), — mais qui inculquait en même temps que ces avantages ne pouvaient être conservés que par les fatigues, le sacrifice de soi-même et de sa fortune, et la disposition à braver un service personnel dur et prolongé.

Depuis la destruction de Thêbes par Alexandre en 335 av. J.-C. jusqu'à la guerre Lamiaque après sa mort, la politique d'Athènes ne fut pas dirigée par Démosthène, et elle ne pouvait pas l'être. Mais tout condamné qu'il fût à une inutilité relative, il rendit cependant un service important à Athènes, dans l'affaire harpalienne de 324 avant J.-C. Si, au lieu de s'opposer à l'alliance de cette cité avec Harpalos,

(1) Démosth. De Coronâ, p. 324. Οὗτοι — τὴν ἐλευθερίαν καὶ τὸ μηδένα ἔχειν δεσπότην αὑτῶν, ἃ τοῖς προτέροις Ἕλλησιν ὅροι τῶν ἀγαθῶν ἦσαν καὶ κανόνες, ἀνατετραφότες, etc.

il l'avait appuyée avec autant de chaleur qu'Hypéride, — les promesses exagérées de cet exilé auraient probablement prévalu, et la guerre aurait été déclarée à Alexandre. Quant à l'accusation d'avoir été corrompu par Harpalos, j'ai déjà présenté les raisons qui peuvent le faire croire innocent. La guerre Lamiaque, dernier théâtre de son activité, ne fut pas dans l'origine suggérée par lui, puisqu'il était en exil à son début. Mais il s'y jeta avec une ardeur sans réserve, et servit beaucoup à procurer à sa patrie le nombre considérable d'adhésions qu'il obtint de tant d'États grecs. Malgré son résultat désastreux, elle fut, comme la bataille de Chæroneia, un glorieux effort fait pour recouvrer la liberté grecque, dans des circonstances qui promettaient un espoir légitime de succès. Il n'y avait pas une excessive témérité à compter sur des divisions dans l'empire laissé par Alexandre, — sur une hostilité mutuelle entre les principaux officiers, — et sur la probabilité de n'avoir affaire qu'à Antipater et à la Macédoine, avec peu ou point de renforts d'Asie. Quelque désastreuse que finît par être l'entreprise, cependant le risque méritait bien d'être couru avec un si noble objet comme enjeu; et si la guerre avait pu être prolongée une année de plus, son issue aurait été probablement très-différente. Nous le verrons bientôt quand nous en viendrons à suivre les événements asiatiques. Après une catastrophe aussi ruineuse, qui anéantissait la liberté de la parole en Grèce et dispersait le Dêmos athénien dans des terres éloignées, Démosthène lui-même n'aurait pu guère désirer, à l'âge de soixante-deux ans, prolonger son existence comme fugitif au delà de la mer.

Des discours qu'il composa pour des plaideurs privés, à l'occasion aussi pour lui-même, devant le dikasterion, — et des nombreuses harangues destinées à stimuler et à avertir les Athéniens sur les affaires publiques du moment, harangues qu'il avait adressées à ses compatriotes assemblés, il ne reste qu'un petit nombre que la postérité puisse admirer. Ces harangues nous servent non-seulement comme preuve de sa supériorité incomparable sous le rapport de l'éloquence, mais encore comme l'une des principales sources qui nous mettent à même d'apprécier la dernière phase de la vie grecque libre, en tant que réalité agissant et fonctionnant.

CHAPITRE II

DOMINATION MACÉDONIENNE EN GRÈCE

Position honteuse de Phokiôn sous l'occupation macédonienne. — Antipater purge et refond les cités péloponésiennes; il attaque les Ætoliens en vue de les déporter en Asie; sa présence devient nécessaire dans ce pays; il conclut une pacification avec les Ætoliens. — Intrigues avec Perdikkas et avec les princesses à Pella. — Antigonos découvre les intrigues et les révèle à Antipater et à Krateros. — Changements défavorables de fortune pour les Grecs, par rapport à la guerre Lamiaque. — Antipater et Krateros en Asie; Perdikkas se met en marche pour aller attaquer Ptolemæos en Égypte, mais il est tué dans une mutinerie de ses propres troupes; union d'Antipater, de Ptolemæos, d'Antigonos, etc.; nouvelle distribution des satrapies, faite à Triparadisos. — Guerre entre Antigonos et Eumenês en Asie; énergie et talent d'Eumenês; il est vaincu et bloqué dans Nora. — Maladie et mort d'Antipater; l'orateur Démade est mis à mort en Macédoine. — Antipater écarte son fils Kassandre, et nomme Polysperchôn vice-roi; mécontentement et opposition de Kassandre. — Celui-ci agit pour lui-même, se met en possession de Munychia, et forme alliance avec Ptolemæos et Antigonos contre Polysperchôn. — Plans de ce dernier; alliance avec Olympias en Europe et avec Eumenês en Asie; affranchissement des cités grecques. — Tentatives inutiles d'Eumenês pour soutenir la dynastie souveraine en Asie; sa vaillance et son talent; il est livré par ses propres soldats, et tué par Antigonos. — Édit rendu par Polysperchôn à Pella, au nom de la dynastie souveraine, — renversant les oligarchies d'Antipater dans les cités grecques, rétablissant les exilés politiques et accordant des constitutions libres à chacune. — Lettres et mesures de Polysperchôn à l'effet d'imposer cet édit; état d'Athènes; exilés de retour; partis politiques compliqués; dangers de Phokiôn. — Négociations des Athéniens avec Nikanôr, gouverneur de Munychia pour Kassandre. — Nikanôr s'empare de Peiræeus par surprise; Phokiôn, bien qu'averti, ne prend pas de précautions pour l'empêcher. — Malheur pour les Athéniens aussi bien que pour Polysperchôn, résultant de l'occupation de Peiræeus par Nikanôr; coupable négligence et collusion probable de Phokiôn. — Arrivée d'Alexandre (fils de Polysperchôn); sa politique perfide à l'égard des Athéniens; Kassandre arrive à Peiræeus. — Intrigues de Phokiôn avec Alexandre; il essaye de s'assurer la protection de ce dernier contre les Athéniens. — Retour à Athènes des exilés déportés; vote public rendu dans l'assemblée athénienne contre Phokiôn et ses collègues. — Phokiôn quitte la cité, est protégé par Alexandre, et va à la rencontre de Polysperchôn en Phokis. — Agnonidês et autres sont envoyés comme députés à Polysperchôn pour accuser Phokiôn et réclamer le bénéfice de l'édit royal. — Agnonidês et Phokiôn sont entendus devant Polysperchôn; Phokiôn et ses collègues sont livrés comme prisonniers aux Athéniens. — Phokiôn est mené comme prisonnier à Athènes et cité devant l'assemblée; motion de ses amis pour l'exclusion des personnes n'ayant pas droit de cité. — Grande exaspération des exilés de retour contre Phokiôn; raisons de ce sentiment. — Phokiôn est condamné à mort; manifestation de vengeance contre lui dans l'assemblée, furieuse et unanime. — Mort de Phokiôn et de ses quatre collègues. — Changement dans les sentiments des Athéniens à l'égard de Phokiôn peu de temps après; honneurs rendus à sa mémoire. — Explication de ce changement; Kassandre se rend maître d'Athènes, et rétablit le parti oligarchique ou phokionique. — Vie et caractère de Phokiôn. — Guerre entre Polysperchôn et Kassandre, en Attique et dans le Péloponèse; Polysperchôn est repoussé au siége de Megalopolis, et défait aussi sur mer. — Accroissement de la force de Kassandre en Grèce; il s'empare d'Athènes. — Rétablissement du gouvernement oligarchique à Athènes, bien que sous une forme mitigée, dirigé par le Phaléréen Demetrios. — Administration du Phaléréen Demetrios à Athènes et sa modération; recensement de la population athénienne. — Kassandre dans le Péloponèse; beaucoup de villes se joignent à lui; les Spartiates entourent leur cité de murs. — Querelles dans la famille royale macédonienne; Olympias met à mort Philippe Aridæos et Eurydikê; elle règne en Macédoine; vengeance sanglante qu'elle exerce contre les partisans d'Antipater. — Kassandre passe en Macédoine; il défait Olympias et devient maître du pays; Olympias est assiégée dans Pydna, prise et mise à mort. — Grand pouvoir d'Antigonos en Asie; ligue de Kassandre, de Lysimachos, de Ptolemæos et de Seleukos contre lui. — Kassandre fonde Kassandreia et rétablit Thêbes. — Mesures d'Antigonos contre Kassandre; il promet la liberté aux cités grecques; Ptolemæos promet la même chose; grand pouvoir de Kassandre en Grèce. — Forces d'Antigonos en Grèce; succès considérable contre Kassandre. — Pacification entre les parties belligérantes; autonomie grecque garantie de nom par toutes; Kassandre met à mort Roxanê et son enfant. — Polysperchôn épouse les prétentions d'Hêraklês, fils d'Alexandre, contre Kassandre; il fait un pacte avec Kassandre, assassine le jeune prince et est reconnu comme maître de la Grèce méridionale. — Antigonos assassine Kleopatra, dernière parente survivante d'Alexandre le Grand. — Ptolemæos d'Égypte en Grèce; après quelques succès, il conclut une trêve avec Kassandre; résignation passive des cités grecques. — Arrivée soudaine de Demetrios Poliorketês dans Peiræeus; les Athéniens se déclarent en sa faveur; Demetrios le Phaléréen se retire en Égypte; prise de Munychia et de Megara. — Demetrios Poliorketês entre dans Athènes en triomphe; il promet de rétablir la démocratie; votes extravagants de flatterie rendus par les Athéniens à son égard; création de deux nouvelles tribus athéniennes. — Changement de ton et de sentiment dans Athènes pendant les trente dernières années. — Contraste d'Athènes déclarée libre par Demetrios Poliorketês avec Athènes après l'expulsion d'Hippias. — Opposition faite par Democharês, neveu de Démosthène, à ces obséquieuses flatteries publiques. — Demetrios le Phaléréen condamné par défaut; honorable commémoration de l'orateur Lykurgue, décédé. — Loi restrictive rendue contre les philosophes; ils quittent tous Athènes; la loi est abrogée l'année suivante, et les philosophes reviennent à Athènes. — Exploits de Demetrios Poliorketês; il assiége

Rhodes longtemps; vaillante et heureuse résistance des citoyens. — Sa guerre prolongée, et son succès définitif en Grèce, contre Kassandre. — Retour de Demetrios Poliorketês à Athènes; sa réception triomphale; hymne ithyphallique mémorable qui lui est adressé. — État impuissant des Athéniens; déclaré par eux-mêmes. — Demetrios à Athènes est un objet d'idolâtrie; il est initié aux mystères d'Eleusis, en dehors du temps régulier. — Marche de Demetrios en Thessalia; il passe en Asie et rejoint Antigonos; grande bataille d'Ipsus, dans laquelle les quatre confédérés défont complétement Antigonos, qui est tué, et dont l'empire en Asie est détruit et partagé. — Rétablissement de la domination de Kassandre en Grèce; Lacharês se fait despote à Athènes, sous Kassandre: Demetrios Poliorketês revient et chasse Lacharês; il met une garnison dans Peiræeus et Munychia. — Mort de Kassandre; querelles sanglantes dans sa famille; Demetrios acquiert la couronne de Macédoine. — Antigonos Gonatas, fils de Demetrios, maître de la Macédoine et de la Grèce. — La dynastie antigonide établie d'une manière permanente en Macédoine, jusqu'à la conquête de ce pays par les Romains. — Ardeur des Grecs brisée; Antigonos isole les cités les unes des autres. — La Grèce de Polybe ne peut former un sujet d'histoire par elle-même, mais elle est essentiellement dépendante de voisins étrangers. — Preuve de la nullité politique d'Athènes; décret public en l'honneur de Democharês; actes qui y sont rappelés comme ses titres à la reconnaissance publique.

La mort de Démosthène, avec les circonstances tragiques racontées dans mon dernier chapitre, est à tout prendre moins triste que la vie prolongée de Phokiôn, comme agent de la suprématie macédonienne dans une cité à moitié dépeuplée, dans laquelle il était né citoyen libre, et qu'il avait si longtemps concouru à administrer comme une communauté libre. Le déshonneur de la position de Phokiôn doit avoir été aggravé par la détresse que causèrent dans Athènes, et la déportation de la moitié de ses citoyens libres, et le retour forcé des colons athéniens de Samos, île qui était enlevée actuellement à Athènes après qu'elle l'avait occupée pendant quarante-trois ans, et rendue au peuple samien et à ses exilés rappelés par un rescrit de Perdikkas au nom d'Aridæos (1). Occupant cette élévation dépendante, Pho-

(1) Diodore, XVIII, 18; Diogène Laërce, X, 1, 1. Nous avons essayé de démontrer, dans une portion antérieure de cette Histoire (tome XV, ch. 2) que Diodore est exact en donnant quarante-trois ans, comme durée des kléruchies athéniennes à Samos; bien que Wesseling et M. Clinton combattent tous deux son assertion. L'occupation de Samos par les Athéniens commença immédiatement après la conquête de l'île par Timotheos, en 366-365 avant J.-C.; mais des fournées additionnelles de colons y furent envoyées dans les années qui suivirent.

kiôn exerça l'autorité avec sa probité et sa douceur ordinaires. S'efforçant d'éviter aux citoyens l'ennui de désordres de la part de la garnison de Munychia, il entretint des relations amicales avec son commandant Menyllos, bien qu'il refusât tout présent tant de lui que d'Antipater. Il désirait accorder le droit de cité au philosophe Xenokratês, qui était seulement metœkos ou habitant non citoyen; mais Xenokratês déclina cette offre en faisant observer qu'il ne voulait accepter aucune place dans une constitution contre laquelle il avait protesté comme député (1). Cette marque de courageuse indépendance, qui n'est pas peu remarquable pendant que les Macédoniens étaient maîtres de la cité, était un reproche tacite adressé à la soumission facile de Phokiôn.

D'une extrémité à l'autre du Péloponèse, Antipater purgea et refondit les cités, Argos, Megalopolis et autres, comme il l'avait fait à Athènes, en installant dans chacune d'elles une oligarchie composée de ses propres partisans, — quelquefois avec une garnison macédonienne, — et en mettant à mort, en déportant ou en chassant les citoyens hostiles ou intraitables, ou démocratiques (2) (de l'automne à l'hiver, 322-321 av. J.-C.). Après avoir achevé de réduire le Péloponèse, il traversa le golfe Corinthien pour attaquer les Ætoliens, actuellement les seuls Grecs qui ne fussent pas encore soumis. Le dessein d'Antipater était non-seulement de vaincre ce peuple belliqueux et grossier, mais encore de le transporter en masse en Asie, et de le faire avancer jusqu'aux déserts intérieurs de l'empire (3). Son armée était

(1) Plutarque, Phokiôn, 29, 30.

(2) Diodore, XVIII, 55, 56, 57, 68, 69. Φανεροῦ δ' ὄντος, ὅτι Κάσσανδρος τῶν κατὰ τὴν Ἑλλάδα πόλεων ἀνθέξεται, διὰ τὸ τὰς μὲν αὐτῶν πατρικαῖς φρουραῖς φυλάττεσθαι, τὰς δ' ὑπ' ὀλιγαρχιῶν διοικεῖσθαι, κυριευομένας ὑπὸ τῶν Ἀντιπάτρου φίλων καὶ ξένων.

Que des citoyens aient été non-seulement bannis, mais déportés, par Antipater de diverses autres cités outre Athènes, c'est ce que nous pouvons voir par l'édit que rendit Polysperchôn peu après la mort d'Antipater (Diod. XVIII, 56): — Καὶ τοὺς μεταστάντας ἢ φυγόντας ὑπὸ τῶν ἡμετέρων στρατηγῶν (*i. e.* Antipater et Krateros), ἀφ' ὧν χρόνων Ἀλέξανδρος εἰς τὴν Ἀσίαν διέβη, κατάγομεν, etc.

(3) Diodore, XVIII, 25. Διεγνωκότες ὕστερον αὐτοὺς καταπολεμῆσαι, καὶ μεταστῆσαι πανοικίους ἅπαντας εἰς τὴν ἐρημίαν καὶ πορρωτάτω τῆς Ἀσίας κειμένην χώραν.

trop puissante pour qu'on pût lui résister sur un terrain uni ; de sorte que les villes et les villages les plus accessibles tombèrent tous entre ses mains. Mais les Ætoliens se défendirent bravement, retirèrent leurs familles dans les villes élevées et sur les sommets des montagnes de leur pays très-raboteux, et firent éprouver de sérieuses pertes aux envahisseurs macédoniens. Néanmoins, Krateros, qui avait fait une guerre du même genre en Sogdiane avec Alexandre, montra tant d'habileté en s'emparant des points de communication, qu'il intercepta toutes leurs provisions et les réduisit à une extrême détresse, au milieu de l'hiver qui était survenu alors. Les Ætoliens, malgré leur bravoure et leur patience, auraient été sans doute bientôt forcés de se rendre par le froid et la faim, si l'arrivée inattendue d'Antigonos, d'Asie, n'eût communiqué à Antipater et à Krateros une nouvelle qui les engagea à se préparer à retourner en Macédoine, en vue de traverser l'Hellespont et d'opérer en Asie. Ils conclurent une pacification avec les Ætoliens, — ajournant à une époque future leur dessein de déporter ce peuple, — et se retirèrent en Macédoine, où Antipater cimenta son alliance avec Krateros en lui donnant sa fille Phila en mariage (1).

Une autre fille d'Antipater, nommée Nikæa, avait été envoyée en Asie peu de temps auparavant pour devenir l'épouse de Perdikkas. Ce général, agissant comme tuteur ou premier ministre des rois de la famille d'Alexandre (on parle actuellement d'eux au pluriel depuis que Roxanê avait donné le jour à un fils posthume appelé Alexandre, et fait roi conjointement avec Philippe Aridæos), ce général, dis-je, avait d'abord recherché une association étroite avec Antipater en demandant sa fille en mariage. Mais de nouvelles vues ne tardèrent pas à lui être ouvertes par les intrigues des princesses à Pella, — Olympias, avec sa fille Kleopatra, veuve du Molosse Alexandre, — qui avait toujours été en désaccord avec Antipater, même pendant tout le temps de

(1) Diodore, XVIII, 18-25.

la vie d'Alexandre, — et Kynanê (fille de Philippe et d'une mère illyrienne, et veuve d'Amyntas, cousin germain d'Alexandre, mais tué par ordre de ce prince) avec sa fille Eurydikê. Nous avons déjà dit que Kleopatra avait offert sa main à Leonnatos, l'invitant à venir occuper le trône de Macédoine. Il avait obéi à l'appel, mais avait été tué dans la première bataille contre les Grecs, délivrant ainsi Antipater d'un rival dangereux. Le premier projet d'Olympias ayant échoué ainsi, elle avait envoyé proposer à Perdikkas un mariage avec Kleopatra. Perdikkas s'était déjà engagé à l'égard de la fille d'Antipater. Néanmoins, il se demanda alors s'il ne servirait pas mieux son ambition en rompant cet engagement et en acceptant la nouvelle proposition. Cette démarche lui fut conseillée par Eumenês, son ami et son aide le plus habile, fermement attaché aux intérêts de la famille royale, et en même temps personnellement haï par Antipater. Mais Alketas, frère de Perdikkas, lui représenta qu'il serait dangereux de provoquer ouvertement et immédiatement la colère d'Antipater. En conséquence, Perdikkas résolut d'accepter Nikæa pour le moment, mais de la renvoyer après peu de temps et de prendre Kleopatra, à laquelle Eumenês porta des assurances secrètes de sa part. Kynanê également (fille de Philippe et veuve de son neveu Amyntas), femme guerrière et ambitieuse, avait amené en Asie sa fille Eurydikê pour la faire épouser par le roi Philippe Aridæos. Étant opposés à ce mariage, et probablement excités aussi par Olympias, Perdikkas et Alketas mirent Kynanê à mort. Mais l'indignation que cet acte causa parmi les soldats fut si furieuse qu'elle menaça leur vie, et ils furent forcés de permettre le mariage du roi avec Eurydikê (1).

---

(1) Diodore, XVIII, 23; Arrien, De Rebus post Alex. VI, ap. Phot. cod. 92. Diodore fait allusion dans un autre endroit au meurtre de Kynanê ou Kinna (XIX, 52).

Cf. Polyen, VIII, 60, — qui mentionne le meurtre de Kynanê par Alketas, mais qui donne une explication un peu différente de son dessein en passant en Asie.

Sur Kynanê, V. Duris, Fragm. 24, in Fragment. Hist. Græc. vol. II, p. 475; Athénée, XIII, p. 560.

Toutes ces intrigues se continuèrent pendant l'été de 322 avant J.-C., pendant que les Grecs poursuivaient encore efficacement la guerre Lamiaque. Vers l'automne de cette année, Antigonos (appelé Monophthalmos), satrape de Phrygia, découvrit ces intrigues secrètes de Perdikkas, qui, pour cette raison et pour d'autres, commença à le considérer comme un ennemi et à comploter contre sa vie. Informé du danger qu'il courait, Antigonos s'enfuit d'Asie en Europe pour faire connaître à Antipater et à Krateros les manœuvres hostiles de Perdikkas. A cette nouvelle, les deux généraux, abandonnant immédiatement la guerre Ætolienne, retirèrent leur armée de Grèce pour le dessein plus important de contrecarrer Perdikkas en Asie.

Quant à nous, ces luttes des officiers macédoniens ne nous appartiennent qu'en tant qu'elles intéressent les Grecs. Et nous voyons, par les événements qui viennent d'être mentionnés, combien les changements de fortune furent malheureux pour eux pendant toute la guerre Lamiaque, tombeau de la liberté grecque, non pour les combattants du moment seuls, mais encore pour leur postérité (1). Jusqu'à la bataille de Krannôn et la reddition d'Athènes, tout arriva de manière à délivrer Antipater d'embarras et à lui donner une force double. Les intrigues des princesses à Pella, dont la haine pour lui était bien connue, soulevèrent contre lui Leonnatos, puis Perdikkas. Si Leonnatos eût vécu, le bras d'Antipater aurait été du moins affaibli, sinon paralysé ; si Perdikkas se fût déclaré plus tôt, Antipater aurait dû retirer ses forces pour s'opposer à lui, et la bataille de Krannôn aurait eu probablement une issue différente. Aussitôt que Perdikkas devint hostile à Antipater, sa politique fut de soutenir les Grecs et de chercher à s'allier avec eux, ce que

(1) On peut citer ici les beaux vers de Lucain (Phars. VII, 640) sur les effets de la bataille de Pharsalia : —
« Majus ab hac acie, quam quod sua sæcula ferrent,
Vulnus habent populi : plus est quam vita salusque
Quod perit : in totum mundi prosternimur ævum.
Vincitur his gladiis omnis, quæ serviet, ætas.
Proxima quid soboles, aut quid meruere nepotes,
In regnum nasci ? » etc.

nous le verrons bientôt faire avec les Ætoliens (1). Ainsi, grâce à des causes purement accidentelles, Antipater obtint un intervalle de quelques mois, pendant lesquels ses mains furent non-seulement libres, mais encore armées de la force nouvelle et inattendue de Leonnatos et de Krateros, pour terminer la guerre Lamiaque. L'issue désastreuse de cette guerre fut donc en grande partie l'effet de hasards, parmi lesquels nous devons comprendre la mort de Leosthenês lui-même. On ne doit pas regarder cette issue comme prouvant que le projet fût désespéré ou mal conçu de la part de ses auteurs, qui avaient bien le droit de compter, parmi les probabilités de leur cas, sur les effets de la discorde entre les chefs macédoniens.

Dans le printemps de 321 avant J.-C., Antipater et Krateros, ayant concerté des opérations avec Ptolemæos, gouverneur d'Égypte, passèrent en Asie, et commencèrent leur lutte avec Perdikkas, qui lui-même, ayant les rois avec lui, marcha contre l'Égypte pour attaquer Ptolemæos, en laissant son frère Alketas, conjointement avec Eumenês comme général, soutenir sa cause en Kappadokia et en Asie Mineure. Alketas, découragé par le sentiment contraire des Macédoniens en général, renonça à l'entreprise comme désespérée. Mais Eumenês, bien qu'embarrassé et menacé de toute manière par la jalousie perfide de ses propres officiers macédoniens, et par le mécontentement de ses soldats contre lui, en sa qualité de Grec, — et, bien que forcé de cacher à ces mêmes soldats le fait que Krateros, qui était populaire parmi eux, commandait du côté opposé, — Eumenês, dis-je, déploya néanmoins tant de talent, qu'il remporta une importante victoire (2), dans laquelle périrent et

(1) Diodore, XVIII, 38. Ἀντιπάτρου δ' εἰς τὴν Ἀσίαν διαβεβηκότος, Αἰτωλοὶ κατὰ τὰς πρὸς Περδίκκαν συνθήκας ἐστράτευσαν εἰς τὴν Θετταλίαν, etc.

(2) Plutarque, Eumenês, 7; Cornél. Népos. Eumenes, c. 4. Eumenês avait exercé un corps de cavalerie asiatique et thrace à combattre corps à corps avec la courte pique et l'épée des Compagnons macédoniens, — en abandonnant la javeline, les traits et l'alternative de la charge et de la retraite, en usage chez les Asiatiques.

Diodore (XVIII, 30, 31, 32) raconte cette bataille avec quelque longueur. Il se peut que lui aussi bien que Plutarque ait emprunté à Hieronymos de Kardia.

Neoptolemos et Krateros. Eumenês tua Neoptolemos de sa propre main, après un conflit personnel extrêmement acharné et longtemps douteux, et au prix d'une blessure grave (1). Après la victoire, il trouva Krateros qui vivait encore, bien qu'expirant de sa blessure. Profondément affligé à cette vue, il fit tout son possible pour rappeler à la vie le moribond; et quand cette tentative eut échoué, il fit ensevelir honorablement son cadavre et l'envoya en Macédoine pour qu'il y fût enterré.

Cette nouvelle preuve du talent et de la vigueur militaires d'Eumenês, avec la mort de deux officiers aussi importants que Krateros et Neoptolemos, fut ruineuse pour le vainqueur lui-même, sans servir la cause dans laquelle il combattait. Perdikkas, son chef, ne vécut pas pour l'apprendre. Ce général fut si arrogant et si tyrannique dans sa conduite à l'égard des autres officiers, — et de plus si malheureux dans ses premières opérations contre Ptolemæos sur le bras pélusiaque du Nil, — que sa propre armée se mutina et le tua (2). Ses troupes rejoignirent Ptolemæos, dont la conduite conciliante gagna leur bon vouloir. Deux jours seulement après cette révolution, un messager d'Eumenês arriva au camp, annonçant sa victoire et la mort de Krateros. Si cette nouvelle eût été reçue par Perdikkas lui-même à la tête de son armée, la marche des événements subséquents aurait pu être changée sensiblement. Eumenês aurait occupé la position la plus dominante en Asie, comme général des rois de la famille d'Alexandre, à laquelle l'attachaient ses intérêts et ses sentiments. Mais, au moment où la nouvelle arriva, elle ne causa dans toute l'armée que la plus violente exaspération contre lui, non-seulement comme allié de l'odieux Perdikkas, mais comme cause de la mort de Krateros, l'objet de son estime. Les soldats, par un vote, le déclarèrent ennemi public, ainsi qu'Alketas et cinquante officie s. Les officiers ou les soldats macédoniens ne gardè-

(1) Arrien, ap. Photium, cod. 92; Justin, XIII, 8; Diodore, XVIII, 33.

(2) Diodore, XVIII, 36.

rent plus désormais avec lui de mesure. En même temps, plusieurs officiers attachés à Perdikkas dans le camp, et aussi Atalantê, sa sœur, furent tués (1).

La mort de Perdikkas et la défection de ses soldats mirent dans les mains d'Antipater, de Ptolemæos et d'Antigonos une prépondérance complète. Antipater fut invité à rejoindre l'armée, qui se composait actuellement des forces de Ptolemæos et de Perdikkas réunies. Il y fut investi de la tutelle des personnes des rois et de l'espèce de suprématie ministérielle occupée antérieurement par Perdikkas. Toutefois, il fut exposé à beaucoup de difficultés, et même à un grand danger personnel, à cause des intrigues de la princesse Eurydikê, qui montra une hardiesse virile en haranguant publiquement les soldats, et à cause des mécontentements de l'armée, qui réclamait des présents que lui avait formellement promis Alexandre, promesse pour la réalisation de laquelle il n'y avait pas de fonds à ce moment. A Triparadisos, en Syria, Antipater fit une seconde distribution des satrapies de l'empire, un peu modifiée, coïncidant toutefois, en général, avec celle qui avait été faite peu après la mort d'Alexandre. A Ptolemæos furent assurées l'Égypte et la Libye ; — à Antigonos, la Grande Phrygia, la Lykia et la Pamphylia, — comme chacun les avait eues auparavant (2).

Antigonos fut investi du commandement de la principale armée macédonienne en Asie, pour écraser Eumenês et les autres principaux adhérents de Perdikkas, dont la plupart avaient été condamnés à mort par un vote de l'armée macédonienne. Après un certain intervalle, Antipater lui-même, accompagné des rois, retourna en Macédoine, après avoir éludé, par un artifice, une nouvelle demande que lui avaient faite ses soldats au sujet des présents promis. La guerre d'Antigonos, d'abord contre Eumenês en Kappadokia, ensuite contre Alketas et les autres partisans de Perdikkas en

(1) Plutarque, Eumenês, 8; Cornél. Népos, Eumenes, 4; Diodore, XVIII, 36, 37.

(2) Diodore, XVIII, 39. Arrien, ap. Photium.

Pisidia, dura pendant beaucoup de mois, mais finit par être terminée heureusement (1). Eumenês, entouré de la perfidie et de l'insubordination constantes des Macédoniens, fut défait et repoussé du champ de bataille. Il se réfugia, avec une poignée d'hommes, dans la forteresse imprenable et bien approvisionnée de Nora, en Kappadokia, où il soutint un long blocus, plus d'une année apparemment, contre Antigonos (2).

Avant que le blocus prolongé de Nora eût été terminé, Antipater, étant d'un âge très-avancé, tomba malade et ne tarda pas à mourir (319-318 av. J.-C.). Un de ses derniers actes fut de mettre à mort l'orateur athénien Démade, qui avait été envoyé en Macédoine comme député pour demander qu'on retirât la garnison macédonienne établie à Munychia. Antipater avait promis, ou fait espérer, que si l'oligarchie qu'il avait établie à Athènes conservait pour les Macédoniens une fidélité inébranlable, il retirerait la garnison. Les Athéniens s'efforcèrent de déterminer Phokiôn à aller en Macédoine afin de solliciter l'accomplissement de cette promesse ; mais il refusa constamment. Démade, qui se chargea volontiers de la mission, arriva en Macédoine à un moment très-fâcheux pour lui-même. Les papiers de Perdikkas décédé étaient tombés au pouvoir de ses adversaires, et dans ces papiers on avait trouvé une lettre que lui avait écrite Démade, pour l'inviter à passer la mer et à venir délivrer de son assujettissement la Grèce, qui ne tenait plus « qu'à un fil vieux et pourri, » — voulant dire Antipater. Cette lettre blessa vivement Antipater, — d'autant plus que Démade avait été, dit-on, son pensionnaire habituel, — et elle offensa plus encore son fils Kassandre, qui fit arrêter Démade avec son fils, — tua d'abord le fils dans la présence immédiate du père, et même entre ses bras, — et ensuite tua le père lui-même, avec d'amères invectives contre son ingrati-

(1) Arrien, De Rebus post Alexandrum, lib. IX, 10, ap. Photium, cod. 92; Diodore, XVIII, 39, 40, 46; Plutarque, Eumenês, 3, 4.

(2) Plutarque, Eumenês, 10, 11; Cornél. Népos, Eumenes, c. 5; Diodore, XVIII, 41.

tude (1). Tous les récits que nous lisons dépeignent Démade, en termes généraux, comme un dépensier prodigue et un politique vénal et corrompu. Nous n'avons pas de motifs pour révoquer cette assertion en doute; en même temps, nous n'avons pas de faits précis pour la prouver.

Antipater, par ses derniers ordres, désignait Polysperchôn, l'un des vieux officiers d'Alexandre, pour être administrateur suprême, avec de pleins pouvoirs afin de protéger la dynastie souveraine, tandis qu'il n'assignait à son propre fils Kassandre que la seconde place, comme chiliarque ou général des gardes du corps (2) (318 av. J.-C.). Il pensait que cet arrangement de pouvoir serait plus agréable en général dans tout l'empire, vu que Polysperchôn était plus âgé et servait depuis plus longtemps qu'aucun autre parmi les généraux d'Alexandre. De plus, Antipater craignait surtout de laisser tomber le pouvoir entre les mains des princesses (3), qui toutes, — Olympias, Kleopatra et Eurydikê, — étaient des caractères énergiques, et dont la première (qui s'était retirée en Épire par inimitié à l'égard d'Antipater) était furieuse et implacable.

Mais les vues d'Antipater furent désappointées dès le début, parce que Kassandre ne voulut pas se soumettre à la seconde place ni tolérer Polysperchôn comme son supérieur. Immédiatement après la mort d'Antipater, mais avant qu'elle fût connue publiquement, Kassandre envoya Nikanôr, avec de prétendus ordres d'Antipater, pour remplacer Menyllos dans le gouvernement de Munychia. Menyllos obéit à cet ordre. Mais quand, quelques jours après, le public athénien vint à apprendre la vérité réelle, il fut mécon-

---

(1) Plutarque, Phokiôn, 30; Diodore, XVIII, 48; Plutarque, Démosth. 31; Arrien, De Reb. post Alex. VI, ap. Photium, cod. 92.

Dans la vie de Phokiôn, Plutarque a écrit par inadvertance *Antigonos* au lieu de *Perdikkas*.

Toutefois, il n'est pas facile de voir comment Dinarque peut avoir été l'accusateur de Démade sur ce point, — comme l'avancent Arrien et Plutarque. Arrien semble placer trop tôt la mort de Démade, par son désir de l'amener en juxtaposition immédiate avec la mort de Démosthène, dont Démade avait proposé la condamnation dans l'assemblée athénienne.

(2) Diodore, XVIII, 48.

(3) Diodore, XIX, 11.

tent de Phokiôn, parce qu'il avait permis au changement de se faire, — il supposa qu'il connaissait l'état réel des faits, et qu'il aurait pu éloigner le nouveau commandant (1). Kassandre, pendant qu'il s'assurait de ce poste important, en le plaçant dans les mains d'un partisan sûr, affecta d'acquiescer à l'autorité de Polysperchôn et de s'occuper d'une partie de chasse à la campagne. En même temps, il envoya des adhérents de confiance à l'Hellespont et dans d'autres endroits pour faire avancer ses projets, et en particulier pour contracter alliance avec Antigonos en Asie et Ptolemæos en Égypte. Ses députés étant généralement bien reçus, lui-même quitta soudainement la Macédoine et alla concerter des mesures avec Antigonos en Asie (2). Il convenait à la politique de Ptolemæos, et plus encore à celle d'Antigonos, de l'aider contre Polysperchôn et la dynastie royale. A la mort d'Antipater, Antigonos avait résolu de se faire le souverain réel de l'empire d'Alexandre en Asie, puisqu'il possédait les forces militaires les plus puissantes que cet empire renfermât.

Même avant cette époque, la dynastie royale avait été un nom plutôt qu'une réalité; toutefois, un nom respecté encore. Mais actuellement, la préférence montrée à Polysperchôn par Antipater décédé, et la séparation de Kassandre, mettaient tous les grands pouvoirs réels en hostilité active contre la dynastie (318-317 av. J.-C.). Polysperchôn et ses amis ne s'aveuglaient pas sur les difficultés de leur position. Les principaux officiers en Macédoine ayant été réunis pour délibérer, on résolut d'engager Olympias à revenir de l'Épire, afin qu'elle pût prendre la tutelle de son petit-fils Alexandre (fils de Roxanê), — de placer les intérêts asiatiques de sa dynastie dans les mains d'Eumenês, en le nommant au commandement suprême (3), et de combattre Kassandre en Europe, en s'assurant de la bonne volonté et de l'aide générale des Grecs. On devait atteindre ce dernier

(1) Plutarque, Phokiôn, 31. Diodore (XVIII, 64) dit aussi que Nikanôr fut nommé par Kassandre.

(2) Diodore, XVIII, 54.

(3) Diodore, XVIII, 49-58.

but en accordant aux Grecs un affranchissement général, et en renversant les oligarchies d'Antipater et les gouvernements militaires qui dominaient alors dans toutes les cités.

Le dernier espoir de maintenir l'unité de l'empire d'Alexandre en Asie, contre les intérêts contraires des grands officiers macédoniens, qui tendaient constamment à le diviser et à se l'approprier, — reposait actuellement sur la fidélité et l'habileté militaire d'Eumenês. Polysperchôn mit à sa disposition les trésors royaux et les soldats qui étaient en Asie, en particulier les Argyraspides, guerriers braves, mais perfides et désordonnés. Olympias aussi lui adressa une lettre pathétique, où elle lui demandait ses conseils comme au seul ami et sauveur sur lequel la famille royale pût maintenant compter. Eumenês répondit en les assurant de son attachement dévoué à leur cause. Mais en même temps, il conseilla à Olympias de ne pas venir d'Épire en Macédoine ; ou, si elle y venait, de s'abstenir en tout cas d'actes de vengeance et de cruauté. Ces deux recommandations, honorables aussi bien pour sa prudence que pour son humanité, furent dédaignées par la vieille reine. Elle vint en Macédoine pour prendre la direction des affaires ; et, bien que son titre imposant de mère du grand conquérant fît naître un sentiment très-favorable, cependant ses exécutions multipliées des partisans d'Antipater excitèrent une inimitié fatale contre une dynastie déjà chancelante. Néanmoins, Eumenês, bien que son avis eût été dédaigné, se dévoua en Asie avec une fidélité inébranlable à la famille d'Alexandre, en résistant aux invitations les plus séduisantes de prendre parti avec Antigonos contre elle (1). Son exemple

(1) Plutarque, Eumenês, 11, 12 ; Cornélius Népos, Eumenes, c. 6 ; Diodore, XVIII, 58-62. Diodore, XVII, 58. Ἧκε δὲ καὶ παρ' Ὀλυμπιάδος αὐτῷ γράμματα, δεομένης καὶ λιπαρούσης βοηθεῖν τοῖς βασιλεῦσι καὶ ἑαυτῇ· μόνον γὰρ ἐκεῖνον πιστότατον ἀπολελεῖφθαι τῶν φίλων, καὶ δυνάμενον διορθώσασθαι τὴν ἐρημίαν τῆς βασιλικῆς οἰκίας. Cornélius Népos, Eumenes, 6. « Ad hunc (Eumenem) Olympias, quum literas et nuntios misisset in Asiam, consultum, utrum repetitum Macedoniam veniret (nam tum in Epiro habitabat) et eas res occuparet, — huic ille primum suasit ne se moveret, et exspectaret quoad Alexandri filius regnum adipisceretur. Sin aliquâ cupidi-

contribua beaucoup à entretenir le même sentiment actif parmi ceux qui l'entouraient; dans le fait, sans lui, la famille royale n'aurait pas eu de représentant sincère ou dominant en Asie. Ses vaillantes luttes, d'abord en Kilikia et en Phénicie, ensuite (quand il fut repoussé de la côte) en Susiane, en Persis, en Médie et en Paraetakênê, — continuèrent pendant deux ans contre les forces très-supérieures de Ptolemæos, d'Antigonos et de Seleukos, et contre la perfidie incessante de ses propres officiers et de ses troupes (1). Elles n'appartiennent pas à l'histoire grecque. Cependant elles sont au nombre des exploits les plus mémorables de l'antiquité. Si, même au point de vue militaire, elles sont à peine inférieures aux combinaisons d'Alexandre lui-même, elles prouvent, en outre, une flexibilité et une aptitude, que ne posséda pas Alexandre et dont il n'eut pas besoin, pour triompher des mille difficultés soulevées par des traîtres et des mutins autour de lui. Jusqu'à la fin, Eumenês resta sans être soumis. Il fut livré à Antigonos par la perfidie basse et vénale de ses propres soldats, les Argyraspides macédoniens (2).

Dans l'intérêt de la dynastie royale (dont nous raconterons bientôt l'extinction), il est peut-être à regretter qu'elle

---

tate raperetur in Macedoniam, omnium injuriarum oblivisceretur, et in nemi-nem acerbiore uteretur imperio. Horum illa nihil fecit. Nam et in Macedoniam profecta est, et ibi crudelissime se gessit. » Cf. Justin, XIV, 6; Diodore, XIX, 11.

On peut regarder les détails relatifs à Eumenês comme reposant sur une autorité extraordinairement bonne. Son ami Hieronymos de Kardia avait écrit une histoire abondante de son époque; ouvrage qui, bien que perdu aujourd'hui, était accessible et à Diodore et à Plutarque. Hieronymos servait avec Eumenês, et il fut fait prisonnier avec lui par Antigonos, qui l'épargna et le traita bien, tandis qu'Eumenês fut mis à mort (Diodore, XIX, 44). Plutarque avait aussi lu des lettres d'Eumenês (Plutarque, Eumenês, 11).

(1) Diodore, XVIII, 63-72; XIX, 11, 17, 32, 44.

(2) Plutarque (Eumenês, 16, 18), Cornélius Népos (10-13) et Justin (XIV, 3, 4) décrivent avec des détails considérables les circonstances touchantes qui accompagnent la trahison dont Eumenês fut victime et son arrestation. Sur ce point Diodore est plus bref; mais il raconte très-longuement les opérations militaires antérieures entre Eumenês et Antigonos (XIX, 17, 32, 44).

La source première de ces particularités doit probablement être l'histoire d'Hieronymos de Kardia, présent lui-même, qui a été copiée, plus ou moin exactement, par les autres.

n'ait pas abandonné l'Asie immédiatement, à la mort d'Antipater, et qu'elle n'ait pas concentré son attention sur la Macédoine seule, en appelant Eumenês à son aide. Tenir uni le vaste agrégat de l'Asie était évidemment impraticable, même avec son talent consommé. Dans le fait, nous lisons qu'Olympias désirait sa présence en Europe, et ne se fiait qu'à lui comme protecteur de l'enfant d'Alexandre (1). Dans la Macédoine, séparée de l'Asie, Eumenês, si le caractère violent d'Olympias le lui eût permis, aurait pu soutenir la dynastie, qui, ayant à cette époque un intérêt décidé à se concilier les Grecs, aurait probablement pu sanctionner ses sympathies en faveur de la libre communauté hellénique (2).

En apprenant la mort d'Antipater, la plupart des cités grecques avaient envoyé des députés à Pella (3). Pour tous les gouvernements de ces cités, composés comme ils l'étaient de ses créatures, c'était une question de la plus grande importance de savoir quelle marche adopterait la nouvelle autorité macédonienne. Polysperchôn, persuadé qu'ils adhéreraient tous à Kassandre, et que sa seule chance de combattre ce rival était de gagner la sympathie et l'intérêt populaires en Grèce, ou du moins de renverser ces oligarchies créées par Antipater, — fit conjointement avec ses conseillers une proclamation qu'il publia au nom de la dynastie.

Après avoir exposé la bonne volonté constante de Philippe et d'Alexandre pour la Grèce, il affirmait que ce sentiment avait été interrompu par la malencontreuse guerre Lamiaque, qui avait eu pour auteurs quelques Grecs mal avisés, et qui avait abouti à tant de maux cruels infligés aux diverses cités. Mais toutes ces sévérités (continuait-il) venaient des généraux (Antipater et Krateros) : les rois étaient actuellement déterminés à les réparer. Il était conséquemment déclaré que la constitution politique de chaque cité serait rétablie, telle qu'elle était aux époques de Philippe et d'Alexandre; qu'avant le trentième jour du mois Xanthi-

(1) Plutarque, Eumenês, 13; Diodore, XVIII, 58.

(2) Plutarque, Eumenês, 3.

(3) Diodore, XVIII, 55. Εὐθὺς οὖν τοὺς ἀπὸ τῶν πόλεων παρόντας πρεσβευτὰς προσκαλεσάμενοι, etc.

kos, tous ceux qui avaient été condamnés au bannissement, ou déportés, par les généraux, seraient rappelés et réintégrés ; que leurs biens leur seraient rendus, et que les anciennes sentences contre eux seraient annulées ; qu'ils vivraient en amnistie quant au passé, et en bon sentiment quant à l'avenir, avec les autres citoyens. De cet acte de rappel étaient exclus les exilés d'Amphissa, de Trikka, de Pharkadôn et d'Hêrakleia, avec un certain nombre de Mégalopolitains, impliqués dans une conspiration particulière. Dans le cas particulier de ces cités, dont les gouvernements avaient été dénoncés comme hostiles par Philippe ou par Alexandre, on devait s'en référer à Pella et la consulter, pour quelque modification selon les circonstances. Quant à Athènes, on décidait que Samos lui serait rendue, mais non Orôpos ; sous tous les autres rapports, elle était placée sur le même pied qu'aux jours de Philippe et d'Alexandre. « Tous les Grecs (ainsi se terminait cette proclamation) rendront des décrets, à l'effet d'interdire à chacun soit de prendre les armes soit d'agir autrement en hostilité contre nous, — sous peine d'exil et de confiscation de biens, pour lui-même et sa famille. Sur ce point et sur tous les autres, nous avons ordonné à Polysperchôn de prendre les mesures convenables. Obéissez-lui, — comme nous vous avons écrit de le faire ; car nous ne manquerons pas de remarquer ceux qui sur un point quelconque ne tiendront pas compte de notre proclamation (1). »

Tel était le nouvel édit publié par les rois, ou plutôt par Polysperchôn en leurs noms. Il ordonnait la retraite de toutes les garnisons, et le renversement de toutes les oligarchies établies par Antipater après la guerre Lamiaque.

---

(1) Diodore, XVIII, 56. Dans ce chapitre, la proclamation est donnée *verbatim*. Quant aux exceptions faites par rapport à Amphissa, à Trikka, à Hêrakleia, etc., nous n'en connaissons pas les motifs.

Il est fait allusion à des édits antérieurs des rois : — Ὑμεῖς οὖν, καθάπερ ὑμῖν καὶ πρότερον ἐγράψαμεν, ἀκούετε τούτου (Πολυσπέρχοντος). Ces mots doivent faire allusion à des réponses écrites faites à des cités particulières, en réplique à des demandes spéciales. Aucune proclamation générale antérieure à celle-ci n'a pu être publiée depuis la mort d'Antipater.

Il enjoignait le rappel de la foule d'exilés chassés à ce moment. Il faisait revivre l'état de choses qui existait avant la mort d'Alexandre,—état qui dans le fait avait été lui-même, en très-grande partie, un agrégat d'oligarchies dévouées aux Macédoniens entremêlées de garnisons macédoniennes. Toutefois, pour les oligarchies d'Antipater actuelles, ce fut un coup mortel; et c'est ainsi qu'ont dû l'entendre les députés grecs, — comprenant probablement des députations des exilés, aussi bien que des envoyés des gouvernements de citoyens, — auxquels Polysperchôn la remit à Pella. Non content de l'édit général, Polysperchôn adressa des lettres spéciales à Argos et à diverses autres cités, enjoignant de bannir avec confiscation de biens, et dans quelques cas de mettre à mort, les principales créatures d'Antipater, les noms lui étant probablement fournis par les exilés (1). En dernier lieu, comme il était évident que ces mesures rigoureuses ne pourraient être exécutées sans l'emploi de la force, — d'autant plus que ces oligarchies étaient soutenues par Kassandre du dehors, — Polysperchôn résolut de conduire en Grèce de grandes forces militaires en y envoyant d'abord, toutefois, un détachement considérable, pour des opérations immédiates, sous son fils Alexandre.

Quant à Athènes et aux autres cités, Polysperchôn leur adressa des lettres spéciales, où il promettait le rétablissement de la démocratie et le rappel des exilés. A Athènes, ce changement fut une révolution plus grande qu'ailleurs, parce que le nombre des exilés et des personnes déportées y avait été le plus grand. Pour les neuf mille citoyens athéniens actuels, il fut sans doute odieux et alarmant; tandis que pour Phokiôn et pour les principales créatures d'Antipater, il les menaçait non-seulement de la perte du pouvoir, mais (2) probablement de rien moins que de l'alternative de

(1) Diodore, XVIII, 57.

(2) Plutarque, Phokiôn, 32. Toutefois l'opinion de Plutarque, qui avance que Polysperchôn projeta cette mesure comme un simple tour pour ruiner Phokiôn, n'est exacte qu'en ce que Polysperchôn désirait renverser partout les oligarchies créées par Antipater, et que Phokiôn était le principal personnage de cette oligarchie à Athènes.

la fuite ou de la mort. Toutefois, l'état des intérêts à Athènes fut alors singulièrement nouveau et compliqué. Il y avait les créatures d'Antipater et les neuf mille citoyens ayant droit à ce titre. Il y avait les exilés, qui, en vertu du nouvel édit, se hâtaient de rentrer dans la cité, et de réclamer leur droit de citoyen aussi bien que leurs propriétés. On savait que Polysperchôn et son fils arrivaient avec une puissante armée. En dernier lieu, il y avait Nikanôr, qui occupait Munychia avec une garnison, non pas pour Polysperchôn, ni pour les Athéniens, mais pour Kassandre, ce dernier étant lui-même attendu avec une armée d'Asie. Il y avait donc plusieurs partis ; chacun d'eux séparé des autres par les vues et les intérêts, — quelques-uns décidément hostiles les uns aux autres.

Le premier conflit s'éleva entre les Athéniens et Nikanôr relativement à Munychia, qu'ils lui demandèrent d'évacuer, conformément à la récente proclamation. Nikanôr, de son côté, fit une réponse évasive, en promettant de satisfaire à leur requête aussitôt que les circonstances le permettraient, mais en priant en même temps les Athéniens de rester alliés de Kassandre, comme ils l'avaient été de son père Antipater (1). Il semble avoir nourri l'espoir de les déterminer à se déclarer en sa faveur, — et non sans motifs plausibles, vu que les chefs du parti d'Antipater et une portion considérable des neuf mille citoyens ne pouvaient que redouter l'exécution de l'édit de Polysperchôn. Et il possédait aussi ce qui était d'une importance plus grande encore, — la connivence et l'aide secrète de Phokiôn, qui se mit en relation intime avec Nikanôr, comme il l'avait fait auparavant avec Menyllos (2), — et qui avait plus de motifs que personne pour craindre l'édit de Polysperchôn. A une assemblée publique tenue au Peiræeus pour discuter cette question, Nikanôr osa même se présenter en personne dans la compagnie et sur la présentation de Phokiôn, qui souhaitait que les Athéniens accueillissent la proposition d'alliance

(1) Diodore, XVIII, 64.

(2) Plutarque, Phokiôn, 31.

avec Kassandre. Mais le vœu ardent du peuple était d'être débarrassé complétement de la garnison étrangère, et d'obtenir l'évacuation de Munychia, — objet que les exilés devaient naturellement désirer plus vivement que les neuf mille. En conséquence, l'assemblée refusa d'écouter aucune proposition de Nikanôr, tandis que Derkyllos et autres proposèrent même son arrestation. Ce fut Phokiôn qui lui assura les moyens de s'échapper, même malgré la sérieuse colère de ses concitoyens, auxquels il allégua qu'il s'était porté garant de la sûreté personnelle de Nikanôr (1).

Prévoyant la gravité de la lutte qui menaçait d'éclater, Nikanôr avait songé à introduire secrètement de nouveaux soldats dans Munychia. Et quand il vit qu'il ne pouvait obtenir des Athéniens un appui déclaré, il forma un plan pour surprendre et occuper la ville et le port de Peiræeus, dont Munychia formait l'éminence et le port contigus sur le côté méridional de la petite péninsule. Nonobstant toutes ces précautions, divers Athéniens finirent par savoir qu'il pratiquait des personnes de Peiræeus, et qu'il réunissait des troupes dans l'île voisine de Salamis. On exprima dans l'assemblée athénienne tant d'inquiétude pour la sûreté de Peiræeus, qu'un décret fut rendu, enjoignant à tous les citoyens de se tenir armés pour le protéger, sous Phokiôn comme général. Néanmoins Phokiôn, ne tenant pas compte de ce décret, ne prit aucune précaution, affirmant qu'il était lui-même responsable pour Nikanôr. Bientôt cet officier, attaquant inopinément en partant de Munychia et de Salamis, s'empara de Peiræeus par surprise, occupa et la ville et le port militairement, et coupa sa communication avec Athènes au moyen d'un fossé et d'une palissade. A cette agression palpable, les Athéniens coururent aux armes. Mais Phokiôn comme général refroidit leur ardeur, et même refusa de les conduire dans une attaque pour recouvrer Peiræeus avant que Nikanôr eût eu le temps de s'y fortifier. Toutefois il alla, avec Konôn (fils de Timotheos), faire des remontrances à Nika-

(1) Plutarque, Phokiôn, 32.

nôr, et renouveler la demande qu'il évacuât, en vertu de la récente proclamation, tous les postes où il avait une garnison. Mais Nikanôr ne répondit qu'une chose, c'est qu'il tenait sa commission de Kassandre, auquel ils devaient adresser leur demande (1). Il essaya ainsi de nouveau de mettre Athènes en communication avec Kassandre.

L'occupation de Peiræeus outre Munychia fut pour les Athéniens un malheur sérieux qui rendit leur état pire qu'il n'avait été même sous Antipater. Le Peiræeus, riche, actif et commercial, contenant l'arsenal, les bassins et les munitions de guerre des Athéniens, était à bien des égards plus important qu'Athènes elle-même ; pour tout dessein de guerre, beaucoup plus important. Kassandre avait actuellement une place d'armes et une base excellentes, que Munychia seule n'aurait pas pu fournir, en vue d'opérations en Grèce contre Polysperchôn, pour lequel conséquemment la perte ne fut guère moins sérieuse que pour les Athéniens. Or Phokiôn, dans sa fonction comme général, avait été averti du danger ; il aurait pu s'en garantir, et il aurait dû le faire. Ce fut un grave abandon de son devoir qui n'admet guère d'autre explication que celle d'une perfide connivence. Il semble que Phokiôn, prévoyant sa propre ruine et celle de ses amis dans le triomphe de Polysperchôn et le retour des exilés, désirait favoriser la prise de Peiræeus par Nikanôr, comme moyen de contraindre Athènes à adopter l'alliance avec Kassandre ; alliance qui effectivement se serait faite, si Kassandre était arrivé à Peiræeus par mer plus tôt que les premières troupes de Polysperchôn par terre. Phokiôn fut coupable ici, tout au moins, de négligence coupable, et probablement d'une trahison plus coupable encore, dans une occasion sérieusement nuisible tant à Polysperchôn qu'aux Athéniens ; fait que nous ne devons pas oublier, quand nous en viendrons à lire bientôt l'amère animosité qu'on lui témoigna (2).

---

(1) Diodore, XVIII, 64 ; Plutarque, Phokiôn, 32 ; Cornélius Népos, Phokiôn, 2.

(2) Cornélius Népos, Phocion, 2. « Concidit autem maxime uno crimine : quod cum apud eum summum esset

La nouvelle que Nikanôr s'était rendu maître de Peiræeus produisit une vive sensation. Bientôt arriva une lettre que lui adressait Olympias elle-même, lui ordonnant de rendre la place aux Athéniens, auxquels elle désirait conférer une entière autonomie. Mais Nikanôr refusa d'obéir à son ordre, car il attendait encore l'appui de Kassandre. L'arrivée d'Alexandre fils (de Polysperchôn) avec un corps de troupes, encouragea les Athéniens à croire qu'il était venu pour aider à emporter Peiræeus de vive force, afin de le leur rendre. Toutefois leurs espérances furent déçues de nouveau. Bien que campé près de Peiræeus, Alexandre ne demanda pas aux forces athéniennes de coopérer avec lui pour l'attaquer; mais il entra ouvertement en pourparlers avec Nikanôr, qu'il s'efforça d'amener par la persuasion ou la corruption à livrer la place (1). Cette négociation ayant échoué, il résolut d'attendre l'arrivée de son père, qui s'avançait déjà vers l'Attique avec le gros de l'armée. Ses propres forces seules n'étaient probablement pas suffisantes pour attaquer Peiræeus; et il ne voulut pas invoquer l'assistance des Athéniens, auxquels il aurait été forcé de remettre la place une fois prise, ce qu'ils désiraient si ardemment. Les Athéniens furent ainsi aussi éloignés de leur but que jamais; de plus, par ce délai, le moment favorable pour attaquer la place fut complétement perdu; en effet, Kassandre avec son armement arriva à Peiræeus avant Polysperchôn.

Ce furent Phokiôn et ses collègues immédiats qui engagèrent Alexandre à adopter cette insidieuse politique, consistant à refuser de reconquérir Peiræeus pour les Athéniens et à se l'approprier pour lui-même. Pour Phokiôn, le rétablissement d'Athènes autonome, avec sa démocratie et ses

---

imperium populi, et Nicanorem, Cassandri præfectum, insidiari Piræo Atheniensium, à Dercyllo moneretur : idemque postularet, ut provideret, ne commeatibus civitas privaretur — huic, audiente populo, Phocion negavit esse periculosum, seque ejus rei obsidem fore pollicitus est. Neque ita multo post Nicanor Piræo est potitus. Ad quem recuperandum cum populus armatus concurrisset, ille non modo neminem ad arma vocavit, sed ne armatis quidem præesse voluit, sine quo Athenæ omnino esse non possunt. »

(1) Diodore, XVIII, 65; Plutarque, Phokiôn, 33.

exilés rappelés, et sans aucune force étrangère pour exercer de contrôle, — était une sentence assurée de bannissement, sinon de mort. N'ayant pu obtenir protection des forces étrangères de Nikanôr et de Kassandre, lui et ses amis résolurent de s'appuyer sur celles d'Alexandre et de Polysperchôn. Ils allèrent à la rencontre d'Alexandre à son entrée en Attique, — lui représentèrent ce qu'il y avait d'impolitique à abandonner une position militaire aussi importante que Peiræeus, tandis que la guerre n'était pas encore terminée, — et offrirent de coopérer avec lui dans ce dessein, en dirigeant convenablement le public athénien. Alexandre fut charmé de ces suggestions; il accepta Phokiôn et les autres comme ses principaux partisans à Athènes, et regarda Peiræeus comme une capture qu'il devait s'assurer pour lui-même (1). Il paraît que Phokiôn avait le désir d'admettre les troupes, en même temps que les exilés, comme amies et alliées dans l'intérieur des murs d'Athènes, de manière à rendre Alexandre maître de la cité, — mais que ce projet fut impraticable, par suite de la défiance que firent naître parmi les Athéniens les pourparlers d'Alexandre avec Nikanôr (2).

Cependant la fonction stratégique de Phokiôn qui lui avait été si souvent donnée et redonnée — et son pouvoir de faire du bien ou du mal approchaient actuellement de

(1) Diodore, XVIII, 65. Τῶν γὰρ Ἀντιπάτρῳ γεγονότων φίλων τινὲς (ὑπῆρχον) καὶ οἱ περὶ Φωκίωνα φοβούμενοι τὰς ἐκ τῶν νόμων τιμωρίας, ὑπήντησαν Ἀλεξάνδρῳ, καὶ διδάξαντες τὸ σύμφερον, ἔπεισαν αὐτὸν ἰδίᾳ κατέχειν τὰ φρούρια, καὶ μὴ παραδιδόναι τοῖς Ἀθηναίοις, μέχρις ἂν ὁ Κάσσανδρος καταπολεμηθῇ.

(2) Plutarque, Phokiôn, 33; Diodore, XVIII, 65, 66. Telle me semble être la suite probable des faits, en combinant Plutarque avec Diodore. Plutarque ne mentionne pas la négociation ouverte par Phokiôn avec Alexandre et l'intelligence établie entre eux, ce qui est avancé de la manière la plus claire par Diodore, et me paraît une circonstance essentielle. D'autre part, Plutarque mentionne (bien que Diodore ne le fasse pas) qu'Alexandre désirait s'emparer d'Athènes elle-même, et qu'il fut bien près de réussir. Plutarque semble croire que c'étaient les exilés qui étaient disposés à le laisser entrer; mais s'il en avait été ainsi, il aurait probablement été admis quand les exilés devinrent prépondérants. Ce fut Phokiôn, je crois, qui désira, pour sa sûreté personnelle, admettre les troupes étrangères.

leur terme. Aussitôt que les exilés de retour se trouvèrent en nombre suffisant, ils demandèrent une révision de la liste des officiers de l'État, et le rétablissement des formes démocratiques. Ils rendirent un vote à l'effet de déposer ceux qui avaient occupé une charge sous l'oligarchie d'Antipater, et qui continuaient encore à l'occuper au moment actuel. De ce nombre Phokiôn fut le premier : et avec lui son gendre Chariklês, Demetrios le Phaléréen, Kallimedôn, Nikoklês, Thudippos, Hegemôn et Philoklês. Ces personnes furent non-seulement déposées, mais condamnées, quelques-unes à mort, d'autres au bannissement et à la confiscation de leurs biens. Demetrios, Chariklês et Kallimedôn cherchèrent leur salut en quittant Athènes; mais Phokiôn et les autres se contentèrent d'aller au camp d'Alexandre, se mettre sous sa protection sur la foi de la récente intelligence (1). Non-seulement Alexandre les reçut courtoisement, mais il leur donna des lettres pour son père Polysperchôn, où il demandait sécurité et protection pour eux, comme étant des hommes qui avaient embrassé sa cause, et qui étaient encore disposés à faire tout leur possible pour l'appuyer (2). Armés de ces lettres, Phokiôn et ses compagnons traversèrent la Bœôtia et la Phokis pour aller au-devant de Polysperchôn en marche vers le sud. Ils étaient accompagnés par Dinarque et par un Platéen nommé Solôn, tous deux passant pour amis de Polysperchôn (3).

La démocratie athénienne, rétablie récemment, qui avait rendu les derniers votes de condamnation, s'inquiéta à la nouvelle qu'Alexandre avait épousé la cause de Phokiôn et recommandé la même politique à son père. Il était possible que Polysperchôn cherchât, avec sa puissante armée, à oc-

(1) Diod. XVIII, 65; Plut. Phok. 35.

(2) Diodore, XVIII, 66. Προσδεχθέντες ὑπ' αὐτοῦ (Alexandre) φιλοφρόνως, γράμματα ἔλαβον πρὸς τὸν πατέρα Πολυσπέρχοντα, ὅπως μηδὲν πάθωσιν οἱ περὶ Φωκίωνα τἀκείνου πεφρονηκότες, καὶ νῦν ἐπαγγελλόμενοι πάντα συμπράξειν. Plutarque ne mentionne pas cette demande de Phokiôn à Alexandre, ni les lettres obtenues pour Polysperchôn, bien que ce soient des circonstances importantes pour suivre les derniers jours de la vie de Phokiôn.

(3) Plutarque, Phokiôn, 33.

cuper Athènes et à s'emparer de Peiræeus, et se servit de Phokiôn (à l'instar d'Antipater après la guerre Lamiaque) comme d'un instrument commode de gouvernement. Il semble évident que c'était le projet d'Alexandre, et qu'il comptait sur Phokiôn comme sur un auxiliaire tout prêt pour les deux entreprises. Or les démocrates réintégrés, bien qu'ils dussent leur rétablissement à Polysperchôn, furent bien moins complaisants à son égard que Phokiôn ne l'avait été. Non-seulement ils ne voulurent pas l'admettre dans la cité, mais ils ne voulurent pas même consentir à ce qu'il occupât séparément Munychia et Peiræeus. Sur la proposition d'Agnonidês et d'Archestratos, ils envoyèrent à Polysperchôn une députation chargée d'accuser Phokiôn et ceux qui étaient avec lui de haute trahison, toutefois de réclamer en même temps pour Athènes le bénéfice complet et entier de la dernière proclamation royale, — autonomie et démocratie, avec le rétablissement de Peiræeus et de Munychia libres et sans garnison (1).

La députation arriva auprès de Polysperchôn à Pharyges en Phokis, aussitôt que la compagnie de Phokiôn, qui avait été retenue quelques jours à Elateia par la maladie de Dinarque. Ce retard fut malheureux pour Phokiôn. S'il eût vu Polysperchôn et présenté la lettre d'Alexandre avant l'arrivée des accusateurs athéniens, il aurait probablement pu obtenir une réception plus favorable. Mais comme l'arrivée des deux parties fut presque simultanée, Polysperchôn entendit l'une et l'autre à la même audience, devant le roi Philippe Aridæos sur son trône avec le plafond doré au-dessus. Quand Agnonidês, — chef de la députation athénienne, et naguère ami et avocat de Démosthène dans la cause harpalienne, — se trouva face à face avec Phokiôn et ses amis, leurs invectives réciproques ne produisirent d'abord que de la confusion, jusqu'à ce que Agnonidês lui-même s'écriât : — « Mets-nous tous dans la même cage et renvoie-nous à Athènes pour que les Athéniens nous jugent.

(1) Diodore, XVIII, 66.

Cette observation fit rire le roi, mais les assistants insistèrent sur des opérations plus régulières, et Agnonidês exposa alors les deux demandes des Athéniens, — la condamnation de Phokiôn et de ses amis, en partie comme complices d'Antipater, en partie comme ayant livré Peiræeus à Nikanôr, — et le bénéfice complet pour Athènes de la dernière proclamation royale (1). Or, sur le dernier de ces deux chefs, Polysperchôn n'était nullement disposé à céder, — ni à céder Peiræeus aux Athéniens aussitôt qu'il le prendrait. Conséquemment, sur ce point il répondit par un refus ou par une défaite. Mais il n'en fut que plus disposé à satisfaire les Athéniens sur l'autre point, — l'abandon de Phokiôn; d'autant plus que le sentiment qui régnait alors à Athènes prouvait clairement que Phokiôn ne pourrait plus lui servir d'instrument. Ainsi disposé à sacrifier Phokiôn, Polysperchôn écouta sa défense avec impatience, l'interrompit plusieurs fois, et le dégoûta tellement, qu'il finit par frapper le sol avec son bâton, et se tut. Hegemôn, un autre des accusés, fut traité plus durement encore. Quand il fit appel à Polysperchôn lui-même, comme ayant connu personnellement ses bonnes dispositions à l'égard du peuple athénien (il avait probablement été envoyé à Pella comme député pour obtenir la réparation des maux éprouvés sous l'oligarchie d'Antipater), Polysperchôn s'écria : « N'avance pas de mensonges contre moi devant le roi. » De plus, le roi Philippe lui-même fut si irrité, qu'il s'élança de son trône et saisit sa lance, dont il aurait percé Hegemôn, — imitant

(1) Plutarque, Phokiôn, 33; Cornélius Népos, Phocion, 3. « Hic (Phocion), ab Agnonide accusatus, quod Piræum Nicanori prodidisset, ex consilii sententiâ, in custodiam conjectus, Athenas deductus est, ut ibi de eo legibus fieret judicium. »

Plutarque dit que Polysperchôn, avant de donner cette audience aux deux parties, ordonna que *le Corinthien Dinarque* fût torturé et mis à mort. Or la personne nommée ainsi ne peut être Dinarque, le logographe, — dont il nous reste quelques spécimens, et qui vécut même jusqu'à l'an 292 avant J.-C., — bien qu'il fût aussi Corinthien. Conséquemment, ou il y avait deux Corinthiens portant tous deux ce même nom (comme le suppose Westermann, — Gesch. der Beredsamkeit, sect. 72), ou l'assertion de Plutarque doit faire allusion à un ordre donné, mais non exécuté, — et cette dernière supposition me semble la plus probable.

les plus mauvais mouvements de son illustre frère, — s'il n'eût été retenu par Polysperchôn. La sentence ne pouvait être douteuse. Phokiôn et ses compagnons furent remis comme prisonniers à la députation athénienne, avec une lettre du roi, donnant à entendre que dans sa conviction ils étaient des traîtres, mais qu'il les laissait pour être jugés par les Athéniens, rendus actuellement à la liberté et à l'autonomie (1).

Le Macédonien Kleitos fut chargé de les conduire à Athènes comme prisonniers sous bonne garde. Pénible fut le spectacle quand ils entrèrent dans la cité, transportés le long du Kerameikos dans des charrettes, à travers des amis qui sympathisaient à leur sort et d'une multitude aigrie, jusqu'à ce qu'ils arrivassent au théâtre, où l'assemblée devait se réunir. Cette assemblée se composa de tous ceux qui voulurent entrer, et il s'y trouva, dit-on, beaucoup d'étrangers et d'esclaves. Mais c'eût été un bonheur pour Phokiôn qu'il en eût été ainsi ; car des étrangers et des esclaves n'avaient pas de motif d'antipathie contre lui. L'assemblée était surtout composée des ennemis les plus acharnés de Phokiôn, c'est-à-dire des citoyens récemment revenus de l'exil ou de la déportation : parmi lesquels ont pu être mêlées plus ou moins de personnes sans qualité, puisqu'on n'avait probablement pas encore vérifié les listes. Quand l'assemblée fut sur le point de s'ouvrir, les amis de Phokiôn proposèrent qu'à l'occasion d'un procès aussi important, on renvoyât les étrangers et les esclaves. Ce fut à tous égards une conduite impolitique, car les exilés réintégrés, qui étaient surtout des hommes pauvres, prirent la motion pour une insulte personnelle, et n'en furent que plus aigris, se récriant contre les oligarques qui essayaient de les exclure.

Il n'est pas facile d'imaginer des motifs plus forts d'exaspération que ceux qui enflammaient les cœurs de ces exilés de retour. Nous devons nous rappeler qu'à la fin de la guerre Lamiaque la démocratie athénienne avait été renversée par

(1) Plutarque, Phokiôn, 33, 34; Diodore, XVIII, 66.

la force. Démosthène et ses principaux chefs avaient été tués, quelques-uns avec des cruautés préalables; la multitude plus pauvre, en un nombre supérieur à la moitié des citoyens ayant droit à ce titre, avait été bannie ou déportée dans des contrées lointaines. A tout le déshonneur et à tout le malheur public, était ainsi ajoutée une masse immense de souffrances et de misères individuelles, dont le mal était très-imparfaitement guéri, même par cette circonstance inattendue qui avait rouvert à ces exilés leur ville natale. Aussi, lorsque ces hommes revinrent de régions différentes, chacun d'eux entendant des autres de nouveaux récits de peines passées, éprouvèrent-ils la haine la plus amère contre les auteurs de la révolution effectuée par Antipater; et parmi ces auteurs Phokiôn se trouvait distinctement marqué. Car, bien qu'il n'eût ni créé ni conseillé ces sévérités, cependant lui et ses amis, comme administrant le gouvernement d'Antipater à Athènes, devaient avoir contribué à les traduire en actes, et ils s'étaient distinctement exposés aux peines terribles prononcées par le psephisma de Demophantos (1), consacrées par un serment que prononçaient les Athéniens en général, contre quiconque occuperait un poste public après que le gouvernement aurait été renversé.

Quand ces citoyens rendus à leurs droits virent ainsi Phokiôn amené devant eux, pour la première fois depuis leur retour, le sentiment commun d'antipathie contre lui éclata en manifestations furieuses. Agnonidês, le principal accusateur, appuyé par Epikouros (2) et Demophilos, trouva ses dénonciations bien accueillies et même pressenties, quand il accusa Phokiôn comme un criminel qui avait prêté les mains au renversement de la constitution, — contribué aux souffrances de ses concitoyens déportés, — et aidé un potentat étranger à tenir Athènes sous sa domination; en outre, Peiræeus livré à Nikanôr (3) constituait un nou-

(1) Andocide, De Mysteriis, sect. 96, 97; Lykurgue, adv. Leokrat. s. 127.

(2) *Non* l'éminent philosophe de ce nom.

(3) Cornél. Népos, Phoc. 4. « Plurimi vero ita exarserunt propter proditionis suspicionem Piræi maximeque quod adversus populi commoda in senectute steterat. »

veau crime qui imposait au peuple le joug de Kassandre, quand l'autonomie lui avait été promise par le récent édit royal. Après que l'accusation fut terminée, Phokiôn fut invité à présenter sa défense; mais il lui fut impossible de se faire écouter. Essayant à plusieurs reprises de parler, il fut chaque fois interrompu par des clameurs furieuses; on força plusieurs de ses amis à se taire de la même manière, jusqu'à ce qu'enfin il abandonnât la partie en désespoir de cause, et s'écriât : « Quant à moi, Athéniens, je me déclare coupable; je prononce contre moi-même la sentence de mort pour ma conduite politique; mais pourquoi voulez-vous condamner ces hommes que voilà, qui ne sont pas coupables? » — « Parce qu'ils sont tes amis, Phokiôn, » — s'écrièrent ceux qui l'entouraient. Phokiôn alors n'ajouta pas un mot; tandis qu'Agnonidês proposa un décret à l'effet que le peuple assemblé décidât par mains levées si les personnes actuellement accusées étaient coupables ou non; et que, si elles étaient déclarées coupables, elles fussent mises à mort. Quelques assistants crièrent que la peine de la torture devait précéder la mort; mais cette proposition sauvage, complétement en désaccord avec la loi athénienne par rapport à des citoyens, fut repoussée non moins par Agnonidês que par l'officier macédonien Kleitos. Le décret fut alors rendu; après quoi on demanda aux assistants de lever les mains. Presque toutes les mains dans l'assemblée furent levées en l'air pour la condamnation : chaque homme même se leva de son siége pour rendre l'effet plus imposant; et quelques-uns allèrent jusqu'à mettre des couronnes en signe de triomphe. Pour beaucoup d'entre eux sans doute, la satisfaction de cet intense et unanime mouvement de vengeance, — à leurs yeux non-seulement légitime, mais patriotique, — a dû être au nombre des moments les plus heureux de leur vie (1).

Après la sentence, les cinq personnes condamnées, Pho-

(1) Diodore, XVIII, 66, 67; Plutarque, Phokiôn, 34, 35; Cornélius Népos, Phocion, 2, 3.

kiôn, Nikoklês, Thudippos, Hegemôn et Pythoklês, furent remises aux magistrats suprêmes de police, appelés les Onze, et conduites à la prison où l'on devait leur administrer la dose de poison habituelle. Des assistants hostiles coururent à leurs côtés, pour les railler et les insulter. On dit même qu'un homme se posta devant Phokiôn et cracha sur lui; alors Phokiôn se tourna vers les officiers publics et s'écria : « N'empêchera-t-on pas ce grossier personnage? » Ce fut la seule marque d'émotion qu'il donna; à d'autres égards, il conserva résolûment sa tranquillité et l'empire sur lui-même, pendant cette marche navrante depuis le théâtre jusqu'à la prison, au milieu des gémissements de ses amis, du courage abattu de ses quatre compagnons, et des démonstrations les plus farouches d'antipathie de la part de ses concitoyens en général. Un rayon de consolation brilla quand il entra dans la prison. On était au 19 du mois Munychiôn, jour auquel les cavaliers ou chevaliers athéniens (la classe la plus riche de la cité, hommes pour la plupart de sentiments oligarchiques) célébraient en l'honneur de Zeus leur procession solennelle avec des couronnes sur la tête. Plusieurs de ces cavaliers s'arrêtèrent en passant, ôtèrent leurs couronnes, et pleurèrent en regardant à travers les grilles de la prison.

Comme on demandait à Phokiôn s'il n'avait rien à dire à son fils Phokos, il répondit : — « Je lui recommande expressément de ne pas conserver un mauvais souvenir pour les Athéniens. » La coupe de ciguë fut ensuite servie à tous les cinq, — à Phokiôn le dernier. Ayant été condamnés pour trahison, ils ne furent pas enterrés en Attique; et il ne fut pas permis non plus aux amis de Phokiôn d'allumer un bûcher pour brûler son corps, qui fut transporté de l'Attique dans la Megaris, par un agent payé nommé Konopiôn, et là brûlé au moyen de feu obtenu à Megara. La femme de Phokiôn, avec ses filles, fit des libations et marqua l'endroit en amoncelant de la terre; elle recueillit aussi les ossements et les rapporta à Athènes dans son sein, à la faveur de l'ombre de la nuit. Elle les enterra près de son propre foyer domestique, en faisant cette prière : « Bien-aimée Hestia, je te confie les restes d'un homme bon. Rends-les à la sépulture de sa famille, aussitôt que les Athéniens seront revenus à la raison (1). »

Après un court intervalle de temps (nous dit Plutarque) les Athéniens revinrent ainsi à la raison. Ils découvrirent que Phokiôn avait été un fidèle et excellent serviteur de l'État, se repentirent de leur sévérité à son égard, célébrèrent ses obsèques aux frais du trésor, élevèrent une statue en son honneur, et mirent à mort Agnonidês par une sentence judiciaire publique; tandis qu'Epikouros et Demophilos s'enfuirent de la cité et furent tués par le fils de Phokiôn (2).

---

(1) Plutarque, Phokiôn, 36, 37. Plutarque raconte deux autres anecdotes dont l'authenticité paraît douteuse. Nikoklês demanda qu'il lui fût permis d'avaler le breuvage avant Phokiôn; ce dernier répondit à cette prière : — « Ta demande, Nikoklês, est triste et pénible; mais comme je ne t'ai jamais rien refusé de ma vie, je t'accorde encore celle-ci. »

Après que les quatre premiers eurent bu, tous excepté Phokiôn, il ne restait plus de ciguë: alors le geôlier dit qu'il n'en préparerait pas davantage, à moins qu'on ne lui donnât douze drachmes pour acheter ce qui était nécessaire. Il y eut un moment d'hésitation, jusqu'à ce que Phokiôn priât un de ses amis de fournir l'argent, faisant remarquer d'une manière sarcastique qu'il était dur qu'on ne pût pas même mourir *gratis* à Athènes.

Quant à la première de ces deux anecdotes, — si nous lisons, dans le Phædon de Platon (152-155), les détails de la mort de Sokratês, — nous verrons que la mort par la ciguë n'était pas produite instantanément, mais insensiblement et sans douleur; la personne qui avait avalé le breuvage était priée de marcher pendant quelque temps, jusqu'à ce que ses jambes s'appesantissent, puis de se coucher sur un lit; ensuite elle se refroidissait par degrés et devenait insensible, d'abord aux extrémités, ensuite dans les parties vitales. Dans ces circonstances, la question de savoir laquelle des personnes condamnées avalerait le premier des cinq breuvages — ne pouvait avoir que très-peu d'importance.

Ensuite, quant au fonds de ciguë prétendu mesquin de la prison athénienne, — quelle aurait été l'alternative, si un ami de Phokiôn n'eût pas fourni les douze drachmes? Serait-il resté en prison sans être mis à mort? Certainement non, car il était sous le coup d'une sentence capitale. Aurait-il été mis à mort par l'épée ou par quelque autre instrument non coûteux? C'est en désaccord avec l'analogie de la coutume athénienne. Si l'histoire renferme quelque chose de vrai, nous devons supposer que les Onze avaient accordé à ce geôlier un fonds de ciguë (ou le prix équivalent) réellement suffisant pour cinq breuvages, mais que par accident ou maladresse il en perdit une partie, de sorte qu'il aurait été dans l'obligation de fournir de ses propres deniers ce qui manquait. Il fut tiré de cet embarras par Phokiôn et son ami, et le sarcasme de Phokiôn touche cette circonstance étrange qu'un homme soit appelé à payer pour sa propre exécution.

(2) Plutarque, Phokiôn, 38.

Ces faits sont ostensiblement exacts; mais Plutarque omet d'en mentionner l'explication réelle. Deux ou trois mois après la mort de Phokiôn, Kassandre, déjà en possession de Peiræeus et de Munychia, devint aussi maître d'Athènes; le parti oligarchique, ou parti de Phokiôn, acquit de nouveau l'ascendant; Demetrios le Phaléréen fut rappelé d'exil et placé pour administrer la cité sous Kassandre, comme Phokiôn l'avait administrée sous Antipater.

Il n'est pas étonnant que, dans de pareilles circonstances, la mémoire de Phokiôn fût honorée. Mais c'est tout à fait différent d'un changement spontané d'opinion populaire à son égard. Je ne vois pas pourquoi un pareil changement d'opinion se serait opéré, et je ne crois pas qu'il s'opéra. Le Dêmos d'Athènes, banni et déporté en masse, avait tout lieu de haïr Phokiôn, et il n'était pas vraisemblable qu'il rougît de ce sentiment. Bien qu'il fût personnellement doux et incorruptible, ces citoyens ne tirèrent pas d'avantage de ces vertus. Il leur importa peu qu'il refusât constamment tous les présents d'Antipater, s'il travailla gratuitement pour ce dernier. Considérée comme procès judiciaire, la dernière scène de Phokiôn devant le peuple au théâtre n'est rien de plus qu'une cruelle imposture; considérée comme manifestation d'une opinion publique déjà établie, les faits du passé lui fournissaient une ample justification.

En effet, nous ne pouvons lire sans une sympathie pénible le récit de la mort d'un vieillard âgé de plus de quatre-vingts ans, — personnellement brave, doux, et supérieur à toute séduction pécuniaire, en ce qui concernait son administration directe, — périssant dans une tempête violente et écrasante d'exécration populaire. Mais si nous considérons l'ensemble du cas, — si nous examinons non-seulement les détails de l'administration de Phokiôn, mais les grands objets publics que servaient ces détails, et vers lesquels il conduisait ses concitoyens, — nous verrons que ce jugement est pleinement mérité. Dans le patriotisme de Phokiôn, — car sans doute il le considérait ainsi sincèrement lui-même, — il n'était pas tenu compte de l'indépendance athénienne, de l'autonomie du monde hellénique, c'est-à-dire de son administration par lui-même, des conditions par rapport à des rois étrangers, conditions auxquelles seulement cette autonomie pouvait exister. Il n'eut ni le sentiment panhellénique d'Aristeidês, de Kallikratidas et de Démosthène, — ni le sentiment athénien plus étroit, semblable au dévouement d'Agésilas pour Sparte et d'Epaminondas pour Thêbes. Il était indifférent à Phokiôn que la Grèce fût un agrégat de cités autonomes, avec Athènes au premier ou au second rang parmi elles, — ou l'une des satrapies sous les rois macédoniens. Or c'était un des défauts les plus fatals dans un homme public grec. Le sentiment qui manquait à Phokiôn était au fond de tous ces magnifiques exploits qui ont donné à la Grèce une place indépendante et supérieure dans l'histoire du monde. Si Themistoklês, Aristeidês et Léonidas lui eussent ressemblé, la Grèce aurait passé tout doucement sous la domination de la Perse. Le siècle et plus d'indépendance politique, époque brillante, quoique mêlée d'ombre, qui suivit l'échec de Xerxês, ne se serait jamais présenté. Ce fut précisément pendant les cinquante années de l'influence politique et militaire de Phokiôn, que les Grecs descendirent d'un état de liberté, et Athènes de l'ascendant aussi bien que de la liberté, pour tomber dans une servitude absolue. Autant que ce grand malheur public peut être imputé à un seul homme, — il n'est personne à qui on puisse l'attribuer à plus juste titre qu'à Phokiôn. Il fut stratége pendant la plus grande partie de la longue série d'années qui virent le développement de la puissance de Philippe; son devoir était de veiller au salut de ses compatriotes et de combattre le géant qui ne faisait encore que croître. Il entendait les avertissements de Démosthène, et il possédait justement les qualités qui manquaient à cet orateur, — l'énergie et l'aptitude militaires. S'il eût appliqué son influence à éclairer ses compatriotes peu clairvoyants, à stimuler leur inertie, à diriger leurs efforts armés, les rois de Macédoine auraient pu être contenus dans leurs propres limites, et l'histoire future de la Grèce aurait été complétement différente. Par malheur, il prit le parti opposé. Il agit avec Æschine et les partisans de Philippe; sans recevoir d'argent de ce prince, il fit gratuitement tout ce qu'il désirait, — en rendant nuls les efforts de Démosthène et des autres politiques actifs, et en s'en moquant. Après la bataille de Chæroneia, Phokiôn reçut de Philippe d'abord, et d'Alexandre ensuite, des marques d'estime qui ne furent témoignées à aucun autre Athénien. Elles étaient à la fois le fruit et la preuve de son action politique passée, — antihellénique aussi bien qu'antiathénienne. Ayant fait beaucoup, dans la première partie de sa vie, pour favoriser l'assujettissement de la Grèce aux rois macédoniens, il contribua un peu, pendant la dernière moitié, à alléger la rigueur de leur domination; et le point le plus honorable de son caractère, c'est qu'il s'abstint toujours d'abuser de la faveur marquée qu'ils lui témoignaient, dans des vues soit de gain personnel, soit d'oppression à l'égard de ses concitoyens. Non-seulement Alexandre lui écrivit, même dans la plénitude de son pouvoir souverain, des lettres remplies des termes d'une respectueuse amitié, mais il lui offrit les présents les plus considérables, — une fois, entre autres, la somme de cent talents, une autre fois le choix entre quatre villes sur la côte de l'Asie Mineure, comme Xerxès le donna à Themistoklês. Il exprima même son déplaisir lorsque Phokiôn, qui refusait tout, consentit à demander seulement l'élargissement de trois prisonniers grecs emprisonnés à Sardes (1).

La guerre Lamiaque et ses conséquences furent la ruine de Phokiôn. Il resta à Athènes pendant toute cette guerre, se prononçant librement contre elle; car il est à remarquer que, malgré sa politique favorable aux Macédoniens, il ne fut ni banni ni dégradé par le peuple, qui se contenta de suivre d'autres conseils. Lors de l'issue désastreuse de cette guerre, Phokiôn se chargea de l'ingrate et déshonorante fonction de satrape sous Antipater à Athènes, avec la garnison macédonienne à Munychia, pour l'appuyer. Il devint l'agent subordonné d'un vainqueur, qui non-seulement égorgea les principaux orateurs athéniens, mais priva le Dêmos

(1) Plutarque, Phokiôn, 18; Plutarque, Apophthegm. p. 188.

de ses privilèges et le déporta en masse. Après avoir accepté une part et une responsabilité dans cès actes, il n'y eut plus de sécurité pour Phokiôn que sous la protection d'un prince étranger. Après la proclamation libérale publiée au nom des rois macédoniens, qui permettait le retour du Dêmos banni, il chercha à se mettre en sûreté d'abord par la perfide connivence qui permit à Nikanôr de s'emparer de Peiræeus; ensuite en courtisant Polysperchôn, l'ami de Nikanôr. Une expatriation volontaire (avec son ami le Phaléréen Demetrios) aurait été moins dangereuse et moins déshonorante que ces manœuvres, qui assombrirent plus encore la fin de sa vie, sans détourner de lui, après tout, la nécessité d'affronter le dêmos rétabli. La violente et unanime colère du peuple contre lui est un spectacle instructif, bien qu'affligeant. Elle fut dirigée, non pas contre l'homme ni contre l'administrateur, — car dans les deux rôles Phokiôn a été exempt de blâme, à l'exception de la dernière collusion avec Nikanôr dans la prise de Peiræeus, — mais contre sa politique publique. Ce fut la dernière protestation de la liberté grecque anéantie, parlant pour ainsi dire du fond de la tombe avec une voix de tonnerre, contre ce fatal système de défiance, d'inertie, d'égoïsme et de corruption, qui avait livré Athènes jadis autonome à un vainqueur étranger.

J'ai déjà mentionné que Polysperchôn était en Phokis avec son armée quand on amena Phokiôn devant lui : il était en route vers le Péloponèse. Il se peut qu'il ait été retenu par une négociation avec les Ætoliens qui embrassèrent son alliance (1). En tout cas, il fut lent dans sa marche; car avant qu'il parvînt en Attique, Kassandre arriva à Peiræeus pour rejoindre Nikanôr avec une flotte de trente-cinq vaisseaux et 4,000 soldats obtenus d'Antigonos (avril 317 av. J.-C.). En apprenant ce fait, Polysperchôn hâta sa marche également, et se présenta sous les murs d'Athènes et de Peiræeus avec une armée considérable de 20,000 Macédoniens, de 4,000 alliés Grecs, de 1,000 chevaux, et de

(1) Diodore, XIX, 35.

65 éléphants, animaux que l'on voyait alors pour la première fois dans la Grèce européenne. Il assiégea d'abord Kassandre dans le Peiræeus ; mais trouvant de la difficulté à se procurer de la subsistance en Attique pour une armée si nombreuse, il se dirigea avec la plus grande partie de ses troupes vers le Péloponèse, laissant son fils Alexandre avec une division tenir tête à Kassandre. Se rendant en personne dans diverses villes péloponésiennes, — ou s'adressant à elles au moyen de députés, — il ordonna le renversement des oligarchies d'Antipater et la restitution de la liberté et de la parole libre à la masse des citoyens (1). Dans la plupart des villes, cette révolution fut accomplie ; mais dans Megalopolis, l'oligarchie tint bon ; non-seulement elle força Polysperchôn à assiéger la cité, mais même elle la défendit contre lui avec succès. Il fit deux ou trois tentatives pour la prendre d'assaut, au moyen de tours mobiles, en minant les murs, et même avec l'aide des éléphants ; mais il fut repoussé dans toutes (2), et obligé de renoncer au siége avec une perte considérable de réputation. Son amiral Kleitos fut bientôt après défait dans la Propontis, où il perdit toute sa flotte, par Nikanôr (que Kassandre avait envoyé de Peiræeus) et Antigonos (3).

Après ces deux défaites, Polysperchôn semble avoir évacué le Péloponèse, et mené en franchissant le golfe Corinthien ses forces en Épire, pour rejoindre Olympias. Son parti fut fort affaibli dans toute la Grèce, et celui de Kassandre fortifié en proportion. Le résultat fut la reddition d'Athènes. Les Athéniens dans la cité, comprenant tous les exilés de retour ou beaucoup d'entre eux, ne purent plus endurer cette séparation complète d'avec la mer, à laquelle les avait réduits l'occupation de Peiræeus et de Munychia par Kassandre. Athènes sans un port n'était guère tenable ; effectivement, Peiræeus était considéré par son grand constructeur, Themistoklês, comme plus indispensable aux Athéniens

(1) Diodore, XVIII, 69.
(2) Diodore, XVIII, 70, 71.
(3) Diodore, XVIII, 72.

qu'Athènes elle-même (1). La subsistance du peuple se composait en grande partie de blé importé, reçu au moyen de Peiræeus, où se faisaient aussi le commerce et les opérations industrielles, où se recueillaient la plupart des revenus, et où s'entretenaient les arsenaux, les bassins, les vaisseaux, etc., de l'État. Il devint évident que Nikanôr, en s'emparant de Peiræeus, avait désarmé Athènes et l'avait rendue impuissante; de sorte que le mal irréparable fait par Phokiôn, en connivant à cette prise, se fit sentir chaque jour de plus en plus. Aussi les Athéniens, hors d'état de prendre le port eux-mêmes, et n'espérant pas l'obtenir par Polysperchôn, se virent-ils forcés d'écouter les partisans de Kassandre, qui proposaient qu'on entrât en arrangements avec lui. Il fut convenu qu'ils deviendraient amis et alliés de Kassandre; qu'ils auraient pleine jouissance de leur cité et du Peiræeus, de leurs vaisseaux et de leurs revenus; que les exilés et les citoyens déportés seraient réintégrés; que tous les citoyens qui possédaient une fortune de mille drachmes et au-dessus jouiraient des droits politiques à l'avenir; que Kassandre occuperait Munychia avec un gouverneur et une garnison, jusqu'à ce que la guerre contre Polysperchôn fût terminée; et qu'il nommerait aussi quelque citoyen athénien, dans les mains duquel serait remis le gouvernement suprême de la cité. Kassandre nomma Demetrios le Phaléréen (*i. e.* un Athénien du Dème Phaleron), l'un des collègues de Phokiôn qui était allé volontairement en exil depuis la mort d'Antipater, mais qui était revenu récemment (2).

Cette convention rendit à Athènes en substance le gouvernement d'Antipater, sans toutefois les rigueurs qui en avaient marqué l'établissement primitif, — et avec quelques modifications à divers égards. Elle rendit Kassandre virtuellement maître de la cité (comme Antipater l'avait été avant lui) au moyen de la personne qu'il avait nommée pour gouverner, soutenue par la garnison et par la fortification

(1) Thucyd. I, 93.

(2) Diodore, XVIII, 74.

de Munychia, qui avait été à ce moment très-agrandie et fortifiée (1), et qui commandait de fait le Peiræeus, bien que ce port fût nominalement abandonné aux Athéniens. Mais il n'y eut ni massacre d'orateurs, ni expulsion de citoyens; de plus, même le minimum de mille drachmes, fixé pour les droits politiques, tout en excluant la multitude, doit avoir été senti comme une amélioration, comparativement avec la limite plus élevée de deux mille drachmes prescrite par Antipater. Kassandre n'était pas comme son père, à la tête de forces écrasantes, maître de la Grèce. Il avait contre lui Polysperchôn, qui tenait la campagne avec une armée rivale et un ascendant établi dans un grand nombre des cités grecques; il était donc de son intérêt de s'abstenir de mesures d'une dureté évidente à l'égard du peuple athénien.

Pour cette fin, le choix qu'il fit du Phaléréen Demetrios paraît avoir été judicieux. Ce citoyen continua d'administrer Athènes, comme satrape ou despote sous Kassandre, pendant dix ans. C'était un homme de lettres accompli, ami et du philosophe Théophraste, qui avait succédé à l'école d'Aristote, — et du rhéteur Dinarque. On le représente aussi comme ayant des habitudes de dépense et de luxe, auxquelles il consacrait, si l'on doit en croire Duris, la plus grande partie du revenu public athénien, montant à douze cents talents. Son administration était, dit-on, discrète et modérée. Nous savons peu de chose de ses détails, mais on nous dit qu'il fit des lois somptuaires, restreignant en particulier les frais et la pompe des funérailles (2). Il vanta lui-même sa propre période décennale comme une époque d'abon-

---

(1) V. la mention de Munychia, comme elle était dix ans plus tard (Diodore, XX, 45).

(2) Cicéron, De Legibus, II, 26, 66; Strabon, IX, p. 398; Pausanias, I, 25, 5. Τύραννόν τε Ἀθηναίοις ἔπραξε γενέσθαι Δημήτριον, etc. Duris ap. Athenæum, XII, 542. Fragm. 27, vol. III, p. 477. Fragm. Hist. Græc.

Le Phaléréen Demetrios composa, avec de nombreux ouvrages historiques, philosophiques et littéraires, un récit de sa propre administration décennale (Diogène Laërce, V, 5, 9; Strabon, *ib.*). — Περὶ τῆς δεκαετίας.

L'assertion de douze cents talents, comme revenu annuel manié par Demetrios, mérite peu de créance.

dance et de commerce florissant à Athènes (1). Mais nous apprenons par d'autres, et le fait est extrêmement probable, que ce fut une période de détresse et d'humiliation, tant à Athènes que dans d'autres cités grecques ; et que les Athéniens, aussi bien que d'autres, accueillirent de nouveaux projets de colonisation (tels que ceux d'Ophellas de Kyrênê) non simplement par espoir de trouver des avantages, mais comme moyen d'échapper aux maux actuels (2).

Quelles formes de démocratie nominale furent conservées pendant cet intervalle, c'est ce que nous ne pouvons découvrir. La justice populaire doit avoir été continuée pour procès et accusations privés, puisque Dinarque fut, dit-on, en grande vogue comme logographe, ou composant des discours pour d'autres (3). Mais le fait que trois cent soixante statues furent élevées en l'honneur de Demetrios pendant que son administration durait encore démontre la grossière flatterie de ses partisans, la soumission du peuple, et l'abolition pratique de toute censure exprimée librement ou opposition déclarée. Nous apprenons que dans quelqu'une des dix années de son administration, on fit un recensement des habitants de l'Attique, et que l'on compta 21,000 citoyens, 10,000 metœki, et 400,000 esclaves (4). Quant à cette im-

(1) V. le Fragment de Democharês, 2 ; Fragm. Historic. Græc. édit. Didot, vol. II, p. 448, ap. Polyb. XII, 13. Democharês, neveu de l'orateur Démosthène, était l'adversaire politique de Demetrios le Phaléréen, auquel il reprochait ces vanteries au sujet de la prospérité commerciale, quand la liberté et la dignité de la cité étaient détruites. C'est à ces vanteries de Demetrios le Phaléréen qu'appartient probablement l'assertion citée de lui par Strabon (III, p. 147) au sujet des laborieux travaux dans les mines attiques à Laureion.

(2) Diodore, XX, 40. Ὥσθ' ὑπελάμβανον μὴ μόνον ἐγκρατεῖς ἔσεσθαι πολλῶν ἀγαθῶν, ἀλλὰ καὶ τῶν παρόντων κακῶν ἀπαλλαγήσεσθαι.

(3) Dionys. Halic. Judicium de Dinarcho, p. 633, 634 ; Plutarque, Demetrius, 10. Λόγῳ μὲν ὀλιγαρχικῆς, ἔργῳ δὲ μοναρχικῆς, καταστάσεως γενομένης διὰ τὴν τοῦ Φαληρέως δύναμιν, etc.

(4) Ktesiklês ap. Athenæum, VI, p. 272. M. Fynes Clinton (suivant Wesseling) comble la lacune dans le texte d'Athénée, de manière à assigner le recensement à la cent quinzième Olympiade. Cette conjecture *peut* être juste, mais les raisons données ne sont pas concluantes. Il se peut que le recensement ait été fait soit dans la cent seizième, soit dans la cent dix-septième Olympiade ; nous n'avons aucun moyen de déterminer laquelle. L'administration de Demetrios le Phaléréen remplit les dix années entre 317

portante énumération, nous connaissons le fait seul sans en savoir le but spécial, ni même la date précise. Il se peut que quelques-uns de ces citoyens qui avaient été bannis ou dé-

---

et 307 avant J.-C. (Fast. Hell. Append. p. 388).

M. Clinton (ad ann. 317 av. J.-C. Fast. Hell.) fait observer relativement à ce recensement : — « Les 21,000 Athéniens représentent ceux qui avaient droit de voter dans l'assemblée publique, ou tous les hommes âgés de plus de vingt ans ; les 10,000 μέτοικοι indiquaient aussi les hommes d'un âge mûr. Si l'on compte les femmes et les enfants, le total de la population libre sera d'environ 127,660 ; et 400,000 esclaves, ajoutés à ce total, donneront près de 527,660 âmes comme la population totale de l'Attique. » V. aussi l'Appendice annexé aux Fast. Hellen. p. 390 *seq.*

Ce recensement est un fait très-intéressant, mais nos informations à son sujet sont tout à fait insuffisantes, et l'interprétation que M. Clinton fait des différents nombres est sujette à quelque remarque. Il ne peut avoir raison en disant : — « Les 21,000 Athéniens représentent ceux qui avaient droit de voter dans l'assemblée, *ou* tous les hommes au-dessus de vingt ans. » Car on nous dit expressément que sous l'administration de Demetrios le Phaléréen, toutes les personnes qui ne possédaient pas mille drachmes étaient exclues des droits politiques ; et par conséquent un nombre considérable d'hommes au-dessus de vingt ans n'avaient pas droit de voter dans l'assemblée. Donc, puisque les deux catégories ne coïncident pas, à laquelle appliquerons-nous le nombre de 21,000 ? A ceux qui avaient le droit de voter ? Ou au nombre total des citoyens libres, votant ou ne votant pas, au-dessus de vingt ans ? L'assemblée publique, pendant l'administration de Demetrios le Phaléréen, paraît avoir eu peu d'importance ou de puissance, de sorte qu'il n'est pas vraisemblable qu'on ait cherché un relevé distinct du nombre des personnes qui avaient droit d'y voter.

De plus, M. Clinton interprète les deux nombres donnés, d'après deux principes totalement distincts. Les deux premiers nombres (citoyens et metœki), il croit qu'ils désignent seulement les hommes d'âge mûr ; le troisième nombre, des οἰκέται, renferme, selon lui, les deux sexes et tous les âges.

C'est une conjecture que je crois très-douteuse, dans l'absence d'autre renseignement. Elle implique que les énumérateurs tenaient compte des femmes et des enfants *esclaves*, — mais qu'ils ne tenaient pas compte des femmes et des enfants *libres*, épouses et familles des citoyens et des metœki. Le nombre des femmes et des enfants libres n'est nullement compté, dans la supposition de M. Clinton. Or si, dans les vues du recensement, il était nécessaire d'énumérer les femmes et les enfants *esclaves*, — assurément il ne devait pas être moins nécessaire d'énumérer les femmes et les enfants *libres*.

Le mot οἰκέται signifie quelquefois non-seulement des esclaves, mais les habitants d'une famille en général, — libres aussi bien qu'esclaves. Si tel est ici son sens (bien qu'il n'y ait pas assez de preuves pour l'affirmer), nous faisons disparaître la difficulté qui consiste à supposer que les femmes et les enfants esclaves sont énumérés, — et que les femmes et les enfants libres *ne* le sont *pas*.

Nous pourrions raisonner avec plus de confiance si nous connaissions le but pour lequel le recensement avait été fait, — soit en vue de mesures mili-

portés à la fin de la guerre Lamiaque soient revenus et aient continué de résider à Athènes. Mais il paraît cependant qu'il resta, pendant toute la durée de l'oligarchie de Kassandre, un corps d'exilés athéniens hostiles, guettant l'occasion de la renverser et cherchant du secours dans ce dessein chez les Ætoliens et chez d'autres peuples (1).

L'acquisition d'Athènes par Kassandre, suivie de la prise par ses armes de Panakton et de Salamis, et secondée par sa modération envers les Athéniens, lui valut un appui considérable dans le Péloponèse, où il se rendit avec son armée (2) (automne 317 av. J.-C.). Beaucoup d'entre les cités, cédant à la crainte ou à la persuasion, se joignirent à lui et abandonnèrent Polysperchôn; tandis que les Spartiates, sentant à ce moment pour la première fois leur condition sans défense, jugèrent prudent d'entourer leur ville de murs (3). Ce fait, entre beaucoup d'autres du même temps, atteste fortement combien les sentiments caractéristiques du monde autonome hellénique étaient alors en train de mourir partout. Conserver Sparte comme ville sans murailles était une des traditions de Lykurgue les plus profondes et les plus chères; preuve permanente de l'état de confiance et d'assurance des Spartiates contre des dangers du dehors. L'érection des murs montrait leur conviction, qui n'était que trop bien appuyée par les circonstances réelles dont ils étaient entourés, que la pression de l'étranger était devenue si écrasante qu'elle ne leur laissait pas même de sécurité chez eux.

La guerre entre Kassandre et Polysperchôn fut alors envenimée par une querelle qui s'éleva parmi les membres de la famille royale macédonienne (automne 317 av. J.-C.). Le roi Philippe Aridæos et son épouse Eurydikê, alarmés et

---

taires ou politiques, — de finances ou de taxation, — ou de la question de subsistance et d'importation de blé étranger (V. Fast. Hellen. de M. Clinton, ad ann. 444 av. J.-C., au sujet d'un autre recensement par rapport à du blé importé).

(1) V. Dionys. Halik. Judic. de Dinarcho, p. 658, Reiske.

(2) Diodore. XVIII, 75.

(3) Justin, XIV, 5; Diodore, XVIII, 75; Pausan. VII, 8, 3; Pausan. I, 25, 5.

indignés du rétablissement d'Olympias que projetait Polysperchôn, sollicitèrent l'aide de Kassandre et essayèrent de mettre les forces de la Macédoine à sa disposition. Toutefois ils échouèrent dans cette tentative. Olympias, aidée non-seulement par Polysperchôn, mais par le prince épirote Æakidês, fit son entrée en Macédoine en quittant l'Epire, apparemment dans l'automne de 317 avant J.-C. Elle amenait avec elle Roxanê et son enfant, — la veuve et le fils d'Alexandre le Grand. Les soldats macédoniens, que réunirent Aridæos et Eurydikê pour lui résister, furent tellement terrifiés par son nom et par le souvenir d'Alexandre, qu'ils refusèrent de combattre et lui assurèrent ainsi une victoire facile. Philippe et Eurydikê devinrent ses prisonniers ; elle fit tuer le premier ; à la seconde elle offrit le choix entre l'épée, la corde ou le poison. La vieille reine se mit ensuite en devoir d'assouvir sa vengeance contre la famille d'Antipater. Cent Macédoniens de marque, amis de Kassandre, furent mis à mort, avec son frère Nikanôr (1) ; tandis qu'on fit ouvrir le tombeau de son frère décédé Iollas, accusé d'avoir empoisonné Alexandre le Grand.

Pendant l'hiver (316 av. J.-C.), Olympias conserva ainsi un ascendant complet en Macédoine, où sa position semblait forte, vu que ses alliés les Ætoliens étaient maîtres du défilé des Thermopylæ, tandis que Kassandre était retenu dans le Péloponèse par l'armée que commandait Alexandre, fils de Polysperchôn. Mais Kassandre se dégagea de ces embarras, et éludant les Thermopylæ, en se rendant par mer en Thessalia, s'empara des défilés Perrhæbiens avant qu'ils fussent gardés, et entra en Macédoine sans rencontrer de résistance. Olympias, qui n'avait pas d'armée capable de lui tenir tête sur un champ de bataille, fut forcée de s'enfermer dans la forteresse maritime de Pydna, avec Roxanê, Alexandre, l'enfant de cette dernière, et Thessalonikê, fille de son dernier époux Philippe, fils d'Amyntas (2). Kassandre l'y tint

(1) Diodore, XIX, 11 ; Justin, X, 14, 4 ; Pausanias, I, 11, 4.

(2) Diodore, XIX, 36.

enfermée pendant plusieurs mois par mer aussi bien que par terre, et réussit à déjouer tous les efforts que firent Polysperchôn et Æakidês pour la délivrer. Dans le printemps de l'année suivante (316 av. J.-C.), une intolérable famine la força de se rendre. Kassandre ne lui promit rien de plus que sa sûreté personnelle, exigeant d'elle qu'elle livrât les deux grandes forteresses, Pella et Amphipolis, qui le rendirent maître de la Macédoine. Bientôt cependant les parents des nombreuses victimes qui avaient péri par ordre d'Olympias furent encouragés par Kassandre à demander sa vie comme vengeance. Ils eurent peu de peine à obtenir un verdict de condamnation contre elle de ce qu'on appela une assemblée macédonienne. Néanmoins le sentiment de terreur et de respect qui se rattachait à son nom était tel qu'on ne put trouver personne à l'exception de ces hommes offensés pour exécuter la sentence. Elle mourut avec un courage digne de son rang et de son caractère impérieux. Kassandre épousa Thessalonikê, — confina Roxanê et son enfant dans la forteresse d'Amphipolis, — où (après un certain intervalle) il les fit tuer tous deux (1).

Tandis que Kassandre était ainsi maître de la Macédoine, — et que la famille royale disparaissait de la scène dans ce pays, — la défaite et la mort d'Eumenês (qui arrivèrent presque au même moment qu'Olympias fut prise) (2) enlevèrent le dernier partisan fidèle de cette famille en Asie (315 av. J.-C.). Mais, en même temps, elles laissèrent dans les mains d'Antigonos une prépondérance si écrasante dans toute l'Asie, qu'il aspira à devenir le vicaire et le maître de tout l'empire d'Alexandre, aussi bien qu'à venger sur Kassandre l'anéantissement de la famille royale. Sa puissance parut en effet si formidable, que Kassandre de Macédoine, Lysimachos de Thrace, Ptolemæos d'Égypte et Seleukos de

(1) Diodore, XIX, 50, 51; Justin, XIV, 5; Pausan. I, 25, 5; IX, 7, 1.

(2) Même immédiatement avant la mort d'Olympias, Aristonoos, gouverneur d'Amphipolis dans ses intérêts, considéra Eumenês comme vivant encore (Diodore, XIX, 50).

Babylonie firent entre eux un accord qui se changea graduellement en une alliance active contre lui.

Pendant les luttes entre ces puissants princes, la Grèce paraît simplement comme un groupe de cités sujettes, que tous occupent, tiennent par des garnisons, s'efforcent d'avoir ou convoitent (315-314 av. J.-C.). Polysperchôn, renonçant à tout espoir en Macédoine après la mort d'Olympias, avait été forcé de se réfugier chez les Ætoliens, laissant son fils Alexandre soutenir la lutte de son mieux dans le Péloponèse, de sorte que Kassandre eut alors un ascendant décidé d'une extrémité à l'autre des régions helléniques. Après s'être établi sur le trône de Macédoine, il perpétua son propre nom en fondant, sur l'isthme de la péninsule de Pallênê, et près de l'emplacement où avait été située Potidæa, la nouvelle cité de Kassandreia, dans laquelle il réunit un nombre considérable d'habitants du voisinage, et en particulier le reste des citoyens d'Olynthos et de Potidæa, — villes prises et détruites par Philippe plus de trente ans auparavant (1). Il s'avança ensuite dans le Péloponèse avec son armée contre Alexandre, fils de Polysperchôn. En traversant la Bœôtia, il entreprit de rétablir la cité de Thêbes, qui avait été détruite vingt ans auparavant par Alexandre le Grand, et avait toujours existé depuis seulement comme poste militaire dans l'antique citadelle appelée Kadmeia. Les autres villes bœôtiennes, auxquelles avait été assigné l'ancien territoire thêbain, furent persuadées ou contraintes de l'abandonner, et Kassandre appela de toutes les parties de la Grèce les exilés thêbains ou leurs descendants. Par sympathie pour ces exilés, et aussi à cause de l'ancienne célébrité de la cité, beaucoup de Grecs, même d'Italie et de Sicile, contribuèrent à ce rétablissement. Les Athéniens, administrés actuellement par Demetrios le Phaléréen, sous la suprématie de Kassandre, furent particulièrement empressés à concourir à cette œuvre ; les Messéniens et les Mégalopolitains, dont les ancêtres avaient

(1) Diodore, XIX, 52; Pausanias, V, 23, 2.

tant dû au Thêbain Épaminondas, prêtèrent une aide énergique. Thêbes fut rétablie sur l'emplacement primitif où elle était située avant le siége d'Alexandre, et elle fut occupée par une garnison de Kassandre postée dans la Kadmeia, et destinée à commander la Bœôtia et la Grèce (1).

Après un certain séjour à Thêbes, Kassandre s'avança vers le Péloponèse (314 av. J.-C.). Alexandre (fils de Polysperchôn) ayant fortifié l'Isthme, il fut forcé d'embarquer ses troupes avec ses éléphants à Megara et de traverser le golfe Saronique jusqu'à Epidauros. Il enleva à Alexandre Argos, la Messênia et même sa position sur l'Isthme, où il laissa un puissant détachement, et retourna ensuite en Macédoine (2). L'accroissement de sa puissance fit naître à la fois la crainte et la haine dans le cœur d'Antigonos, qui essaya d'entrer en arrangements avec lui, mais en vain (3). Kassandre préféra s'allier avec Ptolemæos, Seleukos et Lysimachos, — contre Antigonos qui, à ce moment, était maître de presque toute l'Asie, et inspirait à tous une haine commune (4). En conséquence, Antigonos envoya d'Asie dans le Péloponèse, avec des armes et de l'argent, le Milésien Aristodêmos pour renforcer Alexandre contre Kassandre que, de plus, il dénonça comme ennemi du nom macédonien pour avoir tué Olympias, emprisonné les autres membres de la famille royale et rétabli les exilés olynthiens. Il fit condamner Kassandre absent par ce qu'on appelait une assemblée macédonienne, sur ces accusations et d'autres encore.

En outre, Antigonos annonça, par la voix de cette assemblée, que tous les Grecs seraient libres, autonomes et exempts de garnisons ou occupation militaire (5). On espé-

(1) Diodore, XIX, 52, 54, 78; Pausanias, IX, 7, 2-5. Cela semble une explication de la conduite de Kassandre plus probable que celle que donne Pausanias, qui nous dit que Kassandre haïssait la mémoire d'Alexandre le Grand, et désirait effacer les conséquences de ses actes. Qu'il eût tant de haine pour Alexandre, c'est toutefois extrêmement croyable : V. Plutarque, Alexand. 74.

(2) Diodore, XIX, 54.

(3) Diodore, XIX, 56.

(4) Diodore, XIX, 57.

(5) Diodore, XIX, 61.

rait que ces brillantes promesses recruteraient des partisans en Grèce contre Kassandre ; conséquemment Ptolemæos, maître de l'Égypte, l'un des ennemis d'Antigonos, jugea à propos de publier de semblables proclamations peu de mois après, offrant de sa part aux Grecs la même faveur (1). Ces promesses, qui ne furent pas remplies et qui n'étaient pas destinées à l'être, ni par l'un ni par l'autre de ces rois, paraissent avoir produit peu ou point d'effet sur les Grecs.

L'arrivée d'Aristodêmos dans le Péloponèse avait ranimé le parti d'Alexandre (fils de Polysperchôn), contre qui Kassandre fut obligé encore d'amener toutes ses forces de Macédoine. Bien qu'heureux contre Alexandre à Argos, à Orchomenos et dans d'autres endroits, Kassandre ne fut pas en état de l'écraser, et bientôt il jugea prudent de le gagner. Il lui offrit le gouvernement séparé du Péloponèse, bien que subordonné à lui-même. Alexandre accepta l'offre, en devenant l'allié de Kassandre (2), et il fit la guerre, conjointement avec lui, à Aristodêmos, avec des succès variés, jusqu'à ce qu'il fût assassiné bientôt par quelques ennemis privés. Néanmoins sa veuve Kratesipolis, femme de courage et d'énergie, se maintint à Sikyôn avec des forces considérables (3). Les ennemis les plus obstinés d'Alexandre furent les Ætoliens, que nous entendons pour la première fois mentionner formellement comme une confédération indépendante (4). Ces Ætoliens devinrent les alliés d'Aristodêmos comme ils l'avaient été auparavant de Polysperchôn, ravageant le pays en pillards même aussi loin qu'Athènes. Protégés contre des garnisons étrangères, en partie par leurs habitudes grossières et farouches, en partie par leur territoire montagneux, ils étaient presque les seuls Grecs que l'on pût encore appeler libres. Kassandre essaya de les tenir en échec au moyen de leurs voisins les Akarnaniens, qu'il engagea à adopter une habitude plus concentrée de

(1) Diodore, XIX, 62.
(2) Diodore, XIX, 63, 64.
(3) Diodore, 62, 67.
(4) Diodore, XIX, 66. Ἀριστόδημος, ἐπὶ τοῦ κοινοῦ τῶν Αἰτωλῶν δικαιολογησάμενος, προετρέψατο τὰ πλήθη βοηθεῖν τοῖς Ἀντιγόνου πράγμασιν, etc.

résidence, en réunissant leurs nombreux petits municipes en quelques villes considérables, — Stratos, Sauria et Agrinion, — postes convenables pour des garnisons macédoniennes. Il s'empara aussi de Leukas, d'Apollonia et d'Epidamnos, en défaisant le roi illyrien Glaukias, de sorte que sa domination s'étendait depuis le golfe Thermaïque jusqu'au golfe Adriatique (1). Son général Philippe remporta deux importantes victoires sur les Ætoliens et les Épirotes, et força les premiers à abandonner deux de leurs villes les plus accessibles (2).

La puissance d'Antigonos en Asie subit une diminution considérable par l'établissement heureux et permanent que Seleukos acquit actuellement en Babylonie, événement auquel l'ère des Seleukidæ suivants doit son origine (312 av. J.-C.). Toutefois, en Grèce, Antigonos gagna du terrain sur Kassandre. Il y envoya son neveu Ptolemæos avec une armée considérable pour délivrer les Grecs, ou, en d'autres termes, pour chasser les garnisons de Kassandre, tandis qu'en même temps il détourna l'attention de ce dernier en menaçant de franchir l'Hellespont et d'envahir la Macédoine. Ce Ptolemæos (non l'Égyptien) chassa les soldats de Kassandre de l'Eubœa, de la Bœôtia et de la Phokis. Chalkis, en Eubœa, était à ce moment la principale station militaire de Kassandre ; Thêbes (qu'il avait récemment rétablie) était en alliance avec lui ; mais les autres villes bœôtiennes lui étaient hostiles. Ptolemæos ayant pris Chalkis, — dont il se concilia les citoyens en ne mettant pas chez eux de garnison, — ainsi qu'Orôpos, Eretria et Karystos, — entra en Attique et se présenta devant Athènes. Il se manifesta dans la cité une telle disposition à traiter avec lui, que Demetrios le Phaléréen fut obligé de gagner du temps en prétendant qu'il ouvrait des négociations avec Antigonos, pendant que Ptolemæos quittait l'Attique. Presque à la même époque, Apollonia, Epidamnos et Leukas trouvèrent

(1) Diod. XIX, 67, 68 ; Just. XV, 2. V. Brandst. Geschichte des Ætolischen Volkes und Bundes, p. 178 (Berlin, 1844).

(2) Diodore, XIX, 74.

moyen, avec l'aide d'un armement de Korkyra, de chasser les garnisons de Kassandre, et d'échapper à sa domination (1). Les affaires d'Antigonos prospéraient alors en Grèce, mais elles furent fort compromises par le mécontentement et la trahison de son amiral Telesphoros, qui s'empara d'Elis et pilla même les trésors sacrés d'Olympia. Bientôt Ptolemæos l'accabla, et rendit ces trésors au dieu (2).

L'année suivante (311 av. J.-C.), il fut conclu entre Antigonos d'un côté, — et Kassandre, Ptolemæos (l'Égyptien) et Lysimachos de l'autre, une convention en vertu de laquelle le commandement suprême en Macédoine fut garanti à Kassandre jusqu'à la majorité d'Alexandre, fils de Roxanê, la Thrace étant en même temps assurée à Lysimachos, l'Égypte à Ptolemæos, et toute l'Asie à Antigonos. Dans le même moment, il fut convenu entre tous que les cités helléniques seraient libres (3). Toutefois, rien ne fut fait actuellement pour l'exécution de cette dernière clause. Et il ne paraît pas que le traité ait eu aucun autre effet, si ce n'est d'inspirer à Kassandre plus de jalousie pour Roxanê et son enfant, que (ainsi qu'il a été déjà raconté) il fit assassiner secrètement peu après, par le gouverneur Glaukias, dans la forteresse d'Amphipolis, où ils avaient été renfermés (4). Les forces d'Antigonos, sous son général Ptolemæos, restèrent encore en Grèce. Mais ce général se révolta (310 av. J.-C.) bientôt contre Antigonos, et les fit servir à coopérer avec Kassandre, tandis que Ptolemæos d'Égypte, accusant Antigonos d'avoir contrevenu au traité en mettant des garnisons dans diverses cités grecques, renouvela la guerre et la triple alliance contre lui (5).

Polysperchôn, — qui avait jusque-là conservé une domination locale sur diverses parties du Péloponèse, avec des forces militaires distribuées dans Messênê et dans d'autres villes (6), — fut alors encouragé par Antigonos à épouser

(1) Diodore, XIX, 77, 78, 89.
(2) Diodore, XIX, 87.
(3) Diodore, XIX, 105.
(4) Diodore, XIX, 105.
(5) Diodore, XX, 19.
(6) Messênê reçut une garnison de Polysperchôn (Diodore, XIX, 64).

la cause d'Hêraklês (fils d'Alexandre et de Barsinê) et à le placer sur le trône de Macédoine en opposition à Kassandre. Ce jeune prince Hêraklês, âgé alors de dix-sept ans, fut envoyé en Grèce de Pergamos en Asie, et ses prétentions au trône furent appuyées non-seulement par un parti considérable en Macédoine même, mais encore par les Ætoliens. Polysperchôn envahit la Macédoine avec de favorables espérances de rétablir le jeune prince ; cependant il crut avantageux d'accepter des propositions perfides de Kassandre, qui lui offrit une part dans la souveraineté de la Macédoine, avec une armée indépendante et l'empire dans le Péloponèse. Polysperchôn, tenté par ces offres, assassina le jeune prince Hêraklês, et retira son armée vers le Péloponèse. Mais il trouva une opposition inattendue, dans sa marche à travers la Bœôtia, de la part des Bœôtiens et des Péloponésiens, au point qu'il fut forcé de prendre ses quartiers d'hiver en Lokris (1) (309 av. J.-C.). A partir de ce moment, autant que nous pouvons l'établir, il commanda dans la Grèce méridionale comme allié subordonné ou associé de Kassandre (2), dont l'empire macédonien confirmé ainsi semble avoir compris l'Akarnania et Amphipolis sur le golfe Ambrakien, avec la ville d'Ambrakia elle-même, et une suprématie sur une grande partie des Épirotes.

L'assassinat d'Hêraklês fut bientôt suivi de celui de Kleopatra, sœur d'Alexandre le Grand, et fille de Philippe et d'Olympias (308 av. J.-C.). Elle avait été pendant quelque temps, à Sardes, nominalement en liberté, toutefois sous la surveillance du gouverneur, qui recevait ses ordres d'Antigonos ; elle se préparait, en ce moment, à quitter cette ville, dans le dessein de rejoindre Ptolemæos en Égypte et de devenir son épouse. Elle avait été demandée comme auxiliaire, ou recherchée en mariage, par plusieurs des grands

---

(1) Diodore, XX, 28 ; Trogue Pompée, Prolegom. ad Justin. XV ; Justin, XV, 2.

(2) Diodore, XX, 100-103 ; Plutarque, Pyrrhus, 6. Le roi Pyrrhus était de προγόνων ἀεὶ δεδουλοκότων Μακεδόσι, — c'était du moins le reproche de Lysimachos (Plutarque, Pyrrhus, 12).

chefs macédoniens, sans aucun résultat. Actuellement, toutefois, Antigonos, effrayé de l'influence que le nom de cette princesse pouvait mettre dans la balance en faveur de son rival Ptolemæos, la fit tuer secrètement comme elle se préparait à partir, jetant le blâme de cet acte sur quelques-unes de ses femmes, qu'il punit de mort (1). Tous les parents d'Alexandre le Grand (à l'exception de Thessalonikê, épouse de Kassandre, fille de Philippe et d'une maîtresse thessalienne), avaient alors péri successivement, et tous par les ordres de l'un ou de l'autre de ses principaux officiers. La famille royale, avec le prestige de son nom, finit ainsi.

Ptolemæos d'Égypte fit voile en ce moment pour la Grèce avec un puissant armement. Il acquit la possession des importantes cités de Sikyôn et de Corinthe, — qui lui furent remises par Kratesipolis, veuve d'Alexandre fils de Polyspercbôn. Il fit alors connaître, par une proclamation, ses desseins comme libérateur, demandant le secours des cités péloponésiennes elles-mêmes contre les garnisons de Kassandre. Il reçut de quelques-unes des réponses et des promesses encourageantes ; mais aucune d'elles ne fit un mouvement, ni ne le seconda par des démonstrations armées. Aussi jugea-t-il prudent de conclure une trêve avec Kassandre et de quitter la Grèce, en laissant toutefois des garnisons sûres dans Sikyôn et dans Corinthe (2). Les cités grecques étaient devenues alors dociles et passives. Se sentant hors d'état de se défendre elles-mêmes, et contraires à des efforts auxiliaires, qui ne leur attiraient que de l'inimitié sans aucune perspective d'avantage, — elles n'attendaient que le retour successif d'une intervention étrangère et les ordres des potentats qui les entouraient.

Toutefois, l'ascendant de Kassandre en Grèce fut, l'année suivante, exposé à un choc plus grave qu'il n'en avait encore reçu, — par l'invasion soudaine de Demetrios, ap-

---

(1) Diodore, XX, 37 : Cf. Justin, XIII, 6 ; XIV, 1.

(2) Diodore, XX, 37.

pelé Poliorketês, fils d'Antigonos (307 av. J.-C.). Ce jeune prince, partant d'Ephesos avec un armement formidable, s'arrangea pour cacher si bien ses desseins, qu'il entra réellement dans le port de Peiræeus (le 26 du mois thargelion, — mai) sans être attendu, ni rencontrer de résistance; sa flotte étant prise pour celle de Ptolemæos d'Égypte. Demetrios le Phaléréen, pris à l'improviste, et essayant trop tard de garder le port, se vit forcé de le laisser au pouvoir de l'ennemi; tandis que Denys, le gouverneur de Kassandre, se maintint avec sa garnison dans Munychia, sans avoir toutefois d'armée capable de rencontrer les envahisseurs en rase campagne. Ce Phaléréen accompli, qui avait administré la cité pendant dix ans comme vice-roi de Kassandre et avec ses forces, sentit alors que sa position et son influence à Athènes étaient renversées, et sa sécurité personnelle même compromise. Lui et d'autres Athéniens allèrent le lendemain en députation pour savoir quelles conditions seraient accordées. Le jeune prince déclara fastueusement que l'intention de son père Antigonos et de lui-même était de rendre et de garantir aux Athéniens une liberté et une autonomie entières. Aussi le Phaléréen Demetrios prévit-il que ses adversaires à l'intérieur, condamnés comme ils l'avaient été à un silence forcé pendant les dix dernières années, se déclareraient actuellement avec une irrésistible violence, de sorte qu'il n'y avait de salut pour lui que dans la retraite. Conséquemment, il demanda à l'envahisseur la permission, qu'il obtint, de se retirer à Thêbes, d'où il se rendit, bientôt après, chez Ptolemæos, en Égypte. Les Athéniens de la cité se déclarèrent en faveur de Demetrios Poliorketês, qui refusa toutefois d'entrer dans les murs jusqu'à ce qu'il eût assiégé et pris Munychia, aussi bien que Megara, avec leurs garnisons établies par Kassandre. En peu de temps il accomplit ces deux objets. Dans le fait, l'énergie, l'habileté et l'emploi efficace d'engins, en assiégeant des villes fortifiées, étaient au nombre des traits les plus remarquables de son caractère, et lui valurent le surnom sous lequel il est connu dans l'histoire. Il déclara les Mégariens libres, rasa les fortifications de Munychia, comme gage donné aux Athéniens qu'ils seraient délivrés à l'avenir de toute garnison étrangère (1).

Après ces succès, Demetrios Poliorketês fit son entrée triomphale dans Athènes (307 av. J.-C.). Il annonça au peuple, dans une assemblée régulière, qu'il était actuellement redevenu une démocratie libre, délivrée de toute domination, soit de soldats du dehors, soit d'oligarques à l'intérieur. Il lui promit aussi un nouveau don de la part de son père Antigonos et de la sienne, — 150,000 médimnes de blé à distribuer, et une quantité de bois suffisante pour construire cent trirèmes. Ces deux nouvelles furent reçues avec des transports de reconnaissance. Les sentiments du peuple furent attestés, non-seulement par des votes de remerciements et d'admiration à l'égard du jeune vainqueur, mais encore par des effusions d'une flatterie exorbitante et sans mesure. Stratoklês (que nous avons déjà vu comme l'un des accusateurs de Démosthène dans l'affaire harpalienne) et d'autres usèrent de toutes les ressources de leur imagination pour inventer de nouvelles variétés de compliment et d'adulation. On proclama qu'Antigonos et Demetrios étaient non-seulement des rois, mais des Dieux et des Sauveurs : on devait élire annuellement un grand prêtre de ces sauveurs, d'après lequel on devait nommer chaque année successive (au lieu de la nommer d'après le premier des neuf archontes, comme ç'avait été jusqu'alors la coutume), et rappeler les dates des décrets et des contrats; on changea le nom de Munychion en Demetrion, — on établit deux nouvelles tribus, qui devaient être appelées Antigonis et Demetrias, outre les dix précédentes : — on arrêta que le sénat annuel se composerait de six cents membres au lieu de cinq cents; les portraits et les exploits d'Antigonos et de Demetrios durent être tissés, avec ceux de Zeus et d'Athênê, dans la magnifique et volumineuse robe portée périodiquement en procession, comme offrande à la fête Panathénaïque; l'en-

(1) Philochore, Fragm. 144, éd. Didot ; Diodore, XX, 45, 46; Plutarque, Demetrios, 8, 9. L'occupation de Peiræeus par Demetrios Poliorketês est racontée un peu différemment dans Polyen, IV, 7, 6.

droit où Demetrios était descendu de son char fut consacré par un autel élevé en l'honneur de Demetrios Katæbatês, ou qui descend. On rendit plusieurs autres votes semblables, reconnaissant et adorant comme dieux les Sauveurs Antigonos et Demetrios. Bien plus, on nous dit qu'on vota des temples ou des autels à Phila-Aphroditê, en l'honneur de Phila, l'épouse de Demetrios, et qu'on rendit le même hommage à ses deux maîtresses, Leæna et Lamia. Des autels furent, dit-on, dédiés aussi à Adeimantos et à d'autres, ses compagnons de table ou flatteurs (1). En même temps, on renversa les nombreuses statues qui avaient été élevées en l'honneur du Phaléréen Demetrios pendant son gouvernement décennal, et on en appliqua même quelques-unes à d'ignobles usages, afin de couvrir l'ancien maître d'un dédain plus grand (2). Les démonstrations de flatterie servile à Athènes, à l'égard de Demetrios Poliorketês, furent en effet exagérées d'une façon si extravagante, qu'il en fut lui-même dégoûté, dit-on, et qu'il exprima son mépris pour ces Athéniens dégénérés de son temps (3).

En examinant ces actes dégradants, nous devons nous rappeler que trente et un ans s'étaient alors écoulés depuis la bataille de Chæroneia, et que, pendant tout ce temps, les Athéniens avaient été sous l'ascendant réel et sous la pression sans cesse croissante de potentats étrangers (307 av. J.-C.). Le sentiment de cette dépendance à l'égard de la Macédoine avait été continuellement fortifié par tous les événements subséquents, — par la prise et la destruction de Thêbes et par les écrasantes conquêtes d'Alexandre qui suivirent, — par l'issue déplorable de la guerre Lamiaque, les meurtres des orateurs au libre langage, la mort des chefs militaires énergiques et la déportation de citoyens athéniens, — en dernier lieu, par la présence continue d'une

(1) Plutarque, Demetrios, 9-11; Diodore, XX, 47; Democharês ap. Athenæ. VI, p. 253.

(2) Diogène Laërce, V, 77. Parmi les nombreux ouvrages littéraires (tous perdus) de Demetrios le Phaléréen, il y en a un intitulé Ἀθηναίων καταδρομή (*ib.* V, 82).

(3) Democharês ap. Athenæ. VI. p. 253.

garnison macédonienne dans Peiræeus ou dans Munychia. Phokiôn, Demetrios le Phaléréen et les autres principaux hommes d'État de cette longue période, avaient inculqué la soumission à la Macédoine comme une vertu, tandis que le souvenir de la dignité et de la grandeur de l'ancienne Athènes autonome avait été effacé ou dénoncé comme un rêve funeste. Les quinze années entre la fin de la guerre Lamiaque et l'arrivée de Demetrios Poliorketês (322-307 av. J.-C.) n'avaient vu ni libre jeu, ni discussion et expression publiques d'opinions en conflit : on doit excepter la courte période pendant laquelle Phokiôn fut condamné; mais elle dura seulement assez longtemps pour laisser place à l'explosion d'une antipathie préconçue, mais étouffée.

Pendant ces trente années, dont la dernière moitié avait été une aggravation de la première, une nouvelle génération d'Athéniens avait grandi, accoutumée à une phase changée d'existence politique. Combien peu de ceux qui reçurent Demetrios Poliorketês avaient pris part à la bataille de Chæroneia, ou entendu les exhortations stimulantes de Démosthène dans la guerre qui précéda ce désastre (1)! Des citoyens qui conservaient encore du courage et du patriotisme pour défendre leur liberté après la mort d'Alexandre, combien ont dû périr, avec Leosthenês, dans la guerre Lamiaque! Les Athéniens de 317 avant J.-C. en étaient venus à regarder leur propre cité, et la Hellas en général, comme dépendantes d'abord de Kassandre, ensuite de l'intervention possible de ses rivaux, également présomptueux, Ptolemæos, Antigonos, Lysimachos, etc. S'ils secouaient le joug d'un potentat, ils ne pouvaient exister que grâce au protectorat d'un autre. Le sentiment de la confiance en soi-même et de l'autonomie politique avait disparu; l'idée de forces militaires composées de citoyens, et fournies par des cités confédérées et agissant de concert, avait été remplacée

(1) Tacite, Annal. I, 3. « Juniores post Actiacam victoriam, seniores plerique inter bella civium, nati : quotusquisque reliquus, qui rempublicam vidisset? »

par le spectacle de vastes armées permanentes, organisées par les héritiers d'Alexandre et de ses traditions.

Deux siècles auparavant (510 av. J.-C.), quand les Lacédæmoniens chassèrent d'Athènes le despote Hippias et ses mercenaires, il s'éleva immédiatement, dans le peuple athénien, un patriotisme ardent et dévoué, qui le disposa à braver, et le rendit capable de détourner, tous les dangers pour défendre sa liberté nouvellement acquise (1). A cette époque, les ennemis qui le menaçaient étaient les Lacédæmoniens, les Thêbains, les Æginètes, les Chalkidiens et autres (car l'armée persane ne se présenta qu'après quelque intervalle, et attaqua, non pas Athènes seule, mais la Grèce collectivement). Ces forces hostiles, bien que supérieures en nombre et en valeur apparente à celles d'Athènes, n'étaient cependant pas assez disproportionnées pour engendrer le découragement et le désespoir. Très-différents furent les faits en 307 avant J.-C., lorsque Demetrios Poliorketês éloigna les mercenaires de Kassandre, fit disparaître Munychia, leur forteresse, et proclama les Athéniens libres. Conserver cette liberté par leur propre force, — en opposition à l'évidente supériorité des forces organisées possédées partout par les potentats, dont un ou plusieurs occupaient militairement presque toute la Grèce, — c'était une entreprise trop désespérée pour qu'elle eût été tentée, même par des hommes tels que les combattants de Marathôn ou les contemporains de Periklês. « Ceux qui voulaient être libres devaient eux-mêmes frapper le coup ! » Mais les Athéniens n'avaient pas assez de force pour le frapper, et la liberté proclamée par Demetrios Poliorketês était une faveur qui dépendait de lui quant à sa mesure, et même quant à sa durée. L'assemblée athénienne fut tenue à ce moment sous son armée, en tant que maîtresse de l'Attique, comme elle l'avait été, peu de mois auparavant, sous les forces dominantes du Phaléréen Demetrios, avec le gouverneur de Munychia nommé par Kassandre ; et les votes les plus honteux

(1) Hérodote, V, 78.

d'adulation proposés en l'honneur de Demetrios Poliorketês, bien que désapprouvés peut-être par beaucoup de gens, ne devaient pas trouver, sans doute, un seul adversaire déclaré.

Toutefois, il y eut un homme qui osa s'opposer à plusieurs de ces votes, — ce fut le neveu de Démosthène, — Democharês, qui mérite d'être rappelé comme le dernier orateur connu du libre droit de cité athénien. Nous savons seulement que telle était sa politique générale, et que son opposition à l'obséquieux rhéteur Stratoklês aboutit à un bannissement, quatre ans plus tard (1). Il paraît qu'il remplit les fonctions de général pendant cette période, — qu'il se montra actif en renforçant les fortifications et l'équipement militaire de la cité, — et qu'il fut employé dans des missions à l'occasion (2).

Le changement dans la politique athénienne se manifesta par une accusation contre Demetrios le Phaléréen et d'autres principaux partisans du dernier gouvernement, celui de Kassandre. Lui et beaucoup d'autres s'étaient exilés volontairement; quand arriva le moment de leur procès, ils ne se présentèrent pas, et furent tous condamnés à mort. Mais tous ceux qui restèrent et parurent en justice furent acquittés (3), tant il y eut peu de violence réactionnaire dans cette occasion. Stratoklês proposa aussi un décret, à l'effet de perpétuer le souvenir de l'orateur Lykurgue (mort depuis dix-sept ans environ) par une statue, par une inscription d'honneur et par la faveur d'être nourri dans le Prytaneion accordée à l'aîné de ses descendants survivants (4). Parmi

---

(1) Plutarque, Demetrius, 24.

(2) Polybe, XII, 13; Decretum ap. Plut. Vitæ X Orator. p. 851.

(3) Philochori Fragm. 144, éd. Didot, ap. Dionys. Hal. p. 636.

(4) Plutarque, Vit. X Orator. p. 842-852. Lykurgue à sa mort (vers 324 av. J.-C.) laissa trois fils, qui, dit-on, peu de temps après sa mort, furent dénoncés par Menesæchmos, accusés par Thrasyklês et mis en prison (« livrés aux Onze »). Mais Demoklês, disciple de Théophraste, s'interposa en leur faveur; et Démosthène, alors en exil à Trœzen, écrivit d'énergiques remontrances aux Athéniens contre le traitement indigne fait aux fils d'un patriote distingué. En conséquence, les Athéniens ne tardèrent pas à se repentir et à les relâcher.

C'est ce que nous voyons avancé dans Plutarque, Vit. X Orator. p. 842. La troisième des lettres attribuées à Démosthène prétend être la lettre

ceux qui accompagnèrent le Phaléréen Demetrios en exil, était le rhéteur ou logographe Dinarque.

L'amitié de ce funeste Phaléréen, et de Kassandre aussi, pour le philosophe Théophraste, semble avoir été une des principales causes qui firent voter une loi restrictive contre la liberté de philosopher. Il fut décrété, sur la proposition d'un citoyen nommé Sophoklês, qu'il ne serait permis à aucun philosophe d'ouvrir une école ni d'enseigner, si ce n'est en vertu d'une sanction spéciale obtenue par un vote du sénat et du peuple. Le dégoût et l'appréhension que causa cette nouvelle restriction furent tels, que tous les philosophes quittèrent Athènes d'un commun accord. Cette protestation courageuse contre une restriction péremptoire apportée à la liberté de la philosophie et de l'enseignement trouva de l'écho dans la sympathie des Athéniens. La célébrité des écoles et des professeurs était, en effet, la seule marque caractéristique de dignité qui leur restât encore, — alors que leur puissance était anéantie, et que même leur indépendance et leur libre constitution avaient dégénéré et n'étaient plus qu'un vain mot. C'était, en outre, ce qui atti-

---

écrite à ce sujet par le grand orateur.

Le dur traitement des fils de Lykurgue (quelque grand qu'il ait pu être et quel qu'en ait pu être le motif) ne dura certainement pas longtemps; car à la page suivante de la même vie de Plutarque (p. 843), il est fait un exposé de la famille de Lykurgue, qui était ancienne et sacerdotale; et il y est dit que ses fils après sa mort soutinrent pleinement la haute position de la famille.

Sur quel motif furent-ils accusés, c'est ce que nous ne pouvons reconnaître. Suivant la lettre de Démosthène (lettres que, comme je l'ai dit auparavant, je ne crois pas authentiques), ce fut sur quelque allégation qui, en admettant qu'elle fût valable, aurait dû être avancée contre Lykurgue lui-même pendant sa vie (p. 1477, 1478); mais Lykurgue avait toujours été honorablement acquitté et toujours regardé comme tout à fait estimable, jusqu'au jour de sa mort (p. 1475).

Hypéride déploya son éloquence en faveur des fils de Lykurgue. Un fragment, d'un intérêt considérable, de son discours, a été conservé par Apsinês (ap. Walz. Rhetor. Græc. IX, p. 545). Ὑπερείδης ὑπὲρ Λυκούργου λέγων · — Τίνα φήσουσιν οἱ παριόντες αὐτοῦ τὸν τάφον; οὗτος ἐβίω μὲν σωφρόνως, ταχθεὶς δ' ἐπὶ τῇ διοικήσει τῶν χρημάτων εὗρε πόρους, ᾠκοδόμησε δὲ τὸ θέατρον, τὸ ᾠδεῖον, τὰ νεώρια, τριήρεις ἐποιήσατο καὶ λιμένας · τοῦτον ἡ πόλις ἡμῶν ἠτίμωσε, καὶ τοὺς παῖδας ἔδησεν αὐτοῦ.

Ce fragment d'Hypéride fut signalé à mon attention par M. Churchill Babington, éditeur des portions d'Hypéride récemment découvertes.

rait le plus les jeunes gens, qui venaient de toutes les parties de la Grèce pour visiter Athènes. En conséquence, à peine une année s'était-elle passée, que Philôn, — attaquant Sophoklês, l'auteur de la loi, en vertu de la Graphê Paranomôn, — détermina le dikasterion à le trouver coupable et à le condamner à une amende de cinq talents. La loi restrictive étant ainsi abrogée, les philosophes revinrent (1). Il est à remarquer que Democharês se mit en avant comme l'un de ses avocats, en défendant Sophoklês contre l'accusateur Philôn. D'après le peu qui reste du discours de Democharês, nous reconnaissons que, tout en critiquant les opinions non moins que le caractère de Platon et d'Aristote, il dénonçait avec plus d'amertume encore leurs élèves, comme étant, pour la plupart, des hommes ambitieux, violents et traîtres. Il citait par leurs noms plusieurs d'entre eux, qui avaient renversé la liberté de leurs cités respectives et commis de graves outrages à l'égard de leurs concitoyens (2).

Des députés athéniens furent dépêchés à Antigonos en Asie pour lui attester la gratitude du peuple et lui communiquer les votes récents d'honneur (307 av. J.-C.). Non-seulement Antigonos les reçut gracieusement, mais il envoya à Athènes, suivant la promesse faite par son fils, un

(1) Diogène Laërce, V, 38. C'est peut-être à ce retour des philosophes que fait allusion le φυγάδων κάθοδος mentionné par Philochore, comme figuré à l'avance par le présage dans l'akropolis (Philochore, Fragm. 145, éd. Didot, ap. Dionys. Hal. p. 637).

(2) V. les quelques fragments de Democharês réunis dans les « Fragmenta Historicorum Græcorum, » éd. Didot, vol. II, p. 445, avec les notes de Carl Müller.

V. également Athénée, XIII, 610, avec le fragment de l'écrivain comique Alexis. Il y est dit que Lysimachos aussi, roi de Thrace, avait banni les philosophes de ses États.

Demochares pouvait trouver (outre les personnes nommées dans Athénée, V, 215; XI, 508) d'autres exemples authentiques de disciples de Platon et d'Isokrate qui avaient été des tyrans atroces et sanguinaires dans leurs villes natales. — V. le cas de Klearchos d'Hêrakleia, Memnon ap. Photium, Cod. 224, c. 1. Chiôn et Leonidês, les deux jeunes citoyens qui tuèrent Klearchos, et qui périrent en s'efforçant d'affranchir leur pays, — étaient aussi disciples de Platon (Justin, XVI, 5). Dans le fait, il était naturel que des jeunes gens ambitieux, dans des desseins de toute sorte, cherchassent ce mode de perfectionnement. Alexandre le Grand aussi, la véritable personnification de la force dominante, avait été le disciple d'Aristote.

présent considérable de 150,000 médimnes de froment, avec du bois suffisant pour construire 100 vaisseaux. En même temps, il ordonna à Demetrios de réunir à Athènes un congrès de députés des cités grecques alliées, dans lequel on pourrait prendre des résolutions pour les intérêts communs de la Grèce (1). Il était de son intérêt en ce moment d'élever en Grèce une autorité temporaire qui se soutînt seule, en vue de maintenir l'alliance avec lui-même pendant l'absence de Demetrios; car il était obligé de faire venir en Asie avec son armée ce dernier, dont les services lui étaient nécessaires pour la guerre contre Ptolemæos en Syria et dans l'île de Kypros.

Voici comment Demetrios occupa les trois années suivantes : — 1. Il fit près de Kypros des opérations victorieuses, dans lesquelles il défit Ptolemæos, et se rendit maître de l'île; puis Antigonos et Demetrios prirent le titre de rois, et leur exemple fut suivi par Ptolemæos en Égypte, — par Lysimachos en Thrace, — et par Seleukos en Babylonia, en Mesopotamia et en Syria (2), — abolissant ainsi le souvenir honorifique de la famille d'Alexandre. 2. Il tenta sans succès en Égypte, par terre et par mer, une invasion, qui fut repoussée avec de grandes pertes. 3. Il assiégea Rhodes. Les intelligents et braves citoyens de cette île résistèrent pendant plus d'un an aux plus vigoureuses attaques et au plus formidable attirail de siége de Demetrios Poliorketês. Cependant tous leurs efforts auraient été vains s'ils n'eussent été aidés par des renforts et des provisions considérables que leur envoyèrent Ptolemæos, Lysimachos et Kassandre. Telles sont les conditions qui actuellement restent seules aux plus résolus et aux plus intelligents des Grecs pour conserver leur sphère circonscrite d'autonomie. A la fin, le siége se termina par un compromis; les Rhodiens consentirent à s'inscrire comme alliés de Demetrios, à condition toutefois de ne pas agir contre Ptolemæos (3).

(1) Diodore, XX, 46.

(2) Diodore, XX, 53; Plutarque, Demetr. 18.

(3) Diodore, XX, 99. Probablement cette clause conditionnelle s'étendait aussi à Lysimachos et à Kassandre (qui

Ils poussèrent leur dévouement reconnaissant à l'égard de ce dernier jusqu'à lui élever un temple, appelé le Ptolemæon, et à l'adorer (sous la sanction de l'oracle d'Ammon) comme un dieu (1). Au milieu des rochers et des écueils où les cités grecques furent alors condamnées à gouverner, menacées de tous les côtés par des rois plus puissants qu'elles-mêmes, et plus tard par la gigantesque république romaine, — les Rhodiens conduisirent leur barque politique avec plus de prudence et de dignité qu'aucune autre cité grecque.

Peu après que Demetrios eut quitté la Grèce pour se rendre à Kypros, Kassandre et Polysperchôn renouvelèrent la guerre dans le Péloponèse et dans son voisinage (2), (307-303 av. J.-C.). Nous ne découvrons aucun détail relativement à cette guerre. Les Ætoliens furent en hostilité avec Athènes et commirent des déprédations fâcheuses (3). La flotte d'Athènes, réparée ou accrue, grâce au bois reçu d'Antigonos, dut fournir trente quadrirèmes pour assister Demetrios dans l'île de Kypros, et fut employée dans certaines opérations près de l'île d'Amorgos, où elle essuya une défaite (4). Mais nous ne pouvons reconnaître que peu de chose relativement à la marche de la guerre, si ce n'est que Kassandre gagna du terrain sur les Athéniens, et que, vers le commencement de 303 avant J.-C., il bloquait ou menaçait de bloquer Athènes. Les Athéniens invoquèrent l'aide de Demetrios Poliorketês qui, ayant récemment conclu un accommodement avec les Rhodiens, revint

---

tous deux assistèrent Rhodes), aussi bien qu'à Ptolemæos, — bien que Diodore ne le dise pas expressément.

(1) Diodore, XX, 100.

(2) Diodore, XX, 100.

(3) Que les Ætoliens fussent précisément alors des ennemis très-fâcheux pour Athènes, c'est ce que l'on peut voir par l'ode Ithyphallique adressée à Demetrios Poliorketês (Athénée, VI, p. 253).

(4) Diodore, XX, 50; Plutarque, Demetr. 11. Par rapport à cette défaite près d'Amorgos, Stratoklês (l'orateur complaisant qui proposa les votes de flatterie à l'égard de Demetrios et d'Antigonos) l'annonça, dit-on, d'abord comme une victoire, à la grande joie du peuple. Bientôt arrivèrent des preuves de la défaite, et le peuple fut irrité contre Stratoklês. « De quoi vous plaignez-vous ? répliqua-t-il; n'avez-vous pas eu deux jours de plaisir et de satisfaction ? » C'est en tout cas une très-bonne histoire.

d'Asie, avec une armée et une flotte puissantes, à Aulis en Bœôtia (1). Il fut reçu à Athènes avec des démonstrations d'honneur égales ou supérieures à celles qui avaient marqué sa visite antérieure. Il semble avoir passé une année et demie, en partie à Athènes, en partie dans des opérations militaires faites avec succès dans beaucoup de parties de la Grèce. Il força les Bœôtiens à évacuer la cité eubœenne de Chalkis, et à renoncer à leur alliance avec Kassandre. Il repoussa ce prince de l'Attique, — chassa ses garnisons des deux forteresses frontières de ce pays, — Phylê et Panakton, — et le poursuivit jusqu'aux Thermopylæ. Il prit ou obtint, en corrompant les garnisons, les villes importantes de Corinthe, d'Argos et de Sikyôn, et se rendit maître également d'Ægion, de Bura, de toutes les villes arkadiennes (à l'exception de Mantineia) et de diverses autres villes du Péloponèse (2). Il célébra, comme président, la grande fête des Heræa à Argos, occasion dans laquelle il épousa Deidameia, sœur de Pyrrhus, le jeune roi d'Épire. Il détermina les Sikyoniens à transporter à une petite distance l'emplacement de leur cité, en donnant à la nouvelle ville le nom de Demetrias (3). A un congrès de Grecs, réuni à Corinthe sur ses propres lettres d'invitation, il reçut par acclamation le titre de chef ou empereur des Grecs, qui avait été conféré à Philippe et à Alexandre. Il étendit même ses attaques jusqu'à Leukas et à Korkyra. La plus grande partie de la Grèce paraît avoir été ou occupée par ses garnisons ou inscrite parmi ses subordonnés.

Kassandre fut tellement intimidé par ces succès, qu'il envoya à Athènes des députés pour demander la paix à Antigonos, qui, cependant, fier et plein d'arrogance, refusa d'entendre toute autre condition qu'une reddition à discré-

(1) Diodore, XX, 100; Plutarque, Demetr. 23.

(2) Diodore, XX, 102, 103; Plutarque, Demetr. 23-25.

(3) Diodore, XX, 102; Plutarque, Demetr. 25; Pausanias, II, 7, 1. La cité fut éloignée en partie de la mer, et rapprochée de très-près de l'akropolis. La nouvelle cité resta d'une manière permanente; mais le nouveau nom de Demetrias fit place à l'ancien nom, Sikyôn.

tion. Kassandre, poussé ainsi au désespoir, renouvela ses demandes à Lysimachos, à Ptolemæos et à Seleukos. Tous ces princes se sentirent également menacés par la puissance et les dispositions d'Antigonos, — et tous résolurent de former une coalition énergique pour le renverser (1).

Après une prospérité non interrompue en Grèce pendant tout l'été de 302 avant J.-C., Demetrios retourna de Leukas à Athènes, vers le mois de septembre, à peu près à l'époque des mystères d'Eleusis (2) (302-301 av. J.-C.). Il fut accueilli par des processions de fête, par des hymnes, des pæans, des chœurs de danse et des odes bachiques de joyeuse félicitation. L'un de ces hymnes est conservé; il était chanté par un chœur d'Ithyphalli, — joyeux compagnons masqués, la tête et les bras entourés de couronnes, — revêtus de tuniques blanches et en costume de femme descendant presque jusqu'aux pieds (3).

Ce chant est curieux, en ce qu'il indique les espérances et les craintes qui régnaient parmi les Athéniens de cette époque, et en ce qu'il donne une mesure de l'appréciation qu'ils faisaient d'eux-mêmes. En outre, il est du nombre des plus récents documents grecs que nous possédions ayant trait à une réalité actuelle et présente. Le poëte, parlant à Demetrios comme à un dieu, dit avec orgueil que deux des êtres divins les plus grands et les plus aimés visitent l'Attique au même moment, — Dêmêtêr (qui vient pour l'époque de ses mystères) et Demetrios, fils de Poseidôn et d'Aphroditê. « C'est toi que nous prions (continue l'hymne); car les autres dieux sont bien loin, — ou ils n'ont pas d'oreilles, — ou ils n'existent pas, — ou ils ne s'occupent pas de nous; mais *toi*, nous te voyons devant nous, non en bois ni en marbre, mais présent réellement. Avant tout, établis la paix, car tu en as le pouvoir, — et châtie ce Sphinx qui

(1) Diodore, XX, 106.

(2) Qu'il revint de Leukas vers le temps de ces mystères, c'est ce qui est attesté et par Democharês et par l'ode Ithyphallique dans Athénée, VI, p. 253. V. aussi Duris ap. Athenæ. XII, p. 535.

(3) Semus ap. Athenæum, XIV, p. 622.

domine non-seulement sur Thèbes, mais sur toute la Grèce, — l'Ætolien qui (semblable au Sphinx antique) s'élance de son poste sur le rocher pour saisir et enlever nos personnes, et contre lequel nous ne pouvons combattre. En tout temps, les Ætoliens ont pillé leurs voisins; mais aujourd'hui ils pillent au loin aussi bien que près (1). »

Des effusions telles que celles-ci, tout en montrant une idolâtrie et une soumission sans mesure à l'égard de Demetrios, sont encore plus remarquables, en ce qu'elles trahissent une perte de force, une sénilité, et la conscience d'une position dégradée et sans défense, que nous sommes étonné de voir proclamée publiquement à Athènes. Ce n'est pas seulement contre les potentats étrangers que les Athéniens s'avouent incapables de se défendre par eux-mêmes, c'est même contre les incursions des Ætoliens, — Grecs comme eux, quoique belliqueux, grossiers et toujours en mouvement (2). Si tels étaient les sentiments d'un peuple jadis le plus hardi, le plus confiant et le plus habile à organiser, — et cependant le plus intelligent, — en Grèce, nous pouvons voir que l'histoire des Grecs comme nation ou race séparée touche à sa fin, et que, dorénavant, ils doivent être absorbés dans l'un ou dans l'autre des courants plus forts qui les entourent.

Après ses succès passés, Demetrios passa quelques mois à Athènes dans les jouissances et la débauche (301 av.

---

(1) Athénée, VI, p. 253.

Ἄλλοι μὲν ἢ μακρὰν γὰρ ἀπέχουσιν θεοὶ,
Ἢ οὐκ ἔχουσιν ὦτα,
Ἢ οὐκ εἰσὶν, ἢ οὐ προσέχουσιν ἡμῖν οὐδὲ ἕν·
Σὲ δὲ παρόνθ' ὁρῶμεν,
Οὐ ξύλινον, οὐδὲ λίθινον, ἀλλ' ἀληθινόν.
Εὐχόμεσθα δὴ σοί·
Πρῶτον μὲν εἰρήνην ποιῆσον, φίλτατε,
Κύριος γὰρ εἶ σύ.
Τὴν δ' οὐχὶ Θηβῶν, ἀλλ' ὅλης τῆς Ἑλλάδος,
Σφίγγα περικτρατοῦσαν,
Αἰτωλὸς ὅστις ἐπὶ πέτρας καθήμενος
Ὥσπερ ἡ παλαιὰ,
Τὰ σώμαθ' ἡμῶν πάντ' ἀναρπάσας φέρει,
Κοὐκ ἔχω μάχεσθαι·
Αἰτωλικὸν γὰρ ἁρπάσαι τὰ τῶν πέλας,
Νυνὶ δὲ καὶ τὰ πόῤῥω —
Μάλιστα μὲν δὴ κόλασον αὐτος· εἰ δὲ μὴ,
Οἰδιποῦν τιν' εὗρε,
Τὴν Σφίγγα ταύτην ὅστις ἢ κατακρημνιεῖ,
Ἢ σπίνον ποιήσει.

(2) Comp. Pausanias, VII, 7, 4.

J.-C.). Il était logé dans le Parthenôn, étant considéré comme l'hôte de la déesse Athênê. Mais ses habitudes dissolues provoquèrent les commentaires les moins mesurés, parce qu'il s'y adonnait dans un pareil domicile, tandis que les violences qu'il essaya sur de beaux jeunes gens de famille amenèrent diverses scènes véritablement tragiques. Toutefois les manifestations soumises des Athéniens à son égard continuèrent sans être affaiblies. On affirme même que, pour compenser quelque chose qu'il avait pris mal, ils rendirent, sur la proposition de Stratoklês, un décret formel, déclarant que tout ce que pourrait commander Demetrios était saint à l'égard des dieux, et juste à l'égard des hommes (1). Le bannissement de Democharês fut dû, dit-on, à ses commentaires sarcastiques sur ce décret (2). Dans le mois de munychion (avril), Demetrios rassembla ses forces et ses alliés grecs pour une marche en Thessalia contre Kassandre ; mais, avant son départ, il désira être initié aux mystères d'Éleusis. Ce n'était cependant pas le temps régulier pour cette cérémonie, les Petits Mystères étant célébrés en février, les Grands en septembre. Les Athéniens vinrent à bout de la difficulté en rendant un vote spécial qui lui permettait d'être initié sur-le-champ, et de recevoir, dans une succession immédiate, l'initiation préparatoire et la finale, cérémonies entre lesquelles on exigeait habituellement une année d'intervalle. En conséquence, il se remit désarmé entre les mains des prêtres, et reçut et

(1) Plutarque, Demetr. 24.

(2) Telle est l'assertion de Plutarque (Demetr. 24) ; mais elle ne semble pas en harmonie avec le contenu du décret d'honneur rendu en 272 avant J.-C., après la mort de Democharês, rappelant ses mérites par une statue, etc. (Plutarque, Vit. X Orat. p. 850). Il y est dit que Democharês rendit des services à Athènes (en fortifiant et en armant la cité, en concluant paix et alliance avec les Bœôtiens, etc.) Ἐπὶ τοῦ τετραετοῦς πολέμου, ἀνθ' ὧν ἐξέπεσεν ὑπὸ τῶν καταλυσάντων τὸν δῆμον. Oἱ καταλύσαντες τὸν δῆμον ne peuvent vouloir dire ni Demetrios Poliorketês, ni Stratoklês. De plus, nous ne pouvons déterminer quand se fit la « guerre de quatre ans », ni l'alliance avec les Bœôtiens. Ni la discussion de M. Clinton (F. H. 302 av. J.-C., et Append. p. 380), ni l'hypothèse différente de Droysen ne sont satisfaisantes sur ce point. — V. la discussion de Carl Müller sur les Fragments de Democharês, Fragm. Hist. Græc. V, II, p. 446.

la première et la seconde initiation dans le mois d'avril, immédiatement avant son départ d'Athènes (1).

Demetrios conduisit en Thessalia une armée de 56,000 hommes, dont 25,000 étaient des alliés Grecs, — tant son empire à ce moment sur les cités grecques était étendu (301 av. J.-C.) (2). Mais après deux ou trois mois d'hostilités, heureuses en partie, contre Kassandre, il fut appelé en Asie par Antigonos pour qu'il l'aidât à tenir tête à la formidable armée des alliés, — Ptolemæos, Seleukos, Lysimachos et Kassandre. Avant de quitter la Grèce, Demetrios conclut avec Kassandre une trêve par laquelle il était stipulé que les cités grecques, tant en Europe qu'en Asie, seraient autonomes et exemptes de garnison et de surveillance d'une manière permanente. Cette stipulation ne servit que de prétexte honorable pour s'éloigner de la Grèce; Demetrios espérait peu qu'elle fût observée (3). Le prin-

(1) Diodore, XX, 110. Παραδοὺς οὖν αὐτὸν ἄνοπλον τοῖς ἱερεῦσι, καὶ πρὸ τῆς ὡρισμένης ἡμέρας μυηθεὶς, ἀνέζευξεν ἐκ τῶν Ἀθηνῶν.

L'exposé de cette affaire dans le texte est emprunté à Diodore et est simple; un vote fut rendu qui accordait à Demetrios la licence spéciale de recevoir les mystères immédiatement, bien que ce ne fût pas le temps voulu.

Plutarque (Demetr. 26) ajoute d'autres circonstances, dont plusieurs ont plutôt l'apparence de la plaisanterie que de la réalité. Pythodôros le dadouchos, ou porte-flambeau des Mystères, fut seul à protester contre une célébration de la cérémonie hors du temps régulier; cela est sans doute très-croyable. Alors (suivant Plutarque) les Athéniens rendirent des décrets, sur la proposition de Stratoklês, à l'effet que le mois de Munychion fût appelé Anthesterion. Après cela, on célébra les petits mystères, auxquels Demetrios fut initié. Ensuite, les Athéniens rendirent un autre décret à l'effet que le mois de Munychion fût appelé Boêdromion, — puis les Grands Mystères (qui appartenaient à ce dernier mois) furent célébrés sur-le-champ. L'auteur comique Philippidès disait de Stratoklês qu'il avait resserré toute l'année en un seul mois.

Cette assertion de Plutarque a tout l'air d'une caricature, due à Philippidês ou à quelque autre homme d'esprit, du simple décret mentionné par Diodore, — licence spéciale accordée à Demetrios d'être initié en dehors du temps voulu. Cf. un autre passage de Philippidês contre Stratoklês (Plutarque, Demetr. 12).

(2) Diodore, XX, 110.

(3) Diodore, XX, 111. Ç'a dû être probablement pendant cette campagne que Demetrios commença ou projeta la fondation de l'importante cité de Demetrias sur le golfe de Magnêsia, qui plus tard devint un des grands boulevards de l'ascendant macédonien en Grèce (Strabon, IX, p. 436-448, passage dans lequel l'allusion à Hieronymos de Kardia semble prouver que l'historien faisait une description com-

temps suivant fut livrée la bataille décisive d'Ipsus en Phrygia (300 av. J.-C.) par Antigonos et Demetrios contre Ptolemæos, Seleukos et Lysimachos, avec une armée considérable et beaucoup d'éléphants des deux côtés. Antigonos fut défait complétement et tué, à l'âge de plus de quatre-vingts ans. Son empire asiatique fut détruit, surtout au profit de Seleukos, dont la dynastie acquit désormais l'ascendant depuis la côte de Syria, vers l'est, jusqu'aux Portes Caspiennes et à la Parthie ; quelquefois, bien qu'imparfaitement, encore plus à l'est, presque jusqu'à l'Indus (1).

Les effets de la bataille d'Ipsus ne tardèrent pas à se faire sentir en Grèce. Les Athéniens rendirent un décret par lequel ils se déclaraient neutres et excluaient de l'Attique les deux parties belligérantes (300 av. J.-C.). Demetrios, se retirant avec les restes de son armée défaite et s'embarquant à Ephesos pour faire voile vers Athènes, fut rencontré en route par des députés athéniens, qui lui apprirent respectueusement qu'il ne serait pas admis. En même temps, son épouse Deidameia, qu'il avait laissée à Athènes, fut renvoyée à Megara par les Athéniens, avec une escorte honorable, tandis que plusieurs vaisseaux de guerre qu'il avait laissés dans Peiræeus lui furent aussi rendus. Demetrios, indigné de cette défection inattendue d'une cité qui l'avait récemment comblé d'une si honteuse adulation, fut plus mortifié encore par la perte de la plupart de ses autres possessions en Grèce (2). Ses garnisons furent en grande partie chassées, et les cités passèrent sous la garde ou la domination de Kassandre. Dans le fait, sa fortune fut

---

plète de Demetrias et de sa fondation). V. au sujet de Demetrias, Mannert, Geogr. Griech. V, VII, p. 591.

(1) M. Fynes Clinton (Fast. Hellen. 301 av. J.-C.) place la bataille d'Ipsus en août 301 avant J.-C.; ce qui me paraît quelques mois plus tôt que la réalité. Il est clair d'après Diodore (et dans le fait d'après l'aveu même de M. Clinton) qu'il y eut des quartiers d'hiver en Asie entre le moment où Demetrios quitta Athènes en avril 301 avant J.-C., ou peu après, et la bataille d'Ipsus. De plus, Demetrios, immédiatement après avoir quitté Athènes, fit plus d'une opération contre Kassandre en Thessalia avant de passer en Asie rejoindre Antigonos (Diodore, XX, 110, 111).

(2) Plutarque, Demetr. 31.

rétablie en partie par une paix conclue avec Seleukos, qui épousa sa fille. Cette alliance attira Demetrios en Syria, tandis que la Grèce paraît être tombée de plus en plus sous le parti de Kassandre. Ce fut l'un de ces partisans, Lacharès, qui, secondé par des soldats de Kassandre, acquit à Athènes un despotisme semblable à celui qu'avait possédé le Phaléréen Demetrios, mais dont il fit un usage beaucoup plus cruel et plus oppressif. Divers exilés, chassés par sa tyrannie, appelèrent Demetrios Poliorketês, qui repassa d'Asie en Grèce, recouvra des portions du Péloponèse et mit le siége devant Athènes. Il bloqua cette cité par mer et par terre, de sorte que les souffrances de la faim devinrent bientôt intolérables. Lacharês s'étant enfui, le peuple ouvrit les portes à Demetrios, non sans grande crainte du traitement qui les attendait. Mais il montra de la tolérance et même de la générosité. Il épargna tous les habitants, leur fournit un grand don de blé, et se contenta d'occuper la cité militairement, en nommant ses propres amis comme magistrats. Toutefois, il mit des garnisons non-seulement dans Peiræeus et Munychia, mais encore sur la colline appelée Museum, portion de l'enceinte des murs d'Athènes elle-même (1) (298 av. J.-C.).

Tandis que Demetrios se fortifiait ainsi en Grèce, il perdait tout pied, tant dans l'île de Kypros et en Syria qu'en Kilikia, qui passèrent dans les mains de Ptolemæos et de Seleukos. Toutefois, de nouvelles perspectives s'ouvrirent pour lui en Macédoine par la mort de Kassandre (son beau-frère, frère de son épouse Phila) et par les querelles de famille qui survinrent à cette occasion (298-296 av. J.-C.). Philippe, fils aîné de Kassandre, succéda à son père; mais il mourut de maladie après un peu plus d'un an. Entre les

(1) Plutarque, Demetr. 34, 35; Pausan. I, 25, 5. Pausanias dit (I, 26, 2) qu'un Athénien vaillant nommé Olympiodoros (nous ne savons pas quand) encouragea ses concitoyens à attaquer le Museum, Munychia et Peiræeus, et chassa les Macédoniens de toutes ces positions. Si cela est exact, Munychia et Peiræeus ont dû être reconquis plus tard par les Macédoniens, car Antigonos Gonatas y avait une garnison (aussi bien qu'à Salamis et à Sunion) (Pausanias, II, 8, 5; Plutarque, Aratus, 34).

deux autres fils, Antipater et Alexandre, il éclata des hostilités sanglantes. Antipater tua sa mère Thessalonikê et menaça la vie de son frère, qui à son tour demanda l'aide et de Demetrios et de Pyrrhus, roi d'Épire. Pyrrhus, étant prêt le premier, s'avança en Macédoine et chassa Antipater; il reçut en récompense le territoire appelé Tymphæa (entre l'Épire et la Macédoine), avec l'Akarnania, l'Amphilochia et la ville d'Ambrakia, qui devint désormais sa capitale et sa résidence (1). Antipater chercha asile en Thrace auprès de son beau-frère Lysimachos, par ordre duquel toutefois il fut bientôt tué. Demetrios, occupé d'autres affaires, fut plus lent à obéir à l'invitation; mais, en entrant en Macédoine, il se trouva assez fort pour déposséder et tuer Alexandre (qui l'avait appelé, il est vrai, mais qui, dit-on, avait dressé des embûches pour l'assassiner), et il s'empara de la couronne macédonienne, non sans l'assentiment d'un parti considérable, auquel le nom et les actes de Kassandre et de ses fils étaient également odieux (2).

Demetrios devint ainsi maître de la Macédoine, ainsi que de la plus grande partie de la Grèce, y compris Athènes, Megara et une portion considérable du Péloponèse (294 av. J.-C.). Il entreprit une expédition en Bœôtia, dans le dessein de conquérir Thêbes, tentative dans laquelle il réussit, non sans un double siége de cette ville, qui fit une résistance opiniâtre. Il laissa comme vice-roi en Bœôtia l'historien Hieronymos de Kardia (3), jadis l'ami dévoué et le concitoyen d'Eumenês. Mais la Grèce, comme un tout, fut administrée par Antigonos (appelé plus tard Antigonos Gonatas), fils de Demetrios, qui conserva sa suprématie entière pendant tout le temps de la vie de son père, même bien que Demetrios fût privé de la Macédoine par la coalition temporaire de Lysimachos et de Pyrrhus, et qu'il restât ensuite (jusqu'à sa mort, en 283 av. J.-C.) captif entre les mains de Seleukos. Après que Seleukos, Ptolemæos Keraunos, Melea-

---

(1) Plutarque, Pyrrhus. 6.

(2) Plut. Dem. 36; Dexipp. ap. Sync. p. 264 *seq.* Paus. IX, 7, 3; Just. XVI, 1, 2.

(3) Plutarque, Demetr. 39.

gros, Antipater et Sosthenês eurent occupé pendant peu de temps et successivement la couronne macédonienne, — Antigonos Gonatas la regagna en 277 avant J.-C. Ses descendants les rois antigonides la conservèrent jusqu'à la bataille de Pydna, en 168 avant J.-C., époque à laquelle Perseus, le dernier d'entre eux, fut renversé, et son royaume incorporé aux conquêtes romaines (1).

Quant à la Grèce pendant cette période, nous n'en pouvons rien dire, si ce n'est que le plus grand nombre de ses cités furent dépendantes de Demetrios et de son fils Antigonos, soit occupées par des garnisons macédoniennes, soit gouvernées par des despotes locaux qui s'appuyaient sur des mercenaires étrangers et le soutien macédonien. L'ardeur des Grecs était détruite, et leurs habitudes de sentiment et d'action combinés avaient disparu. Il est vrai que l'invasion des Gaulois les réveilla et les poussa à une union temporaire pour la défense des Thermopylæ, en 279 avant J.-C. La cruauté et les spoliations de ces envahisseurs barbares furent si intolérables que les cités, aussi bien qu'Antigonos, furent réduites par la peur à faire les efforts nécessaires pour les repousser (2). Une vaillante armée de confédérés helléniques se rassembla. La plus grande partie de la horde gauloise, avec son roi Brennus, périt dans les montagnes d'Ætolia et dans le voisinage de Delphes. Mais cette explosion d'ardeur n'interrompit point la durée de la domination macédonienne en Grèce, qu'Antigonos Gonatas continua de posséder pendant la plus grande partie d'un long règne. Il étendit beaucoup le système inauguré par ses prédécesseurs, d'isoler chaque cité grecque d'alliances avec d'autres cités de son voisinage, — d'établir dans la plupart d'entre elles des despotes locaux, — et de maintenir les plus importantes

(1) V. Fasti Hellen. de M. Clinton, Append. 4, p. 236-239.

(2) Pausanias, I, 4, 1; X, 20, 1. Τοῖς δέ γε Ἕλλησι κατεπεπτώκει μὲν ἐς ἅπαν τὰ φρονήματα, τὸ δὲ ἰσχυρὸν τοῦ δείματος προῆγεν ἐς ἀνάγκην τῇ Ἑλλάδι ἀμύνειν · ἑώρων δὲ τόν τε ἐν τῷ παρόντι ἀγῶνα, οὐχ ὑπὲρ ἐλευθέριας γενησόμενον, καθὰ ἐπὶ τοῦ Μήδου πότε.... ὡς οὖν ἀπολωλέναι δέον ἢ ἐπικρατεστέρους εἶναι, κατ' ἄνδρα τε ἰδίᾳ καὶ αἱ πόλεις διέκειντο ἐν κοινῷ (à l'approche des envahisseurs gaulois).

au moyen de garnisons (1). Parmi tous les Grecs, les Spartiates et les Ætoliens restèrent les plus exempts de la domination étrangère et les moins paralysés dans leur pouvoir d'agir par eux-mêmes. La ligue achæenne aussi se développa plus tard comme un jet nouveau de l'arbre ruiné de la liberté grecque (2), bien qu'elle n'arrivât jamais à rien de plus qu'à une vie faible et chétive, et qu'elle ne fût pas capable de se soutenir sans une aide étrangère (3).

Quant à ce regain ou à ce demi-retour à la vie, je ne m'en occuperai pas. Il forme le sujet de l'histoire de la Grèce par Polybe ; cet auteur regarde ce pays, avec raison, selon moi, comme n'ayant pas d'histoire particulière (4), mais comme une dépendance attachée à quelque centre étranger et tenant le premier rang entre les États voisins, — la Macédoine, l'Égypte, la Syrie, Rome. Chacun de ses voisins influa sur les destinées de la Grèce plus puissamment que les Grecs eux-mêmes. Les Grecs auxquels ces volumes ont été consacrés, — ceux d'Homère, d'Archiloque, de Solôn, d'Æschyle, d'Hérodote, de Thucydide, de Xénophon et de Démosthène, — présentent comme leur trait caractéristique le plus marqué une agrégation peu serrée des tribus ou communautés autonomes, agissant et réagissant librement entre elles-mêmes, avec peu ou point de pression de la part d'étrangers. Le principal intérêt du récit a consisté dans le groupement spontané des différentes fractions helléniques, — dans les coopérations et les conflits spontanés, — dans les tentatives avortées faites pour créer quelque chose qui ressemblât à une organisation fédérale réelle, ou pour maintenir deux confédérations rivales permanentes, — dans l'ambition énergique et l'héroïque patience d'hommes pour lesquels la

(1) Polybe, II, 40, 41. Πλείστους γὰρ δὴ μονάρχους οὗτος (Antigonos Gonatas) ἐμφυτεῦσαι δοκεῖ τοῖς Ἕλλησιν. Justin, XXVI, 1.

(2) Pausanias, VII, 17, 1. Ἅτε ἐκ δένδρου λελωβημένου, ἀνεβλάστησεν ἐκ τῆς Ἑλλάδος τὸ Ἀχαϊκόν.

(3) Plutarque, Aratus, 47. Ἐθισθέντες γὰρ ἀλλοτρίαις σώζεσθαι χερσὶν καὶ τοῖς Μακεδόνων ὅπλοις αὑτοὺς ὑπεσταλκότες (les Achæens), etc. Cf. aussi c. 12, 13, 15, par rapport aux premières demandes faites à Ptolemæos, roi d'Égypte.

(4) Polybe, I, 3, 4; II, 37.

Hellas était le monde politique entier. La liberté de la Hellas, vie et âme de cette histoire depuis son début, disparut complétement pendant les premières années du règne d'Alexandre. Après avoir suivi jusque dans sa tombe la génération des Grecs ses contemporains, hommes tels que Démosthène et Phokiôn, nés dans un état de liberté, — j'ai continué l'histoire jusque dans cet abîme de nullité grecque qui marque le siècle suivant, en présentant les tristes preuves de la servilité dégradante et de l'humble culte rendu à des rois, dans lesquels les compatriotes d'Aristeidês et de Periklês avaient été jetés par leur faiblesse, dont ils avaient conscience, sous la pression écrasante du dehors.

Je ne puis mieux compléter ce tableau qu'en montrant ce que devint le principal citoyen démocratique dans l'atmosphère chargée qui obscurcissait actuellement sa cité. Democharês, neveu de Demosthène, a été mentionné comme l'un des quelques Athéniens distingués dans cette dernière génération. Il fut élu plus d'une fois aux emplois publics les plus élevés (1); il se fit remarquer par son libre langage, tant comme orateur que comme historien, en face d'ennemis puissants; il resta pendant une longue vie fidèlement attaché à la constitution démocratique, et il fut banni pendant un temps par ses adversaires. Dans l'année 280 avant J.-C., il détermina les Athéniens à élever un monument public, avec une inscription commémorative, à son oncle Demosthène. Sept ou huit ans plus tard, Democharês lui-même mourut, âgé de près de quatre-vingts ans. Son fils Lachês proposa et obtint un décret public ordonnant qu'il serait élevé en son honneur une statue, accompagnée d'une inscription. Nous lisons dans le décret un exposé des services publics distingués qui valurent cet hommage à Democharês de la part de ses compatriotes. Tout ce que l'auteur du décret, son fils et concitoyen, peut trouver à dire pour glorifier la dernière partie de la vie publique de son père (de-

(1) Polybe, XII, 13.

puis son retour d'exil) est comme il suit : — I. Il diminua les dépenses publiques et introduisit une gestion plus économique. 2. Il se chargea d'une ambassade auprès du roi Lysimachos, de qui il obtint deux présents pour le peuple, l'un de trente talents, l'autre de cent talents. 3. Il proposa un vote à l'effet d'envoyer des députés au roi Ptolemæos en Égypte, de qui cinquante talents furent obtenus pour le peuple. 4. Il alla comme ambassadeur auprès d'Antipater, reçut de lui vingt talents et les remit au peuple à la fête d'Éleusis (1).

Quand de pareilles missions de mendiants sont les actes pour lesquels Athènes employait et récompensait les plus éminents de ses citoyens, un historien accoutumé au monde grec tel que le décrivent Hérodote, Thucydide et Xénophon, sent que la vie a abandonné son sujet, et c'est avec tristesse et humiliation qu'il met fin à son récit.

(1) V. le décret dans Plutarque, Vit. X Orator. p. 850. L'Antipater mentionné ici est le fils de Kassandre, et non le père. Il n'est pas nécessaire d'admettre la conjecture de M. Clinton (F. H. App. p. 380) qui croit que le nom devrait être *Antigonos*, et non *Antipater*, bien qu'il puisse être vrai que Democharês fût en bons termes avec Antigonos Gonatas (Diog. Laërce, VII, 14).

Cf. Carl Müller ad Democharis Fragm. ap. Fragm. Hist. Græc. vol. II, p. 446, éd. Didot.

CHAPITRE III

GRECS SICILIENS ET ITALIENS, — AGATHOKLÊS

Constitution établie par Timoleôn à Syracuse ; changée pour une oligarchie. — Grecs italiens; pressés par des ennemis de l'intérieur; Archidamos, roi de Sparte, tué en Italie. — Élévation du royaume molosse d'Epire par l'aide macédonienne; Alexandre le roi molosse, frère d'Olympias. — Alexandre le Molosse passe en Italie pour secourir les Tarentins; ses exploits et sa mort. — Assistance prêtée à Krotôn par les Syracusains; première élévation d'Agathoklês. — Agathoklês se distingue dans l'expédition syracusaine; les honneurs lui sont refusés; son mécontentement; il quitte Syracuse. — Il lève une armée mercenaire; ses exploits comme général en Italie et en Sicile. — Changement de gouvernement à Syracuse; Agathoklês est rappelé; ses exploits contre les exilés; son caractère dangereux à l'intérieur. — Nouveaux changements intérieurs à Syracuse; rappel des exilés; Agathoklês admis de nouveau; il jure amnistie et fidélité. — Agathoklês, en collusion avec Hamilkar, arme ses partisans à Syracuse et accomplit un sanglant massacre des citoyens. — Agathoklês est établi seul despote de Syracuse. — Ses manières populaires, son énergie militaire et ses conquêtes. — Progrès d'Agathoklês dans la conquête de la Sicile; les Agrigentins prennent l'alarme et organisent une alliance défensive contre lui. — Ils appellent au commandement le Spartiate Akrotatos : sa mauvaise conduite et son échec. — La Sicile, seul endroit où une glorieuse carrière hellénique fût ouverte. — Paix conclue par Agathoklês avec les Agrigentins; sa grande puissance en Sicile. — Il est repoussé d'Agrigente; les Carthaginois envoient un armement en Sicile contre lui. — Position des Carthaginois entre Gela et Agrigente; leur armée reçoit des renforts de Carthage. — Opérations d'Agathoklês contre eux; massacre de citoyens à Gela par son ordre. — Bataille d'Himera entre Agathoklês et les Carthaginois. — Défaite totale d'Agathoklês par les Carthaginois. — Les Carthaginois recouvrent une partie considérable de la Sicile sur Agathoklês; sa condition désespérée à Syracuse. — Il médite le plan d'attaquer les Carthaginois en Afrique. — Son énergie et sa sagacité en organisant cette expédition ; massacre et spoliation renouvelés par son ordre. — Il sort du port malgré la flotte de blocus; éclipse de soleil; il arrive en Afrique sain et sauf. — Il brûle ses vaisseaux; cérémonies solennelles qui précèdent cet acte; vœu fait à Dêmêtêr. — Agathoklês s'avance dans le territoire carthaginois ; il prend Tunês ; richesse et culture du pays. — Consternation à Carthage; les forces de la cité sortent contre lui; Hannon et Bomilkar nommés généraux. — Nombre inférieur d'Agathoklês; ses artifices pour encourager les soldats. — Trahison du général carthaginois Bomilkar; victoire d'Agathoklês. — Conquêtes d'Agathoklês parmi les dépendances carthaginoises sur la côte orientale. — Terreur religieuse et détresse des Carthaginois; sacrifice humain. — Opérations d'Agathoklês sur la côte orientale de Carthage; prise de Neapolis, d'Adrumetum, de Thapsos, etc. — Il fortifie Aspis, entreprend des opérations contre l'intérieur du pays, défait les Carthaginois une seconde fois. — Opérations d'Hamilkar devant Syracuse; la cité est près de se rendre; il est désappointé et s'en éloigne. — Attaque renouvelée d'Hamilkar sur Syracuse; il essaye de surprendre Euryalos, mais il est totalement battu, fait prisonnier et tué. — Les Agrigentins se portent champions de la liberté sicilienne contre Agathoklês et les Carthaginois. — Mutinerie dans l'armée d'Agathoklês à Tunês; grand danger qu'il court; son adresse à s'en tirer. — Armée carthaginoise envoyée pour agir dans l'intérieur; attaquée par Agathoklês avec quelque succès; son camp est pillé par les Numides. — Agathoklês demande l'aide d'Ophellas de Kyrênê. — État antérieur de cette ville; partage de côte entre Kyrênê et Carthage. — Thimbrôn, avec les mercenaires harpaliens, est appelé à Kyrênê par des exilés; sa carrière mêlée de succès et de revers, victorieuse en général en Libye. — Les Kyrénæens demandent l'aide de Ptolemæos d'Égypte, qui envoie chez eux Ophellas; défaite et mort de Thimbrôn; la Kyrénaïque est annexée aux domaines de Ptolemæos, sous Ophellas comme vice-roi. — Position et espérances d'Ophellas; il accepte l'invitation d'Agathoklês; il réunit des colons d'Athènes et d'autres cités grecques. — Marche d'Ophellas avec son armée et ses colons de Kyrênê au territoire carthaginois; souffrances endurées dans la marche. — Perfidie d'Agathoklês; il tue Ophellas, s'empare de son armée; ruine et dispersion des colons. — Terrible sédition à Carthage; Bomilkar tente de saisir le pouvoir suprême; il est renversé et tué. — Nouveaux succès d'Agathoklês en Afrique: il prend Utique, Hippozarytos et Hippagreta. — Agathoklês va en Sicile, laissant Archagathos pour commander en Afrique; succès d'Archagathos dans l'intérieur du pays. — Efforts redoublés des Carthaginois; ils remportent deux grandes victoires sur Archagathos. — Danger d'Archagathos; il est bloqué par les Carthaginois à Tunês. — Agathoklês en Sicile; sa carrière d'abord heureuse; défaite des Agrigentins. — Activité d'Agathoklês en Sicile; Deinokratês réunit une grande armée contre lui. — Armée agrigentine sous Xenodokos; opposée aux mercenaires d'Agathoklês; supériorité du dernier. — Xenodokos est défait par Leptinês; Agathoklês passe en Afrique; mauvais état de son armée en ce pays; il est défait par les Carthaginois. — Panique et désordre nocturnes dans les deux camps. — Condition désespérée d'Agathoklês; il abandonne son armée et se sauve en Sicile. — L'armée abandonnée tue les deux fils d'Agathoklês et capitule avec les Carthaginois. — Expédition africaine d'Agathoklês; hardiesse de la première conception; il la poussa et y persista imprudemment. — Actes d'Agathoklês en Sicile; ses barbaries à Egesta et à Syracuse. — Grande armée mercenaire sous Deinokratês en Sicile; Agathoklês lui demande la paix et essuie un refus; il conclut la paix avec Carthage. — Bataille de Torgium; victoire d'Agathoklês sur Deinokratês. — Accommodement et pacte entre Agathoklês et Deinokratês. — Opérations d'Agathoklês aux îles Liparæ, en Italie et à Korkyra; Kleonymos de Sparte. — Derniers projets d'Agathoklês; mutinerie de son petit-fils Archagathos; maladie, empoisonnement et mort d'Agathoklês. — Merveilleux génie d'action et de ressources; dispositions atroces d'Agathoklês. — L'influence hellénique en Sicile continue pendant la vie d'Agathoklês, et devient ensuite subordonnée à des étrangers prépondérants.

Il a été à propos, dans tout le cours de cet ouvrage, de tenir l'histoire des Grecs italiens et siciliens séparée de celle des Grecs du Centre et de l'Asie. Nous avons quitté pour la dernière fois les Grecs siciliens (1), à la mort de leur champion le Corinthien Timoleôn (337 av. J.-C.), dont les exploits énergiques, et la généreuse politique générale, les avaient presque régénérés, — les avaient délivrés d'ennemis étrangers, protégés contre des divisions intestines, et fortifiés par un renfort considérable de nouveaux colons. Pendant les vingt années qui suivent immédiatement la mort de Timoleôn, il y a dans l'histoire de Syracuse et de la Sicile une lacune complète; ce qui est profondément à regretter, vu que la position de ces cités renfermait tant de nouveautés, — de si nombreux sujets de débat, pour un établissement péremptoire, ou pour un compromis à l'amiable, — que les annales de leurs actes doivent avoir été particulièrement intéressantes. Vingt ans après la mort de Timoleôn, nous trouvons le gouvernement de Syracuse représenté comme étant une oligarchie; ce qui implique que la constitution de Timoleôn a dû être changée de gré ou de force. L'oligarchie se composait, affirme-t-on, de six cents hommes principaux, parmi lesquels Sosistratos et Hêrakleidês paraissent comme chefs (2). On nous apprend en général que les Syracusains avaient été engagés dans des guerres, et que Sosistratos ou organisa le premier, ou établit le premier fortement son oligarchie, après une expédition entreprise vers la côte d'Italie, pour assister les citoyens de Krotôn contre leurs voisins de l'intérieur, les Brutiens, qui les attaquaient.

Non-seulement Krotôn, mais d'autres cités grecques également sur la côte d'Italie, paraissent avoir été exposées à des causes de danger et de déclin, semblables à celles qu agissaient sur tant d'autres portions du monde hellénique.

(1) V. tome XVI, ch. 4 de cette Histoire.

(2) Diodore, XIX, 3. Il paraît que Diodore avait raconté dans son dix-huitième volume la position antérieure de ces deux chefs; mais cette partie de son récit est perdue : V. une note de Wesseling.

Leurs voisins non helléniques de l'intérieur devenaient trop puissants et trop agressifs pour les laisser en paix ou en sécurité. Les Messapiens, les Lucaniens, les Brutiens, et d'autres tribus italiennes indigènes étaient en train d'acquérir cette force plus grande qui finit par être concentrée tout entière sous la puissante république de Rome. J'ai dans mes précédents chapitres raconté les actes des deux despotes syracusains, Denys l'Ancien et Denys le Jeune, sur cette côte italienne (1). Bien que le premier remportât quelque avantage sur les Lucaniens, cependant l'intervention de l'un et de l'autre contribua seulement à affaiblir et à humilier les Grecs italiens. Peu de temps avant la bataille de Chæroneia (340-338 av. J.-C.), les Tarentins se virent si rudement pressés par les Messapiens, qu'ils envoyèrent à Sparte, leur métropole, pour demander du secours. Le roi spartiate Archidamos, fils d'Agésilas, honteux peut-être de la nullité de son pays depuis la fin de la Guerre Sacrée, accéda à leur prière et fit voile pour l'Italie à la tête d'une armée mercenaire. Combien de temps durèrent ces opérations, nous l'ignorons; mais il finit par être défait et tué, presque à l'époque de la bataille de Chæroneia (2) (338 av. J.-C.).

Environ six mois après cet événement, les Tarentins, étant encore pressés par les mêmes formidables voisins, invoquèrent le secours d'Alexandre d'Épire, roi des Molosses et frère d'Olympias. Ces Épirotes alors, pendant le déclin général de la force grecque, s'élèvent à une importance dont ils n'avaient jamais joui auparavant (3). Philippe de Macédoine, ayant épousé Olympias, non-seulement assura son beau-frère sur le trône des Molosses, mais encore il fortifia son autorité sur des sujets habituellement peu obéissants.

---

(1) V. tome XVI, ch. 2 et 4 de cette Histoire.

(2) Diodore, XVI, 88; Plutarque, Camille, 19; Pausan. III, 10, 5. Plutarque dit même que les deux batailles furent livrées le même *jour*.

(3) Le roi molosse Neoptolemos était père et d'Alexandre (l'Épirote) et d'Olympias. Mais quant à la généalogie des rois précédents, on ne peut rien établir de certain : V. Merleker, Darstellung des Landes und der Bewohner von Epeiros, Koenigsberg, 1844, p. 2-6.

Ce fut par l'intervention macédonienne que le Molosse Alexandre obtint pour la première fois (bien que soumise à l'ascendant macédonien) l'importante cité d'Ambrakia, qui, de communauté hellénique libre qu'elle était, devint ainsi la capitale et le port de mer des rois épirotes. Alexandre cimenta en outre son union avec la Macédoine en épousant sa propre nièce Kleopatra, fille de Philippe et d'Olympias. Effectivement, pendant le temps de la vie de Philippe et d'Alexandre le Grand, le royaume d'Épire paraît comme une sorte d'annexe du royaume macédonien, que gouverna Olympias, soit conjointement avec son frère le Molosse Alexandre, — soit comme régente après sa mort (1).

Ce fut vers l'année qui suivit la bataille d'Issus que le Molosse Alexandre entreprit son expédition d'Italie (2) : sans doute poussé en partie par l'émulation que lui inspirait la gloire de son neveu et homonyme en Asie (332-331 av. J.-C.). Bien qu'il trouvât des ennemis plus formidables que les Perses à Issus, cependant son succès fut d'abord consi-

(1) Une preuve curieuse qui démontre combien Olympias était reine absolue d'Épire, est conservée dans le discours d'Hypéride en défense d'Euxenippos, récemment publié par M. Babington, p. 12. Les Athéniens, pour obéir à un ordre de l'oracle de Zeus le Dodonæen, avaient envoyé à Dôdônê une ambassade solennelle pour offrir un sacrifice, et avaient habillé et orné la statue de Dionê qui y était placée. Olympias adressa une dépêche aux Athéniens, les en blâmant comme d'une violation de ses domaines. — Ὑπὲρ τούτων ὑμῖν τὰ ἐγκλήματα ἦλθε παρ' Ὀλυμπιάδος ἐν ταῖς ἐπιστολαῖς, ὡς ἡ χώρα εἴη ἡ Μολοσσία αὐτῆς, ἐν ᾗ τὸ ἱερόν ἐστιν· οὔκουν προσῆκεν ἡμῖν τῶν ἐκεῖ οὐδὲ ἓν κινεῖν. Olympias prenait dans cette lettre un ton haut et insolent (τὰς τραγῳδίας αὐτῆς καὶ τὰς κατηγορίας).

La date de ce discours est à quelque moment de la vie d'Alexandre le Grand, — mais on peut la fixer d'une manière plus précise. Après la mort d'Alexandre, Olympias passa beaucoup de temps en Épire, où elle se croyait plus à l'abri de l'inimitié d'Antipater (Diodore, XVIII, 49).

Dôdônê avait été un des plus anciens lieux de pèlerinage pour la race hellénique, — en particulier pour les Athéniens. L'ordre qui leur est adressé ici — de s'abstenir de manifestations religieuses à ce sanctuaire — est une preuve remarquable des empiétements croissants sur l'hellénisme libre, d'autant plus qu'Olympias envoyait des offrandes aux temples à Athènes quand elle le voulait et sans demander permission, — ce que nous apprenons par le même fragment d'Hypéride.

(2) Tite-Live (VIII, 3-24) place la date de cette expédition d'Alexandre le Molosse huit ans plus tôt; mais il est reconnu universellement que c'est une erreur.

dérable. Il remporta des victoires sur les Messapiens, les Lucaniens et les Samnites; il conquit la ville lucanienne de Consentia, et la ville brutienne de Tereina; il fit alliance avec les Pœdiculi, et échangea des messages amicaux avec les Romains. Autant que nous pouvons le reconnaître d'après des données chétives, il semble avoir compté établir une domination compréhensive dans le sud de l'Italie, sur toute sa population, — sur les cités grecques, lucaniennes et brutiennes. Il demanda et obtint trois cents des principales familles lucaniennes et messapiennes, qu'il envoya comme otages en Épire. Plusieurs exilés de ces nations se joignirent à lui comme partisans. Il s'efforça en outre de transférer à Thurii le congrès des cités gréco-italiennes, qui avait été tenu habituellement à la colonie tarentine d'Hèrakleia; probablement il avait l'intention de se procurer un congrès complaisant semblable à celui qui servait les desseins de son neveu macédonien à Corinthe. Mais le courant de sa fortune finit par se détourner. Les Tarentins se dégoûtèrent et s'alarmèrent; ses partisans lucaniens se montrèrent peu fidèles; le temps orageux dans les Apennins de la Calabre interrompit les communications entre ses différents détachements, et les exposa à être interceptés en détail. Il périt lui-même, des mains d'un exilé lucanien, en traversant le fleuve Acherôn et près de la ville de Pandosia. Ce fut regardé comme une confirmation mémorable de la véracité prophétique de l'oracle; vu qu'il avait reçu de Dôdônê l'avis de se garder de Pandosia et d'Acherôn; deux noms qu'il connaissait bien, et que par conséquent il évitait, en Épire, mais dont il n'avait pas connu auparavant l'existence en Italie (1).

Les cités gréco-italiennes avaient donc dépéri au point de devenir un prix que se disputaient les rois d'Épire et les puissances italiennes indigènes, — comme elles le devinrent encore, cinquante ans plus tard, pendant la guerre entre Pyrrhus et les Romains. Elles étaient réduites alors à cher-

(1) Tite-Live, VIII, 17-24; Justin, XII, 2; Strabon, VI, p. 280.

cher une aide étrangère, où elles pouvaient l'obtenir, et à devenir la proie d'aventuriers. C'est en cette qualité que nous entendons parler d'elles comme recevant du secours de Syracuse, et que le formidable nom d'Agathoklês se présente à nous pour la première fois, — vraisemblablement vers 320 avant J.-C. (1). L'armée syracusaine, envoyée en Italie pour assister les Krotoniates contre leurs ennemis les Brutiens, était commandée par un général nommé Antandros, dont le frère Agathoklês servait avec lui dans un commandement subordonné.

Pour glisser sur la naissance et l'enfance d'Agathoklês, — qui ont donné lieu à des anecdotes romanesques, comme celles de la plupart des hommes éminents, — il paraît que son père, exilé rhégien, nommé Karkinos, vint de Therma (dans la portion carthaginoise de la Sicile) pour s'établir à Syracuse, à l'époque où Timoleôn appela et admit de nouveaux colons grecs au droit de cité dans cette dernière ville. Karkinos était dans une pauvreté relative ; car il exerçait le métier de potier, que son fils Agathoklês apprit également, ayant environ dix-huit ans quand il prit domicile avec son père à Syracuse (2). Bien qu'il eût cet humble point de départ, et que même il fût connu pour la dissolution et la rapacité de ses habitudes de jeunesse, Agathoklès parvint bientôt à une position remarquable, en partie par ses qualités personnelles supérieures, en partie par la faveur d'un opulent Syracusain nommé Damas. Le jeune potier était beau, grand, et d'une force de géant ; il s'acquittait avec distinction du service militaire exigé de lui comme citoyen, portant une armure si lourde, qu'aucun autre soldat ne pouvait combattre, s'il en était revêtu ; il était en outre vif, audacieux, et expressif en parlant en public. Damas s'attacha beaucoup à lui, et non-seulement il lui fournit de l'argent avec profusion, mais encore, quand il fut chargé du commandement d'une armée syracusaine

(1) Diodore, XIX, 3.

(2) Timée ap Polyb. XII, 15 ; Diodore, XIX, 2.

contre les Agrigentins, il le nomma un de ses officiers subordonnés. En cette qualité, Agathoklês acquit une grande réputation par son courage en combattant, par son habileté dans le commandement, et par sa facilité à parler. Bientôt Damas mourut de maladie, laissant une veuve sans enfants. Agathoklês épousa la veuve et s'éleva ainsi à une haute fortune et à une grande position dans Syracuse (1).

Quant à l'oligarchie qui dominait alors à Syracuse, nous n'avons sur elle aucun détail, et nous ne savons pas non plus comment elle en était venue à remplacer les formes plus populaires établies par Timoleôn. Nous entendons seulement dire en général que les chefs oligarchiques, Hêrakleidês et Sosistratos, étaient des hommes sans principes et sanguinaires (2). Ce gouvernement envoya une expédition de Syracuse à la côte italienne, pour assister les habitants de Krotôn contre leurs voisins agressifs, les Brutiens. Antandros, frère d'Agathoklês, était un des généraux qui commandaient cet armement, et Agathoklês lui-même y servait comme officier subordonné. Nous ne connaissons ni la date, ni la durée, ni l'issue de cette expédition. Mais elle fournit à Agathoklês une nouvelle occasion de déployer sa bravoure aventureuse et son génie militaire, qui lui valurent de grands éloges. Quelques-uns supposèrent, à son retour à Syracuse, qu'il avait droit au premier prix de la valeur ; mais Sosistratos et les autres chefs oligarchiques le lui refusèrent et l'accordèrent de préférence à un autre. Agathoklês fut si profondément irrité de ce refus, qu'il se déchaîna publiquement contre eux parmi le peuple, les accusant d'aspirer au despotisme. Son opposition n'ayant pas de succès, et lui attirant l'inimitié du gouvernement, il se retira sur la côte d'Italie.

Là, il leva une troupe militaire d'exilés grecs et de mer-

---

(1) Diodore, XIX, 3 ; Justin, XXII, 1. Justin dit que les premiers exploits militaires d'Agathoklês furent contre les Ætnæens, non contre les Agrigentins.

(2) Diodore, XIX, 3, 4. Diodore avait écrit plus longuement au sujet de cette oligarchie dans une partie de son dix-huitième livre, partie qui n'est pas conservée : V. une note de Wesseling.

cenaires campaniens, qu'il nourrit par diverses entreprises pour ou contre les cités grecques. Il attaqua Krotôn, mais fut repoussé avec perte; il prit du service chez les Tarentins, combattit pendant quelque temps contre leurs ennemis, mais finit par devenir suspect et par être congédié. Puis il se joignit aux habitants de Rhegium, et les aida à défendre la ville contre une agression syracusaine. Il fit même deux tentatives pour obtenir d'être admis de force dans Syracuse, et pour s'emparer du gouvernement (1). Bien que repoussé dans l'une et dans l'autre, il s'arrangea néanmoins pour conserver un pied en Sicile, fut nommé général à la ville de Morgantion, et s'empara de Leontini, à une faible distance au nord de Syracuse. Quelque temps après, il s'opéra dans cette dernière ville une révolution, par laquelle Sosistratos et l'oligarchie furent dépossédés et exilés avec un grand nombre de leurs partisans.

Sous le nouveau gouvernement, Agathoklês obtint son rappel et ne tarda pas à gagner un plus grand ascendant. Les exilés dépossédés s'arrangèrent pour lever des forces et pour faire de dehors une guerre formidable à Syracuse; ils obtinrent même l'assistance des Carthaginois, au point de s'établir à Gela, sur les confins méridionaux du territoire syracusain. Dans les opérations militaires rendues ainsi nécessaires, Agathoklês prit une très-grande part et se distingua parmi les officiers les plus capables et les plus entreprenants. Il essaya, avec mille soldats, de surprendre Gela pendant la nuit; mais trouvant l'ennemi sur ses gardes, il fut repoussé avec perte et grièvement blessé; cependant, par une manœuvre habile, il emmena tout ce qui lui restait de son détachement. Toutefois, bien qu'il se montrât ainsi énergique contre l'ennemi public, il inspirait en même temps aux Syracusains à l'intérieur et de la haine et de la crainte

(1) Diodore, XIX, 4; Justin, XXII, 1. « Bis occupare imperium Syracusarum voluit; bis in exilium actus est. »

C'est de la même manière que l'exilé syracusain Hermokratês avait tenté d'extorquer son retour de force, à la tête de trois mille hommes et au moyen de partisans à l'intérieur; il échoua et fut tué, — 408 av. J.-C. (Diodore, XIII, 75).

à cause de ses dangereux desseins. Le Corinthien Akestoridês, qui avait été nommé général de la cité, — probablement par souvenir des services distingués rendus naguère par le Corinthien Timoleôn, — finissant par être persuadé que la présence d'Agathoklês était pleine de péril pour la cité, lui ordonna de partir et aposta des hommes pour l'assassiner sur la route pendant la nuit. Mais Agathoklês, soupçonnant leur dessein, prit le costume d'un mendiant et désigna un autre homme pour voyager de la manière dont on devait naturellement s'attendre qu'il voyagerait. Son remplaçant fut tué dans les ténèbres, tandis qu'Agathoklês échappa à la faveur de son déguisement. Lui et ses partisans paraissent avoir trouvé asile chez les Carthaginois en Sicile (1).

Peu de temps après, il s'opéra dans le gouvernement de Syracuse un autre changement, à la suite duquel les exilés oligarchiques furent rappelés, et la paix faite avec les Carthaginois. Il paraît qu'un sénat de six cents membres fut installé de nouveau comme corps politique principal ; ce n'étaient probablement pas les mêmes hommes qu'auparavant, et l'on fit sans doute quelques modifications démocratiques. En même temps, des négociations s'ouvrirent, par l'intermédiaire du commandant carthaginois Hamilkar, entre les Syracusains et Agathoklês. Tout le monde souffrait cruellement des maux de luttes intestines, au milieu des nombreux partis contraires de la cité, et l'on espérait que tous pourraient être amenés à s'accorder pour y mettre un terme. Agathoklês affecta d'entrer sincèrement dans ces projets d'amnistie et de réconciliation. Le général carthaginois Hamilkar, qui avait tout récemment aidé Sosistratos

---

(1) Diodore, XIX, 5, 6. On raconte un stratagème semblable du Karien Datamês (Cornélius Népos, Datames, 9).

Qu'Agathoklês, en quittant Syracuse, allât chez les Carthaginois, c'est ce qui paraît impliqué dans les mots de Diodore, c. 6 : — Τοὺς αὐτῷ πρότερον συμπορευθέντας πρὸς Καρχηδονίους (V. une note de Wesseling sur la traduction de πρὸς). Le fait n'est mentionné qu'incidemment dans le récit confus de Diodore ; mais il le met dans une certaine mesure en harmonie avec Justin (XX, 2), qui insiste beaucoup sur la coalition entre Agathoklês et les Carthaginois, comme étant l'un des principaux moyens qui lui permirent de s'emparer de la souveraine puissance.

et l'oligarchie syracusaine, fit de son mieux à ce moment pour favoriser le rappel d'Agathoklès et même répondit personnellement de la conduite bonne et pacifique de cet exilé. En conséquence, on admit Agathoklês et les autres exilés avec lui. Une assemblée publique fut réunie dans le temple de Dêmêtêr, en présence d'Hamilkar ; là Agathoklês s'engagea par les serments les plus terribles, ses mains touchant l'autel et la statue de la déesse, à se conduire en bon citoyen de Syracuse, à soutenir fidèlement le gouvernement existant, et à remplir les engagements des médiateurs carthaginois, — en s'abstenant d'empiétement sur les droits et les possessions de Carthage en Sicile. Il fit avec tant de sincérité, en apparence, ses serments et ses promesses, en les accompagnant de harangues expressives, qu'il persuada le peuple de le nommer général et gardien de la paix, en vue de réaliser les aspirations régnantes à l'harmonie. Cette nomination fut recommandée (à ce qu'il semble) par Hamilkar (1).

Tout cet enchaînement d'artifices avait été concerté par Agathoklês avec Hamilkar, dans le dessein de permettre au premier de s'emparer du pouvoir suprême. En sa qualité de général de la cité, Agathoklês avait la direction des forces militaires. Sous prétexte de marcher contre quelques exilés récalcitrants à Erbita, dans l'intérieur, il réunit trois mille soldats qui lui étaient ardemment dévoués, — mercenaires et citoyens d'une condition désespérée, — auxquels Hamilkar

(1) Le récit donné ici est le meilleur que je puisse établir d'après Diodore (XIX, 5), — Justin (XXII, 2), — Polyen (V, 3, 8). Les deux premiers font allusion au serment solennel prononcé par Agathoklês : — Παραχθεὶς εἰς τὸ τῆς Δήμητρος ἱερὸν ὑπὸ τῶν πολιτῶν, ὤμοσε μηδὲν ἐναντιωθήσεσθαι τῇ δημοκρατίᾳ. — « Tunc Hamilcari expositis ignibus Cereris tactisque in obsequia Pœnorum jurat. » « Jurare in obsequia Pœnorum » ne peut guère être pris comme voulant dire que Syracuse devait devenir sujette de Carthage; il n'y avait rien auparavant pour justifier un pareil acte, et il n'y a rien dans la suite qui l'implique.

Cf. aussi le discours que Justin prête à Bomilkar, quand il est exécuté par les Carthaginois pour trahison : — « Objectans illis (Carthaginiensibus) in Hamilcarem patruum suum tacita suffragia, quod Agathocles *socium illis facere, quam hostem, maluerit* » (XXII, 7). Cela fait allusion à une collusion antérieure entre Hamilkar et Agathoklês.

ajouta un renfort d'Africains. Comme s'il était sur le point de se mettre en marche, il rassembla ses troupes à l'aurore dans le Timoleontion (chapelle ou enceinte consacrée à Timoleôn), tandis que Peisarchos et Deklês, deux chefs du sénat déjà réuni, furent invités, avec quarante autres, à régler avec lui une dernière affaire. Quand il eut ces hommes en son pouvoir, Agathoklês se tourna soudain vers eux et les dénonça aux soldats comme coupables de comploter sa mort. Alors, recevant des soldats une réponse pleine d'ardeur, il leur ordonna de procéder immédiatement à un massacre général du sénat et de ses principaux partisans, avec permission complète de piller à loisir les maisons de ces victimes, les hommes les plus riches de Syracuse. Les soldats se précipitèrent dans les rues, avec une joie féroce, pour exécuter cet ordre. Ils tuèrent non-seulement les sénateurs, mais beaucoup d'autres encore, sans armes et non préparés, chaque homme choisissant les victimes qu'il haïssait personnellement. Ils forcèrent les portes des riches, ou grimpèrent sur les toits, massacrèrent les propriétaires à l'intérieur et violèrent les femmes. Ils chassèrent les fugitifs sans défiance dans les rues, sans épargner même ceux qui se réfugiaient dans les temples. Un grand nombre de ces victimes infortunées se précipitèrent aux portes afin de se sauver; mais elles les trouvèrent fermées et gardées par ordre spécial d'Agathoklês; de sorte qu'elles furent obligées de se laisser tomber du haut des murs, et, dans cette tentative, beaucoup périrent misérablement. Pendant deux jours, Syracuse fut ainsi une proie pour les mouvements sanguinaires, rapaces et luxurieux de la soldatesque; quatre mille citoyens avaient été déjà tués, et beaucoup plus étaient arrêtés comme prisonniers. Les desseins politiques d'Agathoklês étant alors remplis, et les passions des soldats assouvies, il arrêta le massacre. Il termina cette fête sanglante en tuant ceux de ses prisonniers qu'il détestait le plus et en bannissant les autres. Le nombre total des Syracusains chassés ou fugitifs est porté à six mille, qui trouvèrent un asile et un séjour hospitaliers à Agrigente. On mentionne, au milieu de cette scène d'horreur, un acte de clémence qui ne doit pas être passé sous silence. Deinokratês, un des prisonniers, fut rendu à la liberté par Agathoklês pour des motifs d'ancienne amitié : lui aussi, probablement, s'exila volontairement (1).

Après un massacre accompli ainsi, au milieu d'une paix profonde et dans la pleine confiance d'un acte solennel de réconciliation mutuelle précédant immédiatement, — massacre qui surpassait les pires actions de Denys l'Ancien, et, dans le fait (pourrions-nous presque dire), de tous les autres despotes grecs, — Agathoklês convoqua ce qu'il appelait une assemblée du peuple. Ceux des citoyens qui étaient ou oligarchiques, ou riches, ou qui lui étaient hostiles d'une manière quelconque, avaient été déjà tués ou chassés; de sorte que l'assemblée comprenait probablement peu d'hommes outre ses propres soldats. Agathoklês, — en les félicitant du récent et glorieux exploit par lequel ils avaient purgé la cité de ses tyrans oligarchiques, — déclara que le peuple Syracusain avait actuellement reconquis toute sa liberté. Il affecta d'être las des fatigues du commandement, et désireux seulement d'une vie d'égalité paisible comme simple citoyen, et, pour le prouver, il se dépouilla de son manteau de général et mit un vêtement civil ordinaire. Mais ceux auxquels il parlait, qui venaient de commettre à l'instant le massacre et le pillage, comprirent que toute leur sécurité dépendait du maintien de sa suprématie, et ils protestèrent à grands cris qu'ils ne voulaient pas accepter sa démission. Agathoklês, feignant de résister, leur dit que, s'ils insistaient, il céderait, mais à la condition expresse qu'il jouirait seul de l'autorité, sans collègues ni conseillers des méfaits desquels il fût responsable. L'assemblée répondit en lui conférant, avec des acclamations unanimes, le poste de général avec un pouvoir illimité, c'est-à-dire elle le fit despote (2).

C'est ainsi que fut constitué un nouveau despote de Syra-

---

(1) Diodore, XIX, 8, 9; Justin, XXII, 2.

(2) Diodore, XIX, 9.

cuse, environ cinquante ans après la mort de Denys l'Ancien, et vingt-deux ans après que Timoleôn avait extirpé la tyrannie dionysienne, en établissant sur ses ruines une constitution libre (317 av. J.-C.). En acceptant ce poste, Agathoklês eut soin de déclarer qu'il ne tolérerait pas d'autre massacre ni d'autre pillage, et qu'à l'avenir son gouvernement serait doux et bienfaisant. Il s'appliqua particulièrement à se concilier les citoyens pauvres, auxquels il promit l'abolition des dettes et une nouvelle distribution de terres. Jusqu'où poussa-t-il ce projet systématiquement, nous l'ignorons ; mais il fit des dons réels à beaucoup de pauvres, — ce qu'il avait d'abondants moyens de faire, grâce aux biens des nombreux exilés chassés récemment. Il prodigua les promesses à tout le monde, montra des manières courtoises et populaires, et s'abstint de tout faste de gardes ou de cortége de cérémonie, ou de diadème. En même temps, il s'appliqua avec vigueur à augmenter ses forces militaires et navales, ses magasins d'armes et de provisions et ses revenus. Il étendit bientôt son autorité sur tout le domaine territorial de Syracuse, avec ses villes sujettes, et porta ses armes avec succès sur beaucoup d'autres parties de la Sicile (1).

Le général carthaginois Hamilkar, dont la complicité ou la connivence avait aidé Agathoklês à parvenir à cette élévation souillée de sang, paraît lui avoir permis d'étendre sans opposition sa domination sur une partie considérable de la Sicile, et même de piller les villes alliées avec Carthage (317-310 av. J.-C.). Des plaintes ayant été faites à Carthage, cet officier fut remplacé, et un autre général (nommé aussi Hamilkar) envoyé à sa place. Nous ne pouvons suivre en détail les actes d'Agathoklês pendant les premières années de son despotisme; mais il continua à étendre son empire sur les cités voisines, tandis que les exilés Syracusains, qu'il avait chassés, trouvèrent asile en partie à Agrigente (sous Deinokratês), en partie à Messênê. Vers l'an 314 avant J.-C., on nous dit qu'il fit une tentative sur Messênê, dont il

(1) Diodore, XIX, 9; Justin, XXII, 2.

fut sur le point de s'emparer, s'il n'eût été arrêté par l'intervention des Carthaginois (peut-être par le général nouvellement nommé, Hamilkar), qui finit alors par protester contre sa violation de la convention; voulant dire (nous devons le présumer, car nous ne connaissons pas d'autre convention) le serment qui avait été juré par Agathoklês à Syracuse, sous la garantie des Carthaginois (1). Bien que désappointé ici à Messênê, Agathoklês s'empara d'Abakænon, — où il tua les principaux citoyens qui lui étaient contraires, — et il poursuivit ailleurs ses agressions d'une manière si efficace, que les chefs à Agrigente, poussés par les exilés syracusains qui s'y étaient réfugiés, se convainquirent du danger de laisser ces empiétements se faire sans résistance (2). Le peuple d'Agrigente finit par se résoudre à prendre les armes en faveur des libertés de la Sicile, et s'allia avec Messênê et Gela dans ce dessein.

Mais l'exemple effrayant d'Agathoklês lui-même leur fit tellement redouter les dangers d'un chef militaire, à la fois indigène et énergique, qu'ils résolurent d'appeler un étranger. On envoya à Sparte quelques exilés syracusains pour choisir et demander quelque Spartiate éminent et capable, comme Archidamos avait été récemment appelé à Tarente, — et même plus, comme Timoleôn avait été amené de Corinthe, avec des résultats si remarquables et si avantageux. Le vieux roi spartiate Kleomenês (de la race Eurysthénide) avait un fils, Akrotatos, impopulaire alors dans sa patrie (3)

(1) Diodore, XIX, 65. Καθ' ὃν δὴ χρόνον ἧκον ἐκ Καρχηδόνος πρέσβεις, οἳ τῷ μὲν Ἀγαθοκλεῖ περὶ τῶν πραχθέντων ἐπετίμησαν, ὡς παραβαίνοντι τὰς συνθήκας · τοῖς δὲ Μεσσηνίοις εἰρήνην παρεσκεύασαν, καὶ τὸ φρούριον ἀναγκάσαντες ἀποκαταστῆσαι τὸν τύραννον, ἀπέπλευσαν εἰς τὴν Λιβύην.

Je ne sais ce qui peut être entendu ici par συνθῆκαι, si ce n'est ce serment que Justin annonce par les mots « in obsequia Pœnorum jurat » (XXII, 2).

(2) Diodore, XIX, 70. Μὴ περιορᾷν Ἀγαθοκλέα συσκευαζόμενον τὰς πόλεις.

(3) Diodore, XIX, 70. Après la défaite d'Agis par Antipater, les sévères lois de Lacédæmone contre ceux qui s'enfuyaient du champ de bataille avaient été suspendues pour l'occasion, comme elles l'avaient été auparavant, après la bataille de Leuktra. Akrotatos avait été la *seule* personne (μόνος) qui se fût opposée à cette suspension; et par là il encourut la haine la plus violente en général, mais tout particulièrement de la part des citoyens qui profitèrent de la suspension. Ces hommes poussèrent leur haine si loin,

et bien disposé à l'égard d'une guerre étrangère. Ce prince, sans même consulter les Éphores, écouta immédiatement les envoyés et quitta le Péloponèse avec une petite escadre, dans l'intention de se rendre à Agrigente par Korkyra et la côte d'Italie. Des vents contraires le poussèrent, au nord, aussi loin qu'Apollonia, et retardèrent son arrivée à Tarente, cité qui, colonie spartiate dans l'origine, lui fit une réception cordiale et lui vota vingt bâtiments pour l'aider à délivrer Syracuse d'Agathoklès. Il parvint à Agrigente avec des espérances favorables, fut reçu avec tous les honneurs dus à un prince spartiate, — et se chargea du commandement. Mais il désappointa amèrement son parti. Il fut incapable comme général, il dissipa en présents ou en plaisirs l'argent destiné à la campagne, rivalisant avec les despotes asiatiques ; sa conduite fut arrogante, tyrannique, et même sanguinaire. Le dégoût qu'il inspirait fut porté à son comble, quand il fit assassiner à un banquet Sosistratos, le chef des exilés syracusains. Immédiatement, les exilés se levèrent en masse pour venger ce meurtre, tandis que le prince Akrotatos, déposé par les Agrigentins, trouva seulement son salut dans la fuite (1).

Si ce jeune Spartiate eût possédé un noble cœur et des qualités énergiques, il aurait eu alors, ouverte devant lui, une carrière d'une grandeur égale à celle de Timoleôn, — contre un ennemi capable, il est vrai, et formidable, qui toutefois n'était pas assez supérieur en forces pour rendre le succès impossible. Il est triste de voir Akrotatos, simplement par indignité de caractère, perdre une pareille occasion, à une époque où la Sicile était l'unique terre dans laquelle une glorieuse carrière hellénique fût encore ouverte, — alors qu'aucun chef hellénique, dans la Grèce centrale, ne pouvait accomplir d'exploits semblables, à cause de la supériorité écrasante de force que possédaient les rois qui l'environnaient.

---

qu'ils allèrent jusqu'à l'attaquer, le battre et conspirer contre sa vie (οὗτοι γὰρ συστραφέντες πληγάς τε ἐνεφόρησαν αὐτῷ καὶ διετέλουν ἐπιβουλεύοντες). C'est une indication curieuse des mœurs spartiates.

(1) Diodore, XIX, 71.

La mauvaise conduite d'Akrotatos détruisit tout espoir d'opérations actives contre Agathoklês. Bientôt les Agrigentins et leurs alliés conclurent la paix avec ce dernier, sous la médiation du général carthaginois Hamilkar. Aux termes de cette convention, toutes les cités grecques de Sicile furent déclarées autonomes, toutefois sous l'hégémonie d'Agathoklês, à l'exception seulement d'Himera, de Sélinonte et d'Hêrakleia, qui étaient actuellement dépendantes de Carthage, et qui, d'après une déclaration, restèrent encore dans cet état. Messênê fut la seule cité grecque qui resta en dehors de la convention ; comme telle, elle continua donc d'être ouverte aux exilés syracusains. Ces conditions étaient si favorables à Agathoklês, qu'on les désapprouva beaucoup à Carthage (1). Agathoklês, reconnu comme chef et n'ayant aucun ennemi à combattre, s'occupa activement à fortifier son empire sur les autres cités, et à augmenter ses moyens militaires à l'intérieur. Il envoya une armée contre Messênê, pour demander que cette ville chassât les exilés syracusains, et rappelât en même temps les exilés messêniens, ses partisans, qui accompagnaient son armée. Ses généraux arrachèrent ces deux points aux Messêniens. Agathoklês, après avoir détruit ainsi la force de Messênê, s'assura la ville encore plus complétement, en faisant venir ceux des citoyens messêniens qui lui avaient fait le plus d'opposition, et en les mettant tous à mort, ainsi que ses principaux adversaires à Tauromenium. Le nombre des individus massacrés ainsi ne fut pas au-dessous de six cents (2).

Il ne restait plus à Agathoklês qu'à se rendre maître d'Agrigente. En conséquence, il se dirigea vers cette ville. Mais Deinokratês et les exilés syracusains chassés de Mes-

(1) Diodore, XIX, 71, 72, 102. Quand la convention spécifie Hêrakleia, Sélinonte et Himera comme dépendantes des Carthaginois, on doit les comprendre comme en plus des établissements carthaginois primitifs de Soloute, de Panormos, de Lilybæon, etc., au sujet desquels il ne pouvait s'élever aucun doute.

(2) Diodore, XIX, 72 : Cf. un récit différent, — Polyen, V, 15.

sênê s'étaient fait entendre à Carthage, en insistant sur les périls dont les empiétements d'Agathoklês menaçaient cette cité. Les Carthaginois, alarmés, envoyèrent une flotte de soixante voiles, qui seule sauva Agrigente, assiégée déjà par Agathoklês. La récente convention fut alors violée de tous les côtés, et Agathoklês ne garda plus de mesure avec les Carthaginois. Il ravagea tout leur territoire sicilien et détruisit quelques-uns de leurs forts ; tandis que les Carthaginois, de leur côté, opérèrent une descente soudaine, avec leur flotte, dans le port de Syracuse. Toutefois, ils ne purent faire rien de plus que de s'emparer d'un seul bâtiment marchand athénien, sur deux qui y étaient mouillés. Ils déshonorèrent leur acquisition par l'acte cruel (non rare dans la guerre carthaginoise) de couper les mains aux marins de l'équipage captif, acte pour lequel des représailles furent exercées, peu de jours après, sur les équipages de quelques-uns de leurs propres vaisseaux, pris par les croiseurs d'Agathoklês (1),

La défense d'Agrigente reposa alors principalement sur les Carthaginois de Sicile, qui prirent position sur la colline appelée Eknomos, — dans le territoire de Gela, un peu à l'ouest de la frontière agrigentine (310 av. J.-C.). Agathoklês s'en approcha pour leur offrir la bataille, — ayant été enhardi par deux succès importants obtenus sur Deinokratês et les exilés syracusains, près de Kentoripa et de Gallaria (2). Toutefois son armée était tellement supérieure en nombre, que les exilés jugèrent prudent de rester dans leur camp, et Agathoklês retourna en triomphe à Syracuse, où il orna les temples des dépouilles récemment acquises. La balance des forces fut bientôt changée par l'envoi d'un armement considérable de Carthage sous Hamilkar, composé de cent trente vaisseaux de guerre, avec un grand nombre de transports portant beaucoup de soldats, — deux mille Car-

(1) Diodore, XIX, 103. Nous devons cependant mentionner que même Jules César, dans ses guerres en Gaule, coupait quelquefois les mains de ses prisonniers gaulois pris les armes à la main, qu'il appelait des rebelles (Bell. Gall. VIII, 44).

(2) Diodore, XIX, 103, 104.

thaginois indigènes, en partie des hommes de marque, — dix mille Africains, — mille Campaniens pesamment armés et mille frondeurs des Baléares. La flotte essuya dans son passage une si terrible tempête, que beaucoup de vaisseaux sombrèrent avec tout ce qui était à bord, et elle arriva en Sicile fort diminuée en nombre. La perte frappa les soldats carthaginois indigènes avec une rigueur particulière; au point que, quand la nouvelle arriva à Carthage, un deuil public fut proclamé, et les murs de la cité furent tendus de serge noire.

Cependant ceux qui parvinrent en Sicile suffirent bien pour assurer à Hamilkar une imposante supériorité de nombre en tant que comparé à Agathoklês. Il campa sur l'Eknomos ou auprès de cette colline, convoqua tous les renforts que ses alliés siciliens purent lui fournir et réunit, en outre, des mercenaires, de sorte qu'il fut bientôt à la tête de 40,000 fantassins et de 5,000 cavaliers (1). Dans le même temps, une escadre armée carthaginoise, détachée au détroit de Messênê, rencontra vingt vaisseaux armés appartenant à Agathoklês, et les captura tous avec leurs équipages. Les cités siciliennes étaient attachées à Agathoklês surtout par la terreur, et il était vraisemblable qu'elles tourneraient contre lui, si les Carthaginois présentaient une force suffisante pour les protéger. C'est ce que le despote savait et redoutait, surtout relativement à Gela, qui n'était pas éloignée du camp carthaginois. S'il déclarait ouvertement qu'il avait l'intention de mettre garnison dans Gela, il craignait que les citoyens ne le prévinssent en y appelant Hamilkar. En conséquence, il y envoya, sous divers prétextes, plusieurs partis de soldats qui ne tardèrent pas à se trouver réunis en nombre suffisant pour s'emparer de la ville. Agathoklês se rendit alors à Gela avec le gros de son armée. Se défiant de l'attachement des citoyens, il lâcha sur eux ses soldats, massacra quatre mille personnes, et força les autres, comme condition pour avoir la vie sauve,

(1) Diodore, XIX, 106.

à lui apporter tout leur argent et tout ce qu'ils avaient de précieux. Après avoir, par cette atrocité, jeté une terreur universelle et s'être enrichi, il s'avança droit vers le camp carthaginois, et occupa une colline appelée Phalarion, en face de ce camp (1). Les deux camps étaient séparés par une plaine unie ou vallée large d'environ cinq milles (= 8 kilom.), à travers laquelle coulait le fleuve Himera (2).

Pendant quelques jours de la saison la plus chaude (les jours caniculaires), les deux armées restèrent stationnaires, ni l'une ni l'autre ne voulant commencer l'attaque. A la fin, Agathoklês trouva ce qu'il crut une occasion favorable (310 av. J.-C.). Un détachement du camp carthaginois sortit afin de poursuivre quelques pillards grecs. Agathoklês posta en embuscade quelques hommes qui tombèrent sur ce détachement à l'improviste, le mirent en désordre et le chassèrent jusqu'au camp. Poursuivant ce succès partiel, Agathoklês fit avancer toute son armée, franchit le fleuve Himera et commença une attaque générale. Ce mouvement n'étant pas attendu, les assaillants grecs semblèrent d'abord sur le point de réussir. Ils comblèrent une portion du fossé, arrachèrent la palissade, et étaient en train de pénétrer de vive force dans le camp. Toutefois ils furent repoussés par des efforts redoublés, et par l'arrivée de nouvelles troupes du côté des défenseurs; surtout aussi par l'action très-efficace des 1,000 frondeurs des Baléares que comptait l'armée d'Hamilkar, qui lançaient des pierres pesant une livre chacune, et contre lesquelles l'armure grecque était une défense insuffisante. Toutefois Agathoklês, sans se décourager, faisait renouveler l'attaque sur plusieurs points à la fois, et avec un succès apparent, quand il aborda en Sicile, venant de Carthage, un renfort qu'Hamilkar attendait, ce qui a pu l'engager à s'abstenir d'une attaque générale. Ces nouvelles troupes prirent part à la bataille en arrivant sur les derrières des Grecs, qui furent intimidés et mis en dé-

(1) Diodore, XIX, 107, 108.

(2) Diodore, XIX, 108, 109.

sordre par ces assaillants imprévus, tandis que les Carthaginois sur le devant, encouragés à faire un effort plus énergique, les repoussèrent d'abord du camp et les refoulèrent ensuite avec vigueur. Après avoir tenu pied pendant quelque temps contre leur double ennemi, les Grecs finirent par s'enfuir en désordre vers leur propre camp, en repassant le fleuve Himera. Il y avait un intervalle d'environ quatre ou cinq milles de terrain presque uni, sur lequel ils furent activement poursuivis et cruellement traités par les cavaliers carthaginois au nombre de 5,000. De plus, en traversant le fleuve, beaucoup d'entre eux burent avec avidité, souffrant de la soif, de la fatigue et de la chaleur du jour ; la salure de l'eau leur fut si funeste qu'on trouva, dit-on, un grand nombre de cadavres sans blessures sur les rives (1). A la fin, ils trouvèrent un asile dans leur camp, après une perte de 7,000 hommes, tandis qu'on estime à 500 celle des vainqueurs.

Agathoklês, après ce grand désastre, n'essaya pas de conserver son camp ; mais il y mit le feu et retourna à Gela, qui était bien fortifiée et approvisionnée, capable de se défendre longtemps. Il avait l'intention de s'y maintenir contre Hamilkar, du moins jusqu'à ce que la moisson syracusaine (probablement commencée déjà) fût achevée. Mais Hamilkar, s'étant assuré de la force de Gela, jugea prudent de s'abstenir d'un siége, et s'occupa à des opérations dans le dessein de fortifier son parti en Sicile. Sa grande victoire à Himera avait produit le plus grand effet sur un grand nombre des cités siciliennes, qui n'étaient attachées à Agathoklês que par les liens de la crainte. Hamilkar publia des proclamations conciliantes, en les engageant toutes à devenir ses alliées, et en faisant avancer ses troupes vers les points les plus convenables. Bientôt Kamarina, Leontini, Katane, Tauromenium, Messênê, Abakænon, ainsi que plusieurs autres villes et forts plus petits, envoyèrent s'offrir comme alliées, et la conduite d'Hamilkar à l'égard de toutes fut si douce et si équitable qu'elle causa une satis-

(1) Diodore, XIX, 109.

faction universelle. Agathoklês paraît avoir été dépossédé ainsi de la plus grande partie de l'île, ne conservant guère que Gela et Syracuse. Le port même de Syracuse fut surveillé par une flotte carthaginoise, placée pour intercepter les secours étrangers. Revenant à Syracuse après qu'Hamilkar eut renoncé à toute tentative sur Gela, Agathoklês réunit le blé du voisinage et mit les fortifications dans le meilleur état de défense possible. Il avait tout lieu de regarder comme certain que les Carthaginois, encouragés par leur succès récent, et renforcés par des alliés venus de l'île entière, pousseraient bientôt le siége de Syracuse de toute leur force; tandis que lui, haï de tous, n'avait aucun espoir d'un appui étranger, et peu d'espoir de se défendre avec succès (1).

Dans cette situation désespérée en apparence, il conçut l'idée d'une nouveauté à la fois hardie, ingénieuse et efficace, entourée, il est vrai, de difficultés dans l'exécution ; mais promettant, si elle était heureusement exécutée, de changer complétement les perspectives de la guerre. Il résolut de transporter une armée de Syracuse en Afrique et d'attaquer les Carthaginois sur leur propre sol. Aucun Grec, que nous sachions, n'avait jamais conçu le même dessein auparavant; aucun certainement ne l'avait encore exécuté. De mémoire d'homme, le territoire africain de Carthage n'avait jamais été foulé par un pied ennemi. On savait que non-seulement les Carthaginois n'étaient pas prêts pour faire face à une attaque dans leur ville, mais qu'ils ne pouvaient pas la croire praticable. On savait que leur territoire était riche, et leurs sujets africains durement traités, mécontents, et que, vraisemblablement, ils saisiraient la première occasion de se révolter. Le débarquement d'une armée ennemie près de Carthage frapperait un coup tel qu'il ferait au moins rappeler l'armement carthaginois alors en Sicile, et ainsi délivrerait Syracuse; peut-être les conséquences en seraient-elles encore plus importantes.

(1) Diodore, XIX, 110.

La grande difficulté était d'exécuter ce plan, — car les Carthaginois étaient supérieurs non-seulement sur terre, mais encore sur mer. Agathoklês n'avait de chance qu'en tenant son dessein secret, et même en ne le laissant pas soupçonner. Il équipa un armement, annonça qu'il était sur le point de partir de Syracuse pour une expédition secrète contre quelque ville inconnue sur le littoral de la côte sicilienne. Il choisit pour ce dessein ses meilleures troupes, — en particulier ses cavaliers, dont il n'avait perdu que peu à la bataille de l'Himera; il ne pouvait transporter de chevaux, mais il embarqua les cavaliers avec leurs selles et leurs brides, ayant l'assurance complète qu'il pourrait se procurer des chevaux en Afrique. En choisissant des soldats pour son expédition, il eut soin de prendre un membre dans beaucoup de familles différentes, destiné à lui servir d'otage pour la fidélité de ceux qui restaient derrière. Il affranchit et enrôla parmi ses soldats un grand nombre des esclaves les plus forts et les plus résolus. Afin de se procurer les fonds nécessaires, il eut recours à mille expédients; il emprunta à des marchands, saisit l'argent appartenant à des orphelins, dépouilla les femmes de leurs ornements précieux, et même pilla les temples les plus riches. Tous ces actes augmentèrent la haine et la crainte qu'il inspirait, surtout parmi les familles les plus opulentes. Agathoklês déclara publiquement que le siége de Syracuse, que les Carthaginois commençaient alors, serait long et terrible, — que lui et ses soldats étaient accoutumés aux souffrances et pouvaient les endurer, mais que ceux qui ne se sentaient pas à la hauteur d'un pareil effort pouvaient se retirer avec leurs biens pendant qu'il était temps encore. Beaucoup de familles riches, — dont on porte le nombre à 1,600 personnes, profitèrent de cette permission; mais au moment où elles quittaient la cité, Agathoklês lâcha sur elles ses mercenaires, les tua toutes et s'appropria ce qu'elles possédaient (1). Par des tours et des énormités

---

(1) Diodore, XX, 4, 5; Justin, XXII, 4. Cf. Polyen, V, 3-5.

semblables, il se procura assez de fonds pour un armement de soixante vaisseaux bien garnis de soldats. Aucun de ces soldats ne savait où il allait ; il n'y avait qu'une voix sur la folie d'Agathoklês ; néanmoins leur confiance dans sa bravoure et ses ressources militaires était telle qu'ils obéirent à ses ordres sans faire de question. Pour agir comme vice-roi à Syracuse pendant son absence, Agathoklês nomma Antandros, son frère, assisté d'un officier Ætolien nommé Erymnôn (1).

L'armement fut équipé et prêt, sans aucun soupçon de la part de la flotte carthaginoise qui bloquait le port. Il arriva un jour que l'approche de quelques navires de blé entraîna cette flotte à les poursuivre ; l'entrée du port restant ainsi sans être gardée, Agathoklês saisit l'occasion pour s'avancer en pleine mer avec son armement. Aussitôt que la flotte carthaginoise le vit faire voile en avant, elle négligea les navires de blé et se prépara à une bataille qu'elle présumait qu'il venait offrir. A sa surprise, il se porta au large aussi vite qu'il put ; alors les vaisseaux carthaginois se mirent à sa poursuite, mais il avait déjà gagné une avance considérable et il parvint à la conserver. Toutefois à la nuit tombante, ils se rapprochèrent tellement de lui, qu'il ne fut sauvé que par les ténèbres. Pendant la nuit, il fit un chemin considérable ; mais le lendemain, il y eut une éclipse de soleil presque totale, au point qu'il fit complétement nuit, et que les étoiles furent visibles. Ce phénomène terrifia tellement les marins, qu'il fallut tout l'artifice et tout l'ascendant d'Agathoklês pour leur inspirer un nouveau courage Enfin, après six jours et six nuits, ils approchèrent de la côte africaine. Les vaisseaux carthaginois les avaient poursuivis au hasard dans la direction de l'Afrique, et ils apparurent en vue juste au moment où Agathoklês était près de la terre. Les marins des deux côtés firent d'énergiques efforts pour toucher la côte les premiers : Agathoklês gagna cet avantage et put se mettre dans un tel état de défense

(1) Diodore, XX, 4-16.

qu'il repoussa l'attaque des vaisseaux carthaginois et assura le débarquement de ses propres soldats à un point appelé les Latomiæ ou Carrières de pierres (1).

Après avoir établi sa position sur le rivage et rafraîchi ses soldats, la première opération d'Agathoklès fut de brûler ses vaisseaux, acte qui semblait avoir un air de hardiesse désespérée. Cependant en vérité ses vaisseaux étaient dès ce moment inutiles; — car s'il ne réussissait pas sur terre, ils n'étaient pas en assez grand nombre pour lui permettre de retourner en face de la flotte carthaginoise; ils étaient même plus qu'inutiles, puisque, s'il les conservait, il était nécessaire qu'il laissât une portion de son armée pour les garder, et qu'il affaiblît ainsi ses moyens d'action pour ce qu'il avait de réellement important à faire sur terre. Réunissant ses soldats en assemblée près des vaisseaux, il commença par offrir un sacrifice à Dêmêtêr et à Persephonê, — les déesses protectrices de la Sicile, et de Syracuse en particulier. Il apprit ensuite à ses soldats que, pendant la récente traversée et le danger dont les avait menacés la poursuite des Carthaginois, il avait fait un vœu à ces déesses, — en s'engageant à brûler ses vaisseaux comme offrande en leur honneur, si elles le menaient sain et sauf jusqu'en Afrique. Les déesses lui avaient accordé cette faveur; de plus, en répondant favorablement au sacrifice qui venait de leur être offert, elles avaient promis plein succès à ses projets africains; c'était donc une obligation pour lui d'accomplir son vœu avec exactitude. On apporta alors des torches, Agathoklès en prit une dans sa main et monta sur la poupe du vaisseau amiral, ordonnant à chacun des triérarques de faire la même chose sur son propre vaisseau. Le feu fut mis à tous instantanément, au son des trompettes et au milieu des prières et des cris mêlés des soldats (2).

(1) Diodore, XX, 6. Procope, Bell. Vand. I, 15. Il y est dit que pendant neuf journées de marche à l'est de Carthage, jusqu'à Juka, la côte est παντελῶς ἀλίμενος.

(2) Cette scène frappante est décrite

Bien qu'Agathoklês eût réussi à ranimer ses soldats par une excitation factice, pour l'accomplissement de son dessein, cependant ils ne virent pas plus tôt l'incendie décidé et irrévocable, — coupant ainsi toute communication avec la patrie, — que leur ardeur tomba et qu'ils commencèrent à désespérer de leur avenir. Sans leur laisser le temps de s'arrêter sur la nouveauté de la situation, Agathoklês les conduisit sur-le-champ contre la ville carthaginoise la plus proche, appelée Megalê-Polis (1). Sa marche se fit en grande partie à travers un territoire riche admirablement cultivé. Le coup d'œil fugitif que nous pouvons jeter ainsi sur la condition du territoire voisin de Carthage a un intérêt particulier, et plus grand encore si nous la comparons avec l'état désolé de la même côte, aujourd'hui et pendant les siècles passés. Les champs de blé, les plantations et de vignes et d'oliviers, les jardins étendus et bien fournis, la grandeur et le matériel des bâtiments des fermes, la dépense considérable faite pour l'irrigation artificielle, les agréables maisons de campagne appartenant à des Carthaginois opulents, etc., tout cela excita l'étonnement et stimula la cupidité d'Agathoklês et de ses soldats. En outre, non-seulement les villes étaient nombreuses, mais encore elles étaient toutes ouvertes et sans fortifications, si ce n'est Carthage elle-même et quelques autres sur la côte (2). Les Carthagi-

---

par Diodore, XX, 7 (Cf. Justin, XXII, 6), assez probablement copiée sur Kallias, le compagnon et le panégyriste d'Agathoklès : V. Diodore, XXI, Fragm. p. 281.

(1) Megalê-Polis n'est mentionnée nulle part ailleurs; — elle n'est pas non plus indiquée par Forbiger dans la liste des villes du territoire carthaginois (Handbuch der Alten Geographie, s. 109).

Le docteur Barth (Wanderungen auf den Küstenlaendern des Mittelmeeres, vol. I, p. 131-133) suppose qu'Agathoklês débarqua à une crique de la côte sur la face occidentale de cette langue de terre avancée qui se termine par le cap Bon (Promontorium Mercurii), formant la limite orientale du golfe de Carthage. Il y a là des carrières de pierres, de l'étendue aussi bien que de l'antiquité les plus grandes. Le docteur Barth place Megalê-Polis non loin de cet endroit, sur la même face occidentale de la terre avancée, et près de l'endroit appelé plus tard Misua.

Une carte, annexée à ce chapitre, donnera au lecteur quelque idée du territoire carthaginois.

(2) Justin, XXII, 5. « Huc accedere, quod urbes castellaque Africæ non muris cinctæ, non in montibus positæ sint : sed in planis campis sine ullis

AFRICAN TERRITORY OF CARTHAGE.

nois, outre qu'ils redoutaient peu une invasion par mer, étaient disposés à se défier de leurs cités sujettes, qu'ils gouvernaient habituellement avec rigueur et oppression (1). Les Liby-Phéniciens paraissent avoir été peu habitués aux armes, — race de cultivateurs et de trafiquants timides, accoutumée à la soumission et exercée à la ruse nécessaire pour l'alléger (2). Agathoklês, après avoir traversé cette terre d'abondance, attaqua Megalê-Polis sans délai. Les habitants, non préparés à une attaque, fous de surprise et de terreur, firent peu de résistance. Agathoklês prit facilement la ville, abandonnant et les personnes des habitants et toutes les riches propriétés de l'intérieur à ses soldats qui s'enrichirent d'un prodigieux butin fait tant dans la ville que dans la campagne, — meubles, bétail et esclaves. De là il s'avança plus au sud, vers une ville appelée Tunês (la moderne Tunis, à la distance de quatorze milles (= 22 kilom. 1/2) seulement au sud-ouest de Carthage elle-même), et il la prit d'assaut de la même manière. Il fortifia Tunês comme position permanente; mais

---

munimentis jaceant : quas omnes metu excidii facile ad belli societatem perlici posse. »

(1) Sept siècles et plus après ces événements, nous lisons que le roi vandale Genséric enleva l'Afrique aux Romains — et qu'il démolit les fortifications de toutes les autres villes, excepté de Carthage seule, — par le même sentiment de défiance. Cette démolition facilita considérablement la conquête du royaume vandale par Bélisaire, deux générations après (Procope, Bell. Vandal. I, 5; I, 15).

(2) Tite-Live (XXIX, 25), en racontant le débarquement de Scipion sur le territoire carthaginois dans les dernières années de la seconde guerre Punique, dit : « Emporia ut peterent, gubernatoribus edixit. Fertilissimus ager, eoque abundans omnium copiâ rerum est regio, et imbelles (quod plerumque in uberi agro evenit) barbari sunt : priusque quam Carthagine subveniretur, opprimi videbantur posse. »

Au sujet de la rigueur exercée par le gouvernement carthaginois sur ses sujets africains, V. Diodore, XI, 77; Polybe, I, 72. Toutefois, par rapport à ce passage de Polybe, nous devons nous rappeler qu'en décrivant cette rigueur, il parle en faisant *allusion d'une manière expresse et exclusive* à la conduite des Carthaginois à l'égard de leurs sujets pendant la première guerre Punique (contre Rome), quand les Carthaginois eux-mêmes étaient rudement pressés par les Romains et exigeaient tout ce qui pouvait servir à leur défense personnelle. Ce passage de Polybe a été quelquefois cité comme s'il attestait le caractère et la mesure *ordinaires* de la domination carthaginoise, ce qui est contraire à l'intention de l'auteur.

il tint le gros de ses forces réuni dans un camp, sachant bien qu'il aurait bientôt devant lui une armée imposante en campagne et de sérieuses batailles à livrer (1).

La flotte des Carthaginois avait poursuivi Agathoklês pendant sa traversée à partir de Syracuse, dans une ignorance absolue de ses plans. Quand il débarqua en Afrique, sur leur propre territoire, et que même il brûla sa flotte, ils se flattèrent d'abord de la pensée qu'ils le tenaient prisonnier. Mais dès qu'ils le virent se mettre en marche en ordre militaire contre Megalê-Polis, ils devinèrent ses desseins réels et furent remplis d'appréhension. Après avoir enlevé les ornements d'airain des proues de ses vaisseaux incendiés et abandonnés, ils firent voile pour Carthage, en envoyant en avant un navire léger pour communiquer d'abord ce qui s'était passé. Toutefois, avant l'arrivée de ce navire, le débarquement d'Agathoklês avait été déjà annoncé à Carthage, où il excita la surprise et la consternation les plus grandes, vu que personne ne pouvait supposer qu'il eût pu accomplir une entreprise aussi aventureuse sans avoir préalablement détruit l'armée et la flotte carthaginoises en Sicile. Les habitants furent bientôt délivrés de cette crainte extrême par l'arrivée des messagers de leur flotte, qui leur apprirent l'état réel des affaires en Sicile. Ils firent alors les meilleurs préparatifs qu'ils purent pour résister à Agathoklês. Hannon et Bomilkar, deux hommes des principales familles, furent nommés généraux conjointement.

C'étaient des rivaux politiques acharnés; — mais quelques-

(1) Diodore, XX, 8. Cf. Polybe, I, 29, où il décrit la première invasion du territoire carthaginois par le consul romain Régulus. Tunês était à cent vingt stades ou environ quatorze milles au sud-ouest de Carthage (Polyb. I, 67). La Table de Peutinger la place seulement à dix milles. Elle servit de position centrale pour des opérations hostiles contre Carthage, à Régulus dans la première guerre Punique (Polyb. I, 30); — à Matho et à Spendius dans la rébellion des soldats mercenaires et des Africains indigènes contre Carthage, révolte qui suivit la fin de la première guerre Punique (Polybe, I, 73), — et aux Libyens révoltés en 396 avant J.-C. (Diodore, XIV, 77).

Diodore place Tunês à la distance de deux cents stades de Carthage, ce qui doit être indubitablement une erreur. Il l'appelle *Blancho Tunês*, épithète tirée des falaises de craie adjacentes.

uns regardaient cette rivalité même comme un avantage, puisque chacun d'eux servirait de frein à l'autre et de garantie à l'État, ou, ce qui est plus probable, chacun avait un parti suffisamment fort pour empêcher l'élection séparée de l'autre (1). Ces deux généraux, ne pouvant attendre de secours éloignés, firent sortir les forces indigènes de la cité, portées à 40,000 fantassins, à 1,000 cavaliers, pris complétement parmi les citoyens et les hommes domiciliés à Carthage, — avec 2,000 chars de guerre. Ils se postèrent sur une éminence (quelque part entre Tunês et Carthage), non loin d'Agathoklês. Bomilkar commandait la gauche, où le terrain était si difficile qu'il ne put étendre son front et fut obligé d'admettre une profondeur inaccoutumée de files, tandis que Hannon était à la droite, ayant au premier rang le Bataillon Sacré de Carthage, corps de 2,500 citoyens distingués mieux armés et plus braves que le reste. Les Carthaginois étaient tellement supérieurs en nombre aux envahisseurs, — ils étaient si sûrs de vaincre qu'ils avaient apporté 20,000 paires de menottes pour les prisonniers qu'ils comptaient faire (2).

Agathoklês se plaça à la gauche, avec 1,000 hoplites d'élite autour de lui pour combattre le Bataillon Sacré; il donna le commandement de sa droite à son fils Archagathos. Ses troupes, — Syracusains, Grecs, Campaniens ou Samnites, Toscans et Gaulois mercenaires mêlés, — égalaient à peine en nombre une moitié de l'ennemi. Quelques-uns des équipages des vaisseaux étaient même sans armes, — manque

(1) Diodore, XX, 10.

(2) Diodore, XX, 10-13. V. relativement au Bataillon Sacré de Carthage (qui fut presque taillé en pièces par Timoleôn à la bataille du Krimesos), Diodore, XVI, 80, 81; et cette Histoire, t. XVI, ch. 4.

Le chiffre des forces indigènes ou composées de citoyens donné ici par Diodore (40,000 fantassins et 1,000 chevaux) semble très-grand. Cependant nos données pour l'apprécier sont déplorablement chétives, et nous devions nous attendre à un total considérable. La population de Carthage était, dit-on, de sept cent mille âmes; même quand elle fut assiégée par les Romains dans la troisième guerre Punique, et que sa puissance était prodigieusement diminuée (Strabon, XVII, p. 833). Ses magasins militaires, même dans cette condition réduite, étaient énormes, — tels qu'ils étaient immédiatement avant d'être livrés aux Romains, par suite des promesses perfides faites par Rome.

auquel Agathoklès ne put suppléer qu'en apparence, en leur donnant les étuis ou enveloppes de cuir des boucliers, étendues sur des bâtons. Ces enveloppes étendues, présentées ainsi, avaient à distance l'air de boucliers, de sorte que ces hommes, postés par derrière, avaient l'apparence d'une réserve d'hoplites. Cependant, comme les soldats étaient encore découragés, Agathoklès essaya de les rassurer par une invention encore plus singulière, pour laquelle dans le fait il a dû avoir une provision faite exprès à l'avance. Dans diverses parties du camp, il lâcha une quantité de hibous, qui se perchèrent sur les boucliers et les casques des soldats. On supposait et on affirmait généralement que ces oiseaux, chers à Athênê, promettaient la victoire; on dit que les esprits des soldats furent très-rassurés à cette vue.

Les chars de guerre et les cavaliers carthaginois, qui chargèrent les premiers, produisirent peu ou point d'effet; mais l'infanterie de leur droite pressa les Grecs sérieusement. En particulier Hannon, ainsi que le Bataillon Sacré qui l'entourait, se conduisit avec la bravoure et l'ardeur les plus grandes et semblait sur le point de remporter l'avantage, quand malheureusement il fut tué. Non-seulement sa mort découragea ses propres troupes, mais elle devint fatale à l'armée, en donnant à son collègue Bomilkar une occasion favorable pour trahir. Cet homme avait longtemps médité en secret le dessein de se faire despote de Carthage. Comme moyen d'atteindre ce but, il chercha de propos délibéré à attirer sur elle des revers, et il n'eut pas plus tôt appris la mort d'Hannon qu'il donna à sa propre aile l'ordre de la retraite. Le Bataillon Sacré, bien qu'il combattît avec une valeur inébranlable, resta sans être appuyé, attaqué par derrière aussi bien que de front, et il fut forcé de lâcher pied avec le reste. Toute l'armée carthaginoise fut défaite et refoulée vers Carthage. Son camp tomba au pouvoir d'Agathoklês, qui trouva parmi les bagages des Carthaginois les menottes mêmes qu'ils avaient emportées pour enchaîner les captifs qu'ils espéraient faire (1).

(1) Diodore, XX, 12. Les pertes des Carthaginois sont rapportées différem-

Cette victoire rendit Agathoklês maître pour le moment du pays ouvert. Il transmit la nouvelle à Syracuse par un bateau de trente rames, construit exprès dans ce dessein, — vu qu'il ne lui restait aucun de ses vaisseaux. Après avoir fortifié Tunês et en avoir fait sa position centrale, il commença des opérations le long de la côte orientale (Zeugitana et Byzakium, comme la portion septentrionale et la méridionale de cette côte furent appelées plus tard par les Romains) contre les villes dépendantes de Carthage (1).

Pendant ce temps-là, dans cette cité tout était terreur et découragement par suite de cette défaite. On savait bien que la cité souveraine n'inspirait aux sujets africains en général que de la crainte et de la haine. On ne pouvait compter ni sur les Libyens ou Africains indigènes, — ni sur la race mêlée appelée Liby-Phéniciens, qui habitaient les villes (2), si l'on avait réellement besoin de leurs services. La détresse des Carthaginois prit la forme de craintes et de repentir religieux. Ils jetèrent un regard de remords sur l'impiété de leur vie passée et sur les oublis de leurs devoirs à l'égard des dieux. Quant à l'Hêraklês tyrien, ils avaient mis de la négligence à lui transmettre les hommages et les présents exigés par leur religion, lenteur qu'ils s'efforcèrent actuellement de réparer en envoyant des députés à Tyr, avec des prières et des supplications, avec de riches présents, et en particulier avec des modèles en or et en argent de leurs temples et de leurs autels sacrés. A l'égard de Kronos ou Moloch, ils sentirent également qu'ils avaient tenu une conduite coupable. Le culte agréable à ce dieu exigeait le sacrifice de jeunes enfants, nés de parents libres et opulents, et même de l'enfant chéri de la famille. Mais on découvrit alors, par des recherches, que bien des parents avaient récemment commis une fraude à l'égard du dieu, en achetant en cachette des enfants pauvres, en les nourrissant bien, et ensuite en les sacrifiant comme s'ils étaient les

---

ment ; — quelques auteurs les fixaient à 1,000 hommes, — d'autres à 6,000 hommes. Les pertes de l'armée d'Agathoklês sont portées à 200 hommes.

(1) Diodore, XX, 17.

(2) Diodore, XX, 55.

leurs. Cette découverte sembla expliquer immédiatement pourquoi Kronos s'était offensé, et ce qui avait attiré sur eux la récente défaite. Ils firent une expiation solennelle en choisissant deux cents enfants des plus illustres familles de Carthage et en les offrant à Kronos dans un grand sacrifice public; en outre, trois cents parents, se voyant dénoncés pour de semblables omissions dans le passé, témoignèrent leur repentir en immolant volontairement leurs enfants pour le salut public. La statue de Kronos, — placée avec les mains étendues pour recevoir la victime qui lui était offerte, avec du feu immédiatement au-dessous, — dévora dans cette solennité certainement deux cents et probablement cinq cents enfants vivants (1). Le devoir religieux étant pleinement accompli par ce monstrueux holocauste et le pardon obtenu du dieu, les souffrances d'esprit des Carthaginois furent guéries.

---

(1) Diodore, XX, 14. Ἠτιῶντο δὲ καὶ τὸν Κρόνον αὐτοῖς ἐναντιοῦσθαι, καθόσον ἐν τοῖς ἔμπροσθεν χρόνοις θύοντες τούτῳ τῷ θεῷ τῶν υἱῶν τοὺς κρατίστους, ὕστερον ὠνούμενοι λάθρα παῖδας καὶ θρέψαντες ἔπεμπον ἐπὶ τὴν θυσίαν · καὶ ζητήσεως γενομένης, εὑρέθησάν τινες τῶν καθιερουργημένων ὑποβολιμαῖοι γεγονότες · τούτων δὲ λαβόντες ἐννοίαν, καὶ τοὺς πολεμίους πρὸς τοῖς τείχεσιν ὁρῶντες στρατοπεδεύοντας, ἐδεισιδαιμόνουν ὡς καταλελυκότες τὰς πατρίους τῶν θεῶν τιμάς · διορθώσασθαι δὲ τὰς ἀγνοίας σπεύδοντες, διακοσίους μὲν τῶν ἐπιφανεστάτων παίδων προκρίναντες ἔθυσαν δημοσίᾳ · ἄλλοι δ' ἐν διαβολαῖς ὄντες, ἑκουσίως ἑαυτοὺς ἔδοσαν, οὐκ ἐλάττους ὄντες τριακοσίων · ἦν δὲ παρ' αὐτοῖς ἀνδριὰς Κρόνου χαλκοῦς, ἐκτετακὼς τὰς χεῖρας ὑπτίας ἐγκεκλιμένας ἐπὶ τὴν γῆν, ὥστε τὸν ἐπιτεθέντα τῶν παίδων ἀποκυλίεσθαι καὶ πίπτειν εἴς τι χάσμα πλῆρες πυρός. Cf. Festus ap. Lactant. Inst. Div. I, 21; Justin, XVIII, 6, 12.

Dans ce remarquable passage (qui l'est d'autant plus qu'il nous est parvenu peu d'informations relativement à l'antiquité carthaginoise), un membre de phrase n'est pas parfaitement clair, relatif aux trois cents que l'on dit *s'être* volontairement *donnés*. Diodore veut dire (je crois), comme l'a compris Eusèbe, que c'étaient des pères qui livraient leurs enfants (non eux-mêmes) pour être sacrifiés. Les victimes mentionnées ici comme sacrifiées à Kronos étaient des enfants, et non des adultes (Cf. Diodore, XIII, 86); il n'est pas parlé ici de victimes adultes. Wesseling dans sa note adhère au sens littéral des mots, en différant d'Eusèbe; mais je crois que le sens littéral est moins en harmonie avec la teneur générale du paragraphe. Des exemples de personnes déchirées par le remords qui se dévouent sont, il est vrai, mentionnées. V. le cas d'Imilkôn, Diodore, XIV, 76; Justin, XIX, 3.

Nous lisons dans le Fragment d'Ennius : — « Pœni sunt soliti suos sacrificare puellos. » V. le chap. IV de l'ouvrage de Münter, Religion der Karthager, sur ce sujet.

Après avoir soulagé ainsi leurs consciences sous le rapport de l'obligation religieuse, les Carthaginois dépêchèrent en Sicile des envoyés à Hamilkar, pour l'informer du récent malheur, le prier d'expédier un renfort, et lui remettre les ornements d'airain provenant des proues des vaisseaux d'Agathoklês. En même temps ils équipèrent une nouvelle armée, avec laquelle ils s'avancèrent pour attaquer Tunês. Agathoklês avait fortifié cette ville, et établi devant elle un camp retranché; mais il avait retiré le gros de ses forces, afin de poursuivre des opérations contre les villes maritimes sur la côte occidentale du territoire de Carthage. Parmi ces villes, il attaqua d'abord Neapolis avec succès, et accorda aux habitants des conditions favorables. Il avança ensuite plus loin au sud vers Adrumetum, dont il commença le siége, avec l'aide d'un prince libyen voisin, nommé Elymas, qui se joignit alors à lui. Tandis que Agathoklês était occupé au siége d'Adrumetum, les Carthaginois attaquèrent sa position à Tunês, refoulèrent ses soldats du camp retranché dans la ville, et se mirent à battre en brèche les défenses de la ville elle-même. Informé de ce danger pendant qu'il assiégeait Adrumetum, mais répugnant néanmoins à lever le siége, — Agathoklês laissa le gros de son armée devant la ville, se déroba avec seulement un petit nombre de soldats et quelques valets de camp, et les conduisant à un endroit élevé, — à mi-chemin entre Adrumetum et Tunês, visible cependant des deux villes, — il leur fit allumer de nuit sur cette éminence un nombre prodigieux de feux (1). Ces feux, vus d'Adrumetum d'un côté et de l'armée devan Tunês de l'autre, eurent pour effet de causer la plus grande terreur dans les deux endroits. Les Carthaginois qui assiégeaient Tunês s'imaginèrent qu'Agathoklês avec toute son

(1) Diodore, XX, 17. Λάθρα προσῆλθεν ἐπί τινα τόπον ὀρεινὸν, ὅθεν ὁρᾶσθαι δυνατὸν ἦν αὐτὸν ὑπὸ τῶν Ἀδρυμητινῶν καὶ τῶν Καρχηδονίων τῶν Τύνητα πολιορκούντων · νυκτὸς δὲ συντάξας τοῖς σρατιώταις ἐπὶ πολὺν τόπον πυρὰ καίειν, δόξαν ἐποιησε, τοῖς μὲν Καρχηδονίοις, ὡς μετὰ μεγάλης δυνάμεως ἐπ' αὐτοὺς πορευόμενος, τοῖς δὲ πολιορκουμένοις, ὡς ἄλλης δυνάμεως ἀδρᾶς τοῖς πολεμίοις εἰς συμμαχίαν παραγεγενημένης.

armée venait les attaquer, et ils abandonnèrent sur-le-champ le siége en désordre, laissant leurs engins derrière eux. Les défenseurs d'Adrumetum, voyant dans ces feux la preuve d'un renfort considérable en route pour rejoindre l'armée des assiégeants, furent si découragés qu'ils rendirent la ville en capitulant (1).

Par le même stratagème, — si l'on peut se fier au récit, — Agathoklês délivra Tunês et acquit à la fois la possession d'Adrumetum. Poussant ses conquêtes encore plus loin au sud, il assiégea et prit Thapsos, avec plusieurs autres villes sur la côte jusqu'à une distance considérable vers le sud (2). Il occupa également et fortifia la position importante appelée Aspis, au sud-est du promontoire aujourd'hui cap Bon, et à peu de distance de ce promontoire; point commode pour des communications par mer avec la Sicile (3).

---

(1) Diodore, XX, 17. L'incident raconté ici par Diodore est curieux, mais tout à fait distinct et intelligible. Il avait sous les yeux de bonnes autorités pour son histoire d'Agathoklês. S'il est vrai, il fournit une preuve pour déterminer, dans certaines limites, l'emplacement de l'ancienne ville d'Adrumetum que Mannert et Shaw placent à Herkla, — tandis que Forbiger et le docteur Barth la mettent près de l'emplacement du port moderne appelé Susa, encore plus au sud, et à une distance prodigieuse de Tunis. D'autres auteurs l'ont placé à Hamamat, plus au nord que Herkla, et plus près de Tunis.

De ces trois emplacements, Hamamat est le seul qui s'accorde avec le récit de Diodore. Les deux autres sont trop éloignés. Hamamat est à environ quarante-huit milles anglais (= 77 kilom. 1/4) de Tunis (V. Barth, p. 184, avec sa note). C'est une aussi grande distance (sinon trop grande) qu'il soit possible d'admettre : Herkla et Susa sont beaucoup plus éloignées, et par conséquent hors de question.

Néanmoins, l'autre preuve que nous connaissons tend apparemment à placer Adrumetum à Susa, et non à Hamamat (V. Barth, p. 142-154; Forbiger. Handb. Geog. p. 845). Il est donc probable que le récit de Diodore n'est pas vrai, ou qu'il doit s'appliquer à quelque autre place sur la côte (peut-être Neapolis, la moderne Nabel) prise par Agathoklês, et non à Adrumetum.

(2) Diodore, XX, 17.

(3) Strabon, XVII, p. 834. Solin (c. 30) parle d'Aspis comme ayant été fondée par les *Siculi;* Aspis (appelée par les Romains Clypea) étant sur le côté oriental du cap Bon, était, selon lui, plus commode pour des communications avec la Sicile que Carthage, ou que Tunis, où qu'une partie quelconque du golfe de Carthage qui était sur le côté occidental du cap Bon. Doubler ce cap est, même au jour actuel, une entreprise difficile et incertaine pour des navigateurs : V. les remarques du docteur Barth, fondées en partie sur son expérience personnelle (Wanderungen auf den Küstenlaendern des Mittelmeeres, I, p. 196). Un vaisseau venant de Sicile

Par une série d'acquisitions semblables, comprenant en tout pas moins de deux cents dépendances de Carthage, Agathoklês devint maître du pays le long de la côte orientale (1). Il s'efforça ensuite de réduire les villes de l'intérieur, dans lequel il s'avança aussi loin que plusieurs jours de marche. Mais il fut rappelé par une nouvelle de ses soldats à Tunês qui l'informèrent que les Carthaginois étaient sortis de nouveau pour les attaquer, et avaient déjà repris quelques-unes de ses conquêtes. Revenant soudain à marches forcées, il tomba sur eux à l'improviste, et repoussa leurs partis avancés en leur faisant subir des pertes considérables; tandis qu'il remporta également une importante victoire sur le prince lybien Elymas qui avait rejoint les Carthaginois, mais qui fut alors défait et tué (2). Cependant, les Carthaginois, bien qu'humiliés et découragés ainsi une seconde fois, tinrent cependant la campagne, fortement retranchés, entre Carthage et Tunês.

Cependant les affaires d'Agathoklês à Syracuse avaient pris une tournure favorable contre toute attente. Il avait laissé cette ville bloquée en partie par mer et avec un en-

---

à Aspis n'était pas dans la nécessité de doubler le cap.

Dans le cas d'Agathoklês, il y avait une autre raison pour établir sa position maritime à Aspis. La flotte carthaginoise lui était supérieure sur mer; en conséquence, elle pouvait facilement interrompre ses communications maritimes de la Sicile avec Tunis, ou avec quelque point du golfe de Carthage. Mais il ne lui était pas si facile de surveiller la côte à Aspis; car, pour le faire, elle devait venir du golfe en doublant le promontoire.

(1) Diodore, XX, 17. Le consul romain Régulus, quand il envahit l'Afrique pendant la première guerre Punique, acquit, dit-on, de gré ou de force, deux cents cités dépendantes de Carthage (Appien, Punica, c. 3). Relativement à ce nombre prodigieux de villes dans l'Afrique septentrionale, V. le très-savant et très-instructif ouvrage de Movers, Die Phoenikier, vol. II, p. 455 *seq.* Même au commencement de la troisième guerre Punique, quand Carthage avait tout perdu de sa puissance, elle avait encore trois cents villes en Libye (Strabon, XVII, p. 833). On doit avouer que le nom de cités ou villes (πόλεις) était employé par quelques auteurs d'une manière très-vague. Ainsi Poseidonius tournait en ridicule l'affirmation de Polybe (Strabon, III, p. 162), qui disait que Tibérius Gracchus avait détruit trois cents πόλεις des Celtibériens; Strabon blâme d'autres qui parlent de mille πόλεις des Ibériens. On ne pouvait arriver à un pareil nombre qu'en y comprenant de vastes κῶμαι.

(2) Diodore, XX, 17, 18.

nemi victorieux campé près d'elle ; de sorte que les provisions n'y pouvaient entrer que difficilement. Dans cet état de choses, Hamilkar, commandant de l'armée carthaginoise, reçut de Carthage les messagers qui lui annoncèrent la récente défaite de ses compatriotes en Afrique, et qui lui apportèrent aussi les ornements d'airain provenant des vaisseaux d'Agathoklês. Il ordonna aux envoyés de cacher la vérité réelle, et de répandre au loin la nouvelle qu'Agathoklês avait été détruit avec son armement ; comme preuve il produisit les ornements des proues, — témoignage indubitable que les vaisseaux avaient été réellement détruits. Envoyant des députés avec ces preuves dans Syracuse, pour qu'elles fussent montrées à Antandros et aux autres autorités, Hamilkar leur demanda de livrer la cité, en leur promettant la vie sauve et des conditions favorables ; en même temps il fit avancer son armée sous les murs, en vue de faire une attaque. Antandros avec d'autres crurent ce qu'on leur disait, et désespérant de pouvoir résister avec succès, ils furent disposés à accéder à la demande ; mais Erymnôn l'Ætolien insista pour qu'on tînt bon jusqu'à ce qu'on eût une certitude plus complète. Antandros adopta cette résolution. En même temps, se défiant de ceux des citoyens de Syracuse qui étaient parents ou amis des exilés au dehors, il leur ordonna à tous de quitter la cité immédiatement, avec leurs épouses et leurs familles. Il n'y eut pas moins de huit mille personnes chassées en vertu de cet ordre. Elles fúrent livrées à la merci d'Hamilkar et de son armée au dehors ; le général carthaginois non-seulement les laissa passer, mais encore il les traita avec bonté. Syracuse fut alors un théâtre de misère et de découragement aggravés, non moins par suite de cette dernière expulsion calamiteuse, qu'à cause de la douleur de ceux qui croyaient que leurs parents en Afrique avaient péri avec Agathoklês. Hamilkar avait amené ses machines de siége, et il se préparait à donner un assaut à la ville, quand arriva d'Afrique, après un voyage de cinq jours, Nearchos, le messager d'Agathoklês, qui, à la faveur des ténèbres, avait échappé, bien qu'avec beaucoup de peine, à l'escadre de blocus. De lui le gouvernement syracusain apprit la vérité réelle, et la position victorieuse d'Agathoklês. Il ne fut plus question de capitulation : Hamilkar, — après avoir essayé un assaut partiel, qui fut vigoureusement repoussé, — retira son armée, et en détacha un renfort de cinq mille hommes qu'il envoya au secours de ses compatriotes en Afrique (1).

Pendant quelques mois, il semble s'être occupé à des opérations partielles pour étendre la domination carthaginoise d'une extrémité à l'autre de la Sicile (309 av. J.-C.). Mais à la fin il concerta des mesures avec l'exilé syracusain Deinokratês qui était à la tête d'un corps nombreux de ses compatriotes exilés, en vue de renouveler une attaque contre Syracuse. Sa flotte bloquait déjà le port, et lui actuellement avec son armée que l'on dit être de cent vingt mille hommes, ravagea les terres voisines, dans l'espérance d'affamer les habitants. S'approchant tout près des murs de la cité, il occupa l'Olympieion ou temple de Zeus Olympios, près du fleuve Anapos et de la côte intérieure du Grand Port. De là, — probablement sous la conduite de Deinokratês et des autres exilés, qui connaissaient bien le terrain, il entreprit par une marche de nuit de gravir le chemin sinueux et difficile de la montagne, dans le dessein de surprendre le fort appelé Euryalos, au point le plus élevé d'Epipolæ, et le sommet occidental des lignes syracusaines de fortification. C'était la même entreprise, à la même heure, et avec le même dessein important, que celle de Demosthenês, pendant le siége athénien, après qu'il eut amené le second armement d'Athènes au secours de Nikias (2). Même Demosthenês, bien qu'il dirigeât sa marche avec plus de précaution qu'Hamilkar, et qu'il réussît à surprendre le fort d'Euryalos, avait été repoussé avec des pertes désastreuses. En outre, depuis ce temps, ce fort d'Euryalos, au lieu d'être laissé détaché, avait été compris par Denys l'Ancien comme portion intégrante des fortifications de la cité. Il formait le sommet ou

(1) Diodore, XX, 15, 16.

(2) V. tome X, ch. 5, de cette Histoire, avec le second plan annexé à ce volume.

point de jonction des deux murs convergents, — l'un bordant la falaise septentrionale, l'autre la falaise méridionale d'Epipolæ (1). La surprise projetée par Hamilkar, — extrêmement difficile, si même elle était praticable, — semble avoir été inhabilement conduite. Elle fut tentée avec une multitude confuse, incapable de cet ordre ferme nécessaire pour des mouvements de nuit. Les troupes, s'égarant dans les ténèbres, se séparèrent, et même se prirent mutuellement pour des ennemis; tandis que les gardes syracusains d'Euryalos, alarmés par le bruit, les attaquèrent avec vigueur et les mirent en déroute. Leurs pertes, quand elles essayèrent de s'échapper par la pente escarpée, furent prodigieuses, et Hamilkar lui-même, en faisant de vaillants efforts pour les rallier, tomba au pouvoir des Syracusains. Ce qui prêta à cet incident un intérêt particulier, aux yeux d'un Grec pieux, ce fut qu'il servit à expliquer et à confirmer la vérité d'une prophétie. Un prophète avait assuré à Hamilkar qu'il souperait ce soir-là à Syracuse; et cette assurance l'avait en partie enhardi à attaquer, vu qu'il comptait naturellement entrer dans la cité en vainqueur (2). Dans le fait il prit son repas du soir à Syracuse, accomplissant entièrement l'augure. Immédiatement après on le livra aux parents des victimes du combat, qui le promenèrent d'abord à travers la cité chargé de chaînes, puis lui firent subir les plus cruelles tortures, et finalement le tuèrent. Sa tête fut coupée et envoyée en Afrique (3).

Les pertes et l'humiliation éprouvées dans cette défaite, — avec la mort d'Hamilkar, et la discorde qui s'ensuivit entre les exilés sous Deinokratês et les soldats carthaginois,

(1) Pour une description de la fortification ajoutée à Syracuse par Denys l'Ancien, V. tome XVI, ch. 2 de cette Histoire, et le plan page 130.

(2) Diodore, XX, 29, 30. Cicéron (Divinat. I, 24) mentionne cette prophétie et la manière dont elle fut accomplie; mais il donne une version un peu différente des événements qui précédèrent la capture d'Hamilkar.

(3) Diodore, XX, 30. Τὸν δ' οὖν Ἀμίλχαν οἱ τῶν ἀπολωλότων συγγενεῖς δεδεμένον ἀγαγόντες διὰ τῆς πόλεως, καὶ δειναῖς αἰκίαις κατ' αὐτοῦ χρησάμενοι, μετὰ τῆς ἐσχάτης ὕβρεως ἀνεῖλον.

ruinèrent complétement l'armée assiégeante. En même temps, les Agrigentins, profitant de l'affaiblissement tant des Carthaginois que des exilés, se mirent publiquement en avant, se déclarant champions du gouvernement municipal autonome dans toute la Sicile, sous leur propre présidence, contre les Carthaginois d'un côté, et le despote Agathoklês de l'autre. Ils choisirent pour général un citoyen nommé Xenodokos, qui se mit avec vigueur à la tâche de chasser partout les garnisons mercenaires qui tenaient les cités dans la sujétion. Il commença d'abord par Gela, la cité immédiatement contiguë à Agrigente, y trouva un parti de citoyens disposés à l'aider, et conjointement avec eux, renversa la garnison d'Agathoklês. Les habitants de Gela, délivrés ainsi, secondèrent sincèrement les efforts qu'il fit pour étendre aux autres les mêmes bienfaits. La bannière populaire proclamée par Agrigente fut si bien accueillie, que beaucoup de cités s'empressèrent de demander son aide pour secouer le joug de la soldatesque dans leurs citadelles respectives, et pour regagner leurs gouvernements libres (1). Enna, Erbessos, Echetla (2), Leontini et Kamarina furent toutes délivrées ainsi de la domination d'Agathoklês; tandis que d'autres cités furent également affranchies de l'empire des Carthaginois, et se joignirent à la confédération Agrigentine. Le gouvernement établi par Agathoklês à Syracuse n'était pas assez fort pour résister à ces manifestations pleines d'ardeur. Syracuse continua encore à être bloquée par la flotte carthaginoise; bien que le blocus fût moins efficace, et que les provisions fussent actuellement introduites en plus grande abondance qu'auparavant (3).

L'ascendant d'Agathoklês baissait un peu en Sicile; mais en Afrique, il était devenu plus puissant que jamais, non

(1) Diodore, XX, 31. Διαβοηθείσης δὲ τῆς τῶν Ἀκραγαντίνων ἐπιβολῆς κατὰ πᾶσαν τὴν νῆσον, ἐνέπεσεν ὁρμὴ ταῖς πόλεσι πρὸς τὴν ἐλευθερίαν.

(2) Enna est presque dans le centre de la Sicile; Erbessos n'est pas loin au nord-est d'Agrigente; Polybe (I, 15) place Echetla à mi-chemin entre le domaine de Syracuse et celui de Carthage.

(3) Diodore, XX, 32.

sans de périlleux hasards qui à l'occasion le mirent à deux doigts de sa perte. En recevant de Syracuse la tête du prisonnier Hamilkar, il s'avança à cheval tout près du camp des Carthaginois, et la leva en l'air à leurs yeux en triomphe; ceux-ci se prosternèrent avec respect devant elle; mais cette vue les jeta dans la consternation et la douleur (1). Toutefois, tandis qu'ils étaient plongés ainsi dans le découragement, une étrange vicissitude fut sur le point de mettre leur ennemi dans leurs mains. Une mutinerie violente éclata dans le camp d'Agathoklês à Tunês, à la suite d'une altercation produite par l'ivresse entre son fils Archagathos et un officier ætolien nommé Lykiskos; querelle qui finit par le meurtre du second par le premier. Les camarades de Lykiskos se levèrent en armes avec fureur pour le venger, demandant la tête d'Archagathos. Ils trouvèrent de la sympathie dans toute l'armée, qui saisit l'occasion pour réclamer son arriéré de solde dû encore, choisit de nouveaux généraux, et prit régulièrement possession de Tunês avec ses ouvrages défensifs. Les Carthaginois, informés de cette révolte, envoyèrent immédiatement des députés pour traiter avec les mutins, leur offrant des présents considérables et une double solde au service de Carthage. Leur offre fut d'abord si favorablement accueillie, que les députés retournèrent avec de confiantes espérances de succès; alors Agathoklês, comme dernière ressource, se revêtit d'un costume misérable et se mit à la merci des soldats. Il leur adressa un appel pathétique, en les suppliant de ne pas l'abandonner, et même il tira son épée pour se tuer devant eux. Il joua cette scène avac tant d'art, que les sentiments des soldats subirent une révolution soudaine et complète. Non-seulement ils se réconcilièrent avec lui, mais même le saluèrent avec enthousiasme, le priant de reprendre le costume et les fonctions de général, et lui promettant pour l'avenir une entière obéissance (2). Agathoklês se rendit

(1) Diodore, XX, 33. Οἱ δὲ Καρχηδόνιοι, περιαλγεῖς γενόμενοι, καὶ βαρβαρικῶς προσκυνήσαντες, etc.

(2) Cf. la description dans Tacite, Hist. II, 29, de la mutinerie qui éclata dans l'armée de Vitellius, comman-

avec empressement à l'appel, et il profita de leur nouvelle ardeur pour attaquer sur-le-champ les Carthaginois, qui, ne s'y attendant nullement, furent défaits avec de grandes pertes (1).

Malgré cet échec, les Carthaginois envoyèrent bientôt une armée considérable dans l'intérieur, en vue de reconquérir ou de regagner les tribus nomades mal disposées (308-307 av. J.-C.). Ils eurent un heureux succès dans cette entreprise, mais les Numides étaient en général sans foi et indifférents à l'égard des deux parties belligérantes, et ils ne cherchaient qu'à faire tourner la guerre à leur propre profit. Agathoklês, laissant son fils en qualité de commandant à Tunês, suivit les Carthaginois dans l'intérieur, avec une portion considérable de son armée. Les Carthaginois furent prudents et restèrent dans une forte position. Néanmoins Agathoklès eut assez de confiance pour les attaquer dans leur camp, et après un grand effort et avec des pertes sérieuses de son côté, il remporta une victoire indécise. Toutefois, cet avantage fut contre-balancé par le fait que, pendant l'action, les Numides assaillirent son camp, tuèrent tous les défenseurs, et enlevèrent presque tous les esclaves et les bagages. La perte du côté carthaginois affecta le plus cruellement les soldats grecs à leur solde ; c'étaient pour la plupart des exilés sous Klinôn et quelques exilés syracusains. Ces hommes se conduisirent avec bravoure et furent tués presque tous, soit pendant la bataille, soit après, par Agathoklês (2).

Cependant, il était actuellement devenu évident, pour ce hardi envahisseur, que la force de résistance possédée par

---

dée par Fabius Valens, à Ticinum. « Postquam immissis lictoribus, Valens coercere seditionem cœptabat, ipsum invadunt (milites), saxa jaciunt, fugientem sequuntur. — Valens, servili veste, apud decurionem equitum tegebatur. » — (Bientôt les sentiments changent, grâce à l'artifice adroit d'Alphenus Varus, préfet du camp) ; — alors : « Silentio, patientiâ, postremo precibus et lacrymis, veniam quærebant. Ut vero deformis et flens, et præter spem incolumis Valens processit, gaudium, miseratio, favor; versi in lætitiam (ut est vulgus utroque immodicum) laudantes gratantesque circumdatum aquilis signisque, in tribunal ferunt. »

(1) Diodore, XX, 34.

(2) Diodore, XX, 39.

Carthage était trop grande pour qu'il en pût triompher; — que, tout en l'humiliant et en l'appauvrissant pour le moment, il ne pourrait terminer la guerre d'une manière victorieuse, vu que la cité elle-même, occupant l'isthme d'une péninsule d'une mer à l'autre et entourée des fortifications les plus solides, ne pouvait être assiégée qu'avec des moyens bien supérieurs aux siens (1). Nous avons déjà vu que, bien qu'il eût gagné des victoires et enlevé un riche butin, il n'avait pu fournir même une paye régulière à ses soldats, dont la fidélité était par conséquent précaire. Il ne pouvait pas non plus espérer de renforts de Sicile, où son pouvoir allait en général en déclinant, bien que Syracuse elle-même fût dans un danger moindre qu'auparavant. Il résolut donc de demander le secours d'Ophellas à Kyrênê, et il envoya Orthôn comme député dans ce dessein (2).

Un des premiers chapitres de cette Histoire (3) a déjà été consacré à Kyrênê et à ce qui a été plus tard appelé la Pentapolis (*i. e.* les cinq cités grecques voisines, Kyrênê, son port Apollonia, Barka, Teucheira et Hesperides). Par malheur, les informations relativement à ces villes, pendant plus d'un siècle avant Alexandre le Grand, nous font presque complétement défaut. Établis au milieu d'une population de Libyens, dont beaucoup étaient domiciliés avec les Grecs comme compagnons de résidence, ces Kyrénæens avaient adopté maintes habitudes libyennes, en guerre, en paix et en religion; leur belle race de chevaux, employée tant pour les courses de chars dans les fêtes que pour les batailles, en était un exemple. Les membres des tribus libyennes, utiles comme voisins, comme serviteurs et comme chalands (4), étaient souvent importuns aussi comme ennemis. En 413 avant J.-C., nous apprenons accidentellement que la ville

(1) Diodore, XX, 59. Ὁ δὲ τῆς πόλεως οὐκ ἦν κίνδυνος, ἀπροσίτου τῆς πόλεως οὔσης διὰ τὴν ἀπὸ τῶν τειχῶν καὶ τῆς θαλάττης ὀχυρότητα.

(2) Diodore, XX, 40.

(3) V. tome V, ch. 9.

(4) V. Isokrate, Or. IV (Philipp.), s. 6, où il parle de Kyrênê comme d'un lieu judicieusement choisi pour une colonisation, les indigènes du voisinage n'étant pas dangereux, mais bons pour servir de voisins obéissants et d'esclaves.

d'Hesperides fut assiégée par des tribus libyennes et délivrée par quelques hoplites péloponésiens en route pour Syracuse pendant le siége athénien (1). Vers 401 avant J.-C. (peu après la fin de la guerre du Péloponèse), la même cité fut encore si rudement pressée par les mêmes ennemis qu'elle offrit son droit de cité à tout nouveau-venu grec qui voudrait l'aider à les repousser. Cette invitation fut acceptée par plusieurs des Messêniens chassés à ce moment même du Péloponèse et proscrits par les Spartiates ; ils allèrent en Afrique ; mais, finissant par être enveloppés dans une guerre intestine entre les citoyens de Kyrênê, une partie considérable d'entre eux périt (2). Excepté ces indications chétives, nous n'entendons rien dire au sujet de la Pentapolis gréco-libyenne en rapport avec les affaires grecques avant l'époque d'Alexandre. Il paraîtrait que le commerce avec les tribus africaines indigènes, entre les golfes appelés la Grande et la Petite Syrte, était partagé, entre Kyrênê (signifiant la Pentapolis kyrénaïque) et Carthage, — à un point appelé les autels des Philènes, qui servait de limite et était illustré par une légende commémorative ; immédiatement à l'est de ces Autels était Automala, le comptoir le plus occidental de Kyrênê (3). Nous ne pouvons douter que les relations commerciales et autres, entre Kyrênê et Carthage, les deux grands marchés sur la côte d'Afrique, ne fussent constantes et souvent lucratives, — bien que non pas toujours amicales.

Dans l'année 331 avant J.-C., quand Alexandre victorieux envahit l'Égypte, les habitants de Kyrênê envoyèrent lui offrir des présents et leur soumission, et furent inscrits parmi ses sujets (4). Nous n'entendons pas parler d'eux jusqu'à la dernière année de la vie d'Alexandre (de 324 à

(1) Thucyd. VII, 50.

(2) Pausanias, IV, 26 ; Diodore, XIV, 34.

(3) Strabon, XVII, p. 836 ; Sallust. Bell. Jugurth. p. 126.

(4) Arrien, VII, 9, 12 ; Quinte-Curce, IV, 7, 9; Diodore, XVII, 49. On dit que les habitants de Kyrênê (la date exacte est inconnue) demandèrent à Platon de faire des lois pour eux, mais que le philosophe refusa. V. Thrige, Histor. Cyrênês, p. 191. Nous serions content que cette assertion fût mieux attestée.

323 av. J.-C.). Vers cette époque, les exilés de Kyrênê et de Barka, probablement assez enhardis par le rescrit d'Alexandre (proclamé à la fête Olympique de 324 av. J.-C. et ordonnant que tous les exilés grecs, à l'exception de ceux qui étaient coupables de sacrilége, fussent rappelés sur-le-champ), résolurent d'accomplir leur retour de force. A cette fin, ils appelèrent de Krête un officier nommé Thimbrôn, qui, ayant tué Harpalos après sa fuite d'Athènes (comme je l'ai raconté dans un autre chapitre), s'était logé en Krête, avec le trésor, les vaisseaux et les six mille mercenaires amenés d'Asie par ce satrape (1). Thimbrôn transporta volontiers son armée en Libye pour les secourir, car il avait l'intention d'y conquérir une principauté pour lui-même. Il débarqua près de Kyrênê, défit les forces kyrénæennes en en faisant un grand carnage et se rendit maître d'Apollonia, le port fortifié de cette cité, éloigné d'elle d'environ dix milles (= 16 kilomètres). Les villes de Barka et d'Hesperides se mirent de son côté, de sorte qu'il fut assez fort pour contraindre les Kyrénæens à faire un traité désavantageux. Ils s'engagèrent à payer cinq cents talents, — à lui livrer la moitié de leurs chars de guerre pour ses projets ultérieurs — et à le laisser en possession d'Apollonia. Tout en pillant les marchands dans le port, il déclara son intention de subjuguer les tribus libyennes indépendantes et probablement d'étendre ses conquêtes jusqu'à la ville de Carthage (2). Toutefois ses plans échouèrent par l'abandon d'un de ses propres officiers, Krêtois nommé Mnasiklês, qui passa aux Kyrénæens et les encouragea à mettre de côté la récente convention. Thimbrôn, après avoir arrêté ceux des citoyens de Kyrênê qui se trouvaient être à Apollonia, attaqua Kyrênê elle-même; mais il fut repoussé, et les Kyrénæens furent alors assez hardis pour envahir le territoire de Barka et d'Hesperides. Pour aller au secours de ces deux cités, Thimbrôn se déplaça d'Apollonia; mais, pendant son ab-

---

(1) Diodore, XVII, 108; XVIII, 19. Arrien, De Rebus post Alex. VI, ap. Phot. Cod. 92; Strab. XVII, p. 837.

(2) Diodore, XVIII, 19.

sence, Mnasiklês parvint à surprendre ce port important, s'emparant ainsi à la fois de la base des opérations de l'ennemi, de la station pour sa flotte et de tous les bagages de ses soldats. La flotte de Thimbrôn ne pouvait pas être entretenue longtemps sans un port. Les marins, débarquant çà et là pour avoir des vivres et de l'eau, furent interceptés par les Libyens indigènes, tandis que les vaisseaux furent dispersés par des tempêtes (1).

Les Kyrénæens, alors pleins d'espoir, rencontrèrent Thimbrôn en rase campagne et le défirent. Cependant, bien que réduit à la détresse, il parvint à obtenir la possession de Teucheira, port où il appela comme auxiliaires deux mille cinq cents nouveaux soldats, tirés des bandes mercenaires indépendantes dispersées près du cap Tænaros, dans le Péloponèse. Ce renfort le mit de nouveau en état de livrer bataille. Les Kyrénæens, de leur côté, jugèrent aussi qu'il était nécessaire de se procurer du secours, en partie chez les Libyens voisins, en partie à Carthage. Ils réunirent une armée, qui, dit-on, était de trente mille hommes, et avec laquelle ils lui livrèrent bataille en rase campagne. Mais en cette occasion ils furent complétement mis en déroute et perdirent tous leurs généraux et une grande partie de leur armée. Thimbrôn fut alors en pleine veine de succès; il pressa et Kyrênê et le port avec tant de vigueur que la famine commença à y régner et qu'une sédition éclata parmi les citoyens. Les hommes oligarchiques, chassés par le parti populaire, cherchèrent asile, les uns dans le camp de Thimbrôn, les autres à la cour de Ptolemæos, roi d'Égypte (2).

J'ai déjà mentionné que, dans le partage fait après la mort d'Alexandre, l'Égypte avait été assignée à Ptolemæos. Saisissant avec empressement l'occasion d'y annexer une possession aussi importante que la Pentapolis kyrénaïque, ce chef envoya une force suffisante sous Ophellas pour renverser Thimbrôn et rétablir les exilés. Son succès fut com-

(1) Diodore, XVII, 20.

(2) Diodore, XVIII, 21.

plet. Toutes les cités de la Pentapolis furent réduites; Thimbrôn, vaincu et poursuivi comme fugitif, fut arrêté dans sa fuite par quelques Libyens et mené prisonnier à Teucheira, ville dont les habitants (avec la permission de l'Olynthien Epikydês, gouverneur pour Ptolemæos) le torturèrent d'abord et ensuite le transportèrent à Apollonia pour y être pendu. Une visite finale de Ptolemæos lui-même régla les affaires de la Pentapolis, qui fut incorporée dans ses domaines et placée sous le gouvernement d'Ophellas (1).

Ce fut ainsi que la riche et florissante Kyrênê, portion intéressante du monde hellénique jadis autonome, passa comme le reste sous le pouvoir de l'un des diadochi macédoniens (322 av. J.-C.). Comme preuve et garantie de cette nouvelle souveraineté, nous trouvons élevée dans l'intérieur des murs de la cité une citadelle forte et complètement détachée, occupée par une garnison macédonienne ou égyptienne (comme Munychia à Athènes), et servant de boulevard au vice-roi. Dix ans plus tard (312 av. J.-C.), les Kyrénæens firent une tentative pour s'affranchir, et ils assiégèrent cette citadelle; mais comme ils furent accablés par une armée et une flotte que Ptolemæos envoya d'Égypte sous Agis (2), Kyrênê passa une fois de plus sous la vice-royauté d'Ophellas (3).

C'est à ce vice-roi qu'Agathoklês envoyait à ce moment des députés pour invoquer son aide contre Carthage (308 av. J.-C.). Ophellas était un officier de considération et d'expérience. Il avait servi sous Alexandre et avait épousé une femme athénienne, Euthydikê, — qui descendait en ligne directe de Miltiadês, le vainqueur de Marathôn, et appartenait à une famille encore distinguée à Athènes. En

(1) Arrien, De Rebus post Alex. VI, ap. Phot. Cod. 92; Diodore, XVIII, 21; Justin, XIII, 6, 20.

(2) Diodore, XIX, 79. Οἱ Κυρηναῖοι... τὴν ἄκραν περιεστρατοπέδευσαν, ὡς αὔτικα μάλα τὴν φρουρὰν ἐκβαλοῦντες, etc.

(3) Justin (XXII, 7, 4) appelle Ophellas « rex Cyrenarum »; mais il n'est nullement probable qu'il fût devenu indépendant de Ptolemæos, — comme le suppose Thrige (Hist. Cyrênês, p. 214). L'expression de Plutarque (Demetrius, 14), Ὀφέλλᾳ τῷ ἄρξαντι Κυρήνης, n'implique pas nécessairement une autorité indépendante.

invitant Ophellas à entreprendre en commun la conquête de Carthage, les députés lui proposèrent de garder la ville lui-même, une fois prise. Agathoklès (disaient-ils) désirait seulement renverser la domination carthaginoise en Sicile, sachant bien qu'il ne pouvait occuper cette île conjointement avec une domination africaine.

Ophellas (1) trouva une pareille invitation extrêmement séduisante. Il cherchait déjà l'occasion de s'agrandir vers l'ouest et avait envoyé une expédition nautique d'exploration le long de la côte septentrionale d'Afrique, même à quelque distance autour et au delà du détroit de Gibraltar (2). De plus, pour tous les aventuriers militaires, tant sur terre que sur mer, l'époque offrait des promesses spéculatives illimitées. Ils avaient sous les yeux non-seulement la prodigieuse carrière d'Alexandre lui-même, mais encore les empiétements heureux des grands officiers ses successeurs. Dans le second partage, fait à Triparadeisos, de l'empire alexandrin, Antipater avait assigné à Ptolemæos non-seulement l'Égypte et la Libye, mais encore une quantité indéfinie de territoire à l'ouest de la Libye, à acquérir plus tard (3), territoire dont on savait que la conquête avait été parmi les projets d'Alexandre, s'il eût vécu plus longtemps. C'est à cette conquête qu'Ophellas était alors appelé spécialement, soit comme vice-roi, soit comme l'égal de

(1) Diodore, XX, 40.

(2) Par une allusion de Strabon faite incidemment (XVII, p. 826), nous apprenons ce fait, — qu'Ophellas avait relevé toute la côte de l'Afrique septentrionale, jusqu'au détroit de Gibraltar, et autour des anciennes colonies phéniciennes sur la côte occidentale du Maroc moderne. Quelques critiques éminents (Grosskurd entre autres) rejettent la leçon de Strabon, — ἀπὸ τοῦ Ὀφέλα (ou Ὀφέλλα) περιπλοῦ, qui est appuyée par un très-grand nombre des plus importants MSS. Mais je ne sens pas la force de leurs raisonnements, et la leçon qu'ils voudraient substituer n'a rien qui la recommande. A mon avis, Ophellas, gouvernant la Kyrénaïque et concevant des désirs de conquêtes dans l'ouest, était un homme d'un caractère à ordonner et capable d'effectuer un examen de la côte africaine septentrionale. La connaissance de ce fait peut avoir engagé Agathoklês à s'adresser à lui.

(3) Arrien, De Rebus post Alex. 34, ap. Photium. Cod. 92. Αἴγυπτον μὲν γὰρ καὶ Λιβύην, καὶ τὴν ἐπέκεινα ταύτης τὴν πολλὴν, καὶ ὅ, τι περ ἂν πρὸς τούτοις δ' ὅριον ἐπικτήσηται πρὸς δυομένου ἡλίου, Πτολεμαίου εἶναι.

Ptolemæos et indépendant de lui, par l'invitation d'Agathoklês. Ayant appris au service d'Alexandre à ne pas craindre de longues marches, il embrassa la proposition avec empressement. Il entreprit, en partant de Kyrênê, une expédition sur l'échelle la plus vaste. Par les parents de sa femme, il put faire connaître ses projets à Athènes, où, aussi bien que dans d'autres parties de la Grèce, ils trouvèrent beaucoup de faveur. A cette époque, les oligarchies établies par Kassandre dominaient non-seulement à Athènes, mais en général dans toute la Grèce. Au milieu de la dégradation et des souffrances qui régnaient, il y avait d'amples motifs de mécontentement et aucune liberté de l'exprimer; aussi se trouva-t-il beaucoup de personnes disposées à accepter du service comme soldats auprès d'Ophellas ou à s'inscrire dans une colonie étrangère sous ses auspices. Partir sous la protection militaire de ce chef redoutable, — coloniser la puissante Carthage, que l'on croyait déjà affaiblie par les victoires d'Agathoklês, — s'approprier les richesses, les fertiles propriétés foncières et la position maritime de ses citoyens, — tout cela était un prix bien fait pour séduire des hommes mécontents de leurs patries et mal informés des difficultés qui pouvaient survenir (1).

Nourrissant de pareilles espérances, maints colons grecs rejoignirent Ophellas à Kyrênê, quelques-uns même avec leurs femmes et leurs enfants. On dit que le nombre total fut de 10,000. Ophellas les emmena à la tête d'une armée bien équipée de 10,000 fantassins, de 600 cavaliers et de 100 chars de guerre, chaque char portant le conducteur et deux combattants. S'avançant avec ce corps mêlé de soldats et de colons, il arriva en dix-huit jours au poste d'Auto-

---

(1) Diodore, XX, 40. Πολλοὶ τῶν Ἀθηναίων προθύμως ὑπήκουσαν εἰς τὴν στρατείαν · οὐκ ὀλίγοι δὲ καὶ τῶν ἄλλων Ἑλλήνων, ἔσπευδον κοινωνῆσαι τῆς ἐπιβολῆς, ἐλπίζοντες τήν τε κρατίστην τῆς Λιβύης κατακληρουχήσειν, καὶ τὸν ἐν Καρχηδόνι διαρπάσειν πλοῦτον.

Quant au grand encouragement offert à des colons, lorsqu'un puissant État était sur le point de fonder une nouvelle colonie, V. Thucyd. III, 93, au sujet de Hêrakleia Trachinia : — Πᾶς γάρ τις, Λακεδαιμονίων οἰκιζόντων, θαρσαλέως ᾔει, βεβαίαν νομίζων τὴν πόλιν.

molæ, — le comptoir le plus occidental de Kyrênê (1). De là il continua sa marche vers l'ouest, le long du rivage, entre les deux Syrtes, en beaucoup de parties désert, sablonneux et sans routes, sans bois et presque sans eau (à l'exception de points particuliers de fertilité), et infesté par des serpents nombreux et venimeux. A un moment, toutes ses provisions se trouvèrent épuisées. Il traversa le territoire des indigènes appelés Lotophagi, près de la Petite Syrte, où l'armée n'eut rien à manger, si ce n'est le fruit du lotus qui y abondait (2). Ophellas ne rencontra pas d'ennemis, mais les souffrances de toute sorte qu'endurèrent ses soldats, — et naturellement plus encore les colons moins robustes ainsi que leurs familles, — furent pénibles au plus haut point. Après des misères souffertes pendant plus de deux mois, il rejoignit Agathoklês dans le territoire carthaginois. Dans quelle proportion le nombre de ses hommes était-il diminué, nous l'ignorons; mais ses pertes doivent avoir été considérables (3).

Ophellas ne connaissait guère l'homme dont il avait accepté l'invitation et l'alliance. Agathoklês le reçut d'abord avec les protestations les plus chaleureuses d'attachement, en offrant aux nouveaux venus une hospitalité abondante et en leur fournissant tous les moyens nécessaires pour se rafraîchir et se refaire après leurs souffrances passées (307 av. J.-C). Après qu'il eut gagné ainsi la confiance et les sympathies favorables de tous, il se mit en devoir de

(1) Diodore, XX, 41.

(2) Théophraste, Hist. Plant. IV, 3, p. 127, éd. Schneider.

Le philosophe dut apprendre ce fait de quelques-uns des Athéniens qui prirent part à l'expédition.

(3) Diodore, XX, 42. V. la description frappante des misères de cette même marche, faite par Caton et ses troupes romaines après la mort de Pompée, dans Lucain, Pharsale, IX, 382-940 :

« Vadimus in campos steriles, exustaque mundi,
Quâ nimius Titan, et raræ in fontibus undæ,
Siccaque letiferis squalent serpentibus arva,
Durum iter. »

La marche entière d'Ophellas doit (je pense) avoir duré plus de deux mois; probablement Diodore ne parle que de la portion la plus pénible ou celle du milieu, quand il dit : — Κατὰ τὴν ὁδοιπορίαν πλεῖον ἢ δύο μῆνας κακοπαθήσαντες, etc. (XX, 42).

les faire tourner à ses propres desseins, Il réunit soudainement les plus dévoués de ses propres soldats, et leur dénonça Ophellas comme coupable de comploter contre sa vie. Ces hommes l'écoutèrent avec les mêmes sentiments de rage crédule que témoignèrent les soldats macédoniens quand Alexandre dénonça Philôtas devant eux. Alors Agathoklês les appela aussitôt aux armes, se jeta sur Ophellas à l'improviste, et le tua avec ses défenseurs plus immédiats. Cet acte excita parmi les soldats d'Ophellas l'horreur et l'indignation, non moins que la surprise; mais Agathoklês réussit enfin à les amener à transiger, en partie par des prétextes trompeurs, en partie par intimidation; car cette malheureuse armée, qui restait sans commandant ni dessein arrêté, n'avait pas d'autre ressource que d'entrer à son service (1). Il se trouva ainsi (comme Antipater après la mort de Leonnatos) maître d'une double armée et délivré d'un rival importun. Les colons d'Ophellas, — plus malheureux encore, puisqu'ils ne pouvaient être d'aucun service à Agathoklês, — furent mis par lui à bord de quelques bâtiments marchands, qu'il expédiait à Syracuse avec du butin. Le temps devenant orageux, beaucoup de ces bâtiments sombrèrent en mer, — quelques-uns furent jetés et brisés sur la côte d'Italie, — et il n'en arriva qu'un petit nombre à Syracuse (2). Ainsi finit misérablement l'expédition kyrénæenne d'Ophellas, l'un des projets les plus importants et les plus puissants pour une conquête et une colonisation combinées, qui aient jamais été conçus par aucune cité grecque.

Les choses auraient été mal pour Agathoklês si les Carthaginois se fussent trouvés dans le voisinage et prêts à l'attaquer dans la confusion qui suivit immédiatement la mort d'Ophellas. Les choses également auraient tourné plus mal encore pour Carthage, si Agathoklês eût été en position de l'attaquer pendant la terrible sédition qu'excita, presque en même temps, dans ses murs le général Bomilkar (3). Ce traître (comme nous l'avons déjà dit) avait long-

(1) Diodore, XX, 42; Justin, XXII, 7.

(2) Diodore, XX, 44.

(3) Diodore, XX, 43.

temps caressé le dessein de se faire despote, et il avait guetté une occasion favorable. Après avoir exprès fait perdre la première bataille, — livrée conjointement avec son vaillant collègue Hannon contre Agathoklês, — il avait depuis fait la guerre en vue de son propre projet (ce qui explique en partie les revers continus des Carthaginois); il pensa à ce moment que le temps était venu de lever ouvertement l'étendard. Profitant d'une revue de troupes faite dans le quartier de la cité appelée Neapolis, il licencia d'abord le corps des soldats en général, ne conservant auprès de lui qu'une troupe fidèle de 500 citoyens et de 4,000 mercenaires. A leur tête, il tomba ensuite sur la cité sans défiance; les hommes étant divisés en cinq détachements, il massacra indistinctement les citoyens sans armes dans les rues, aussi bien que dans la grande place du marché. D'abord, les Carthaginois furent frappés de stupeur et paralysés. Cependant ils reprirent insensiblement courage, se mirent en posture de défense contre les assaillants, les combattirent dans les rues et leur lancèrent des traits du haut des maisons. Après un conflit prolongé, les partisans de Bomilkar se virent vaincus, et furent heureux de profiter de la médiation de quelques citoyens plus âgés. Ils déposèrent leurs armes sous promesse de pardon. La promesse fut fidèlement remplie par les vainqueurs, si ce n'est à l'égard de Bomilkar lui-même, qui fut pendu dans la place du marché, après avoir souffert d'abord de cruelles tortures (1).

Bien que les Carthaginois eussent échappé ainsi à un péril extrême, cependant les effets d'une conspiration si formidable les affaiblirent pendant quelque temps contre leur ennemi du dehors, tandis qu'Agathoklês, d'autre part, renforcé par l'armée de Kyrênê, était plus fort que jamais (307 av. J.-C.). Il en conçut tant d'orgueil, qu'il prit le titre

(1) Diodore, XX, 44; Justin, XXII, 7. Cf. la description faite par Appien (Punic. 138) de la manière désespérée dont les Carthaginois se défendirent dans le dernier siége de la cité, contre l'attaque des Romains, du haut de ces toits et dans les rues.

de roi (1), suivant en cela l'exemple des grands officiers macédoniens, Antigonos, Ptolemæos, Seleukos, Lysimachos et Kassandre, le souvenir d'Alexandre étant alors écarté, comme ses héritiers avaient été déjà mis à mort. Agathoklês, déjà maître de presque toutes les villes dépendantes, à l'est et au sud-est de Carthage, se mit en devoir de porter ses armes au nord-ouest de la cité. Il attaqua Utique, — la seconde cité après Carthage en importance, et plus ancienne dans le fait que Carthage elle-même, — située sur le rivage occidental ou opposé du golfe carthaginois et visible de Carthage, bien qu'éloignée d'elle de vingt-sept milles (= 43 kil. 1/2 environ) autour du golfe par terre (2). Les habitants d'Utique étaient jusque-là restés fidèles à Carthage, malgré les revers et les défections d'ailleurs (3). Agathoklês s'avança dans leur territoire avec une rapidité si inattendue (il avait été jusque-là au sud-est de Carthage, et il se portait alors soudainement vers le nord-ouest de cette cité), qu'il s'empara des personnes de trois cents des principaux citoyens qui n'avaient pas encore pris la précaution de se retirer dans la ville. Après avoir tenté inutilement de déterminer les habitants à se rendre, il attaqua leurs murs, en attachant devant ses machines à

---

(1) Il reste encore des monnaies — Ἀγαθοκλέος Βασιλέως — les plus anciennes monnaies siciliennes qui portent le nom d'un prince (Humphreys, Ancient Coins and Medals, p. 50).

(2) Strabon, XVII, p. 832; Polyb. I, 73.

(3) Polybe (I, 82) dit expressément que les habitants d'Utique et d'Hippu-Akra (un peu plus loin à l'ouest qu'Utique) restèrent fidèles à Carthage pendant toutes les hostilités poursuivies par Agathoklês. Cela nous met à même de corriger le passage où Diodore décrit l'attaque dirigée par Agathoklês contre Utique (XX, 54) : — Ἐπὶ μὲν Ἰτυκαίους ἐστράτευσεν ἀφεστηκότας, ἄφνω δὲ αὐτῶν τῇ πόλει προσπεσών, etc. Le mot ἀφεστηκότας ici est embarrassant. Il doit vouloir dire que les habitants d'Utique s'étaient révoltés *contre Agathoklês*; cependant Diodore n'a pas encore dit un mot des habitants de cette ville, ni rapporté qu'ils se fussent jamais joints à Agathoklês, ou qu'ils eussent été vaincus par lui. Tout ce que Diodore a dit jusque-là au sujet d'Agathoklês, a trait à des opérations parmi les villes à l'est ou au sud-est de Carthage.

Il me semble que le passage devrait être : — Ἐπὶ μὲν Ἰτυκαίους ἐστράτευσεν οὐκ ἀφεστηκότας, *i. e.* contre Carthage; ce qui introduit une suite logique dans le récit de Diodore lui-même, en le mettant en harmonie avec Polybe.

battre en brèche les trois cents prisonniers qu'il avait faits; de sorte que les citoyens, en lançant des traits pour se défendre, furent contraints de donner la mort à leurs propres compagnons d'armes et à leurs parents. Néanmoins, ils résistèrent à l'attaque avec une résolution inébranlable; mais Agathoklês trouva moyen de pénétrer de force par une partie faible des murs, et il devint ainsi maître de la cité. Il en fit le théâtre d'un carnage exécuté indistinctement, en massacrant les habitants armés et non armés et en pendant les prisonniers. Il prit en outre la ville d'Hippu-Akra, à environ trente milles (= 48 kilom. 1/4), au nord-ouest d'Utique qui, elle aussi, était restée fidèle à Carthage, et qui, à ce moment, après une vaillante défense, éprouva le même traitement sans merci (1). Les Carthaginois qui, vraisemblablement, n'étaient pas encore remis de leur coup récent, n'intervinrent pas, même pour sauver ces deux villes importantes, de sorte qu'Agathoklês, fortement établi dans Tunês, comme centre d'opérations, étendit sa domination en Afrique plus loin que jamais, tout autour de Carthage, tant sur la côte que dans l'intérieur, tandis qu'il interrompit les approvisionnements de Carthage elle-même, et réduisit les habitants à de grandes privations (2). Il occupa même et fortifia considérablement une place appelée Hippagreta, entre Utique et Carthage, poussant ainsi ses postes à une courte distance tant à l'est qu'à l'ouest des portes de la ville (3).

Dans cet état prospère de ses affaires africaines, il crut

(1) Diodore, XX, 54, 55. En attaquant Hippu-Akra (autrement appelée Hippo-Zarytos, près du « Promontorium Pulchrum », le point le plus septentrional de l'Afrique), Agathoklès eut, dit-on, l'avantage dans un combat naval, — ναυμαχίᾳ περιγενόμενος. Cela implique qu'il a dû avoir une flotte supérieure à celle des Carthaginois, même dans leur propre golfe, peut-être des vaisseaux saisis à Utique.

(2) Diodore, XX, 59.

(3) Appien mentionne distinctement cette ville *Hippagreta*, comme ayant été fortifiée par Agathoklês, — et il la représente distinctement comme étant entre Utique et Carthage (Punic. 110). Ce ne peut donc pas être la même ville que Hippu-Akra (ou Hippo-Zarytos), qui était beaucoup plus loin de Carthage que ne l'était Utique.

l'occasion favorable pour rétablir son ascendant diminué en Sicile, île dans laquelle il passa donc avec 2,000 hommes, laissant le commandement en Afrique à son fils Archagathos (306-305 av. J.-C.). Ce jeune homme fut d'abord heureux, et sembla même en voie d'agrandir les conquêtes de son père. Son général Eumachos envahit un vaste cercle de Numidie intérieure; il prit Tokæ, Phellinê, Meschelæ, Akris et une autre ville portant le même nom d'Hippu-Akra, et il enrichit ses soldats d'un butin considérable. Mais, dans une seconde expédition, où il s'efforça de porter ses armes plus loin dans l'intérieur, il fut vaincu en attaquant une ville appelée Miltinê, et forcé de se retirer. Nous lisons qu'il traversa une région montagneuse abondante en chats sauvages, — et une autre dans laquelle il y avait un grand nombre de singes apprivoisés, vivant de la façon la plus familière dans les maisons avec les hommes, — qui leur faisaient beaucoup de caresses et même les adoraient comme dieux (1).

Toutefois les Carthaginois avaient regagné alors l'harmonie intérieure et le pouvoir d'agir (306 av. J.-C.). Leur sénat et leurs généraux rivalisèrent d'ardeur et de combinaisons pleines de prévoyance contre l'ennemi commun. Ils envoyèrent 30,000 hommes, armée plus considérable qu'ils n'en avaient encore eu en campagne, formant trois camps distincts, sous Hannôn, Imilkôn et Adherbal, en partie dans l'intérieur, en partie sur la côte. Archagathos, laissant une garde suffisante à Tunês, s'avança à leur rencontre et partagea aussi son armée en trois divisions, deux sous lui-même et Æschriôn, outre le corps sous Eumachos, dans la région montagneuse. Toutefois, il fut malheureux sur tous les points. Hannôn parvint à surprendre la division d'Æschriôn, remporta une victoire complète, où Æschriôn lui-

(1) Diodore, XX, 57, 58. Il est inutile d'essayer d'identifier les places que l'on dit avoir été visitées et conquises par Eumachos. Nos connaissances topographiques sont complètement insuffisantes. On suppose que cette seconde Hippu-Akra est la même que Hippo-Regius, Tokæ peut être Tucca Terebinthina, dans la région sud-est ou Byzakium.

même fut tué avec plus de 4,000 hommes. Imilkôn fut encore plus heureux dans ses opérations contre Eumachos, qu'il fit tomber dans une embuscade par une fuite simulée, et qu'il attaqua avec un tel avantage, que l'armée grecque fut mise en déroute et coupée de toute retraite. Un reste de ces soldats se défendit pendant quelque temps sur une colline voisine; mais, étant sans eau, ils périrent presque tous de soif, de fatigue et par l'épée du vainqueur (1).

Ces revers, qui anéantirent deux tiers de l'armée d'Agathoklès, mirent Archagathos dans un sérieux péril (305 av. J.-C.). Il fut obligé de concentrer ses forces dans Tunês, et de rappeler presque tous ses détachements éloignés. En même temps, celles des cités liby-phéniciennes et des tribus libyennes rurales, qui s'étaient auparavant jointes à Agathoklês, se détachèrent actuellement de lui, alors que son pouvoir déclinait évidemment, et firent leur paix avec Carthage. Les généraux carthaginois victorieux établirent des camps fortifiés autour de Tunês, de manière à empêcher les excursions d'Archagathos, tandis qu'avec leur flotte ils bloquèrent son port. Bientôt les provisions manquèrent, et il régna un grand désespoir dans l'armée grecque. Archagathos transmit cette décourageante nouvelle à son père en Sicile, et le pria avec instance de vouloir venir à son secours (2).

La carrière d'Agathoklès en Sicile, depuis son départ d'Afrique, avait été mêlée de succès et de revers, mais en général improductive (306-305 av. J.-C.). Précisément avant son arrivée dans l'île (3), ses généraux Leptinês et Demophilos avaient gagné une importante victoire sur les forces agrigentines commandées par Xenodokos, qui furent mises hors d'état de tenir la campagne. Ce désastre fut un fatal découragement tant pour les Agrigentins que pour la cause qu'ils avaient épousée comme champions, — à savoir, un gouvernement municipal libre et autonome avec une

(1) Diodore, XX, 59, 60.

(2) Diodore, XX, 61.

(3) Diodore, XX, 56. Ἀγαθοκλῆς δὲ, τῆς μάχης ἄρτι γεγενημένης, καταπλεύσας τῆς Σικελίας εἰς Σελινοῦντα, etc.

confédération sur le pied d'égalité pour une défense personnelle, sous la présidence d'Agrigente (1). Les cités éloignées, confédérées avec Agrigente, furent laissées sans protection militaire et exposées aux attaques de Leptinês, qu'animait et fortifiait la récente arrivée de son maître Agathoklês. Ce despote débarqua à Sélinonte, — soumit Hêrakleia, Therma et Kephaloidion, sur la côte septentrionale de la Sicile ou auprès, — ensuite il se rendit à Syracuse, en traversant l'intérieur de l'île. En route, il attaqua Kentoripa, où il avait quelques partisans, mais il fut repoussé avec perte. A Apollonia (2), il fut également malheureux dans sa première tentative; mais, rempli de mortification, il reprit l'assaut le lendemain, et, à la fin, avec de grands efforts, emporta la ville. Pour venger ses pertes, qui avaient été sérieuses, il massacra la plus grande partie des citoyens et livra la ville au pillage (3).

De là il se rendit à Syracuse, qu'il revit alors après une absence de (apparemment) plus de deux ans passés en Afrique (306-305 av. J.-C.). Pendant tout cet intervalle, le port syracusain avait été surveillé par une flotte carthaginoise, qui empêchait l'entrée des provisions et causait une disette partielle (4). Mais il n'y avait pas d'armée de blocus sur terre, et l'empire d'Agathoklês, soutenu comme il l'était par son frère Antandros et par ses forces mercenaires, n'avait pas été du tout ébranlé. Son arrivée inspira un nouveau courage à ses partisans et à ses soldats, tandis qu'elle répandait la terreur dans la plus grande partie de la Sicile. Afin de lutter contre l'escadre de blocus carthaginoise, il fit des efforts pour se procurer l'aide maritime des ports tyrrhéniens en Italie (5), tandis que sur terre ses forces étaient actuellement prépondérantes, — grâce à la récente défaite et au courage abattu des Agrigentins. Mais

(1) Diodore, XX, 56. Οἱ μὲν οὖν Ἀκραγαντῖνοι ταύτῃ τῇ συμφορᾷ περιπεσόντες, διέλυσαν ἑαυτῶν μὲν τὴν καλλίστην ἐπιβολήν, τῶν δὲ συμμάχων τὰς τῆς ἐλευθερίας ἐλπίδας.

(2) Apollonia était une ville de l'intérieur de l'île, un peu au nord-est d'Enna (Cicéron, Verr. III, 43).

(3) Diodore, XX, 56.

(4) Diodore, XX, 62.

(5) Diodore, XX, 61.

ses espérances furent arrêtées soudainement par le mouvement entreprenant de son ancien ennemi, — l'exilé syracusain Deinokratês, qui fit profession de reprendre cette politique généreuse que les Agrigentins avaient tacitement laissé tomber — en s'annonçant comme le champion d'un gouvernement municipal autonome et d'une confédération sur le pied d'égalité dans toute la Sicile. Deinokratês reçut l'adhésion empressée de la plupart des cités appartenant à la confédération agrigentine, — qui toutes furent alarmées en voyant que la faiblesse ou les craintes de la cité présidente les avaient laissées sans protection contre Agathoklês. Il fut bientôt à la tête d'une puissante armée, forte de 20,000 fantassins et de 1,500 chevaux. De plus, une partie considérable de son armée se composait non de milice citoyenne, mais de soldats exercés, exilés pour la plupart, chassés de leurs patries par les divisions et les violences de l'époque d'Agathoklês (1). Pour des desseins militaires, lui et ses soldats avaient beaucoup plus d'énergie et de force que n'en avaient eu les Agrigentins sous Xenodokos. Non-seulement il tint la campagne contre Agathoklês, mais plusieurs fois il lui offrit la bataille, que le despote ne se sentit pas assez de confiance pour accepter. Agathoklês ne put faire plus que de se maintenir dans Syracuse, tandis que les cités siciliennes en général furent mises à l'abri de ses agressions.

Au milieu de cette marche malheureuse des affaires en Sicile, Agathoklês reçut des messagers de son fils, qui lui annoncèrent les défaites essuyées en Afrique. Se préparant immédiatement à retourner dans ce pays, il fut assez heureux pour obtenir un renfort de vaisseaux de guerre tyrrhéniens, qui le mirent à même de vaincre l'escadre de blocus carthaginoise à l'entrée du port de Syracuse. Le passage libre en Afrique lui fut assuré ainsi, en même temps que d'amples renforts de provisions aux Syracusains (2). Bien

(1) Diodore, XX, 57. Καὶ πάντων τούτων ἐν φυγαῖς καὶ μελέταις τοῦ πονεῖν συνεχῶς γεγονότων, etc.

(2) Diodore, XX, 61, 62.

qu'il fût hors d'état de combattre Deinokratês en rase campagne, sa récente victoire navale enhardit Agathoklês à envoyer Leptinês avec une armée pour envahir les Agrigentins, — les rivaux jaloux, plutôt que les alliés, de Deinokratês. L'armée agrigentine, — sous le général Xenodokos, que Leptinês avait défaite auparavant, — se composait d'une milice de citoyens réunis pour l'occasion, tandis que les mercenaires d'Agathoklès, conduits par Leptinês, avaient fait des armes un métier, et étaient habitués à combattre aussi bien qu'à supporter les fatigues (1). Ici, comme ailleurs en Grèce, nous voyons le citoyen à l'âme énergique et patriotique écrasé par le soldat de profession, et réduit à opérer seulement comme instrument obséquieux pour des détails administratifs.

Xenodokos, qui connaissait l'infériorité de cette armée agrigentine, répugnait à hasarder une bataille. Poussé à cette imprudence par les sarcasmes de ses soldats, il fut défait une seconde fois par Leptinês, et redouta tellement la colère des Agrigentins, qu'il crut prudent de se retirer à Gela. Après une période de réjouissances, pour ses récentes victoires sur terre aussi bien que sur mer, Agathoklês passa en Afrique, où il trouva son fils, avec l'armée à Tunês qui était dans un extrême désespoir, souffrait de grandes privations, et que le manque de paye était sur le point de pousser à une mutinerie. Elle montait encore à 6,000 mercenaires, à 6,000 Gaulois, Samnites et Tyrrhéniens, — à 1,500 cavaliers — et à pas moins de 6,000 chars de guerre libyens (si ce chiffre est exact). Il y avait aussi un corps nombreux d'alliés libyens, perfides serviteurs du moment, guettant le changement de la fortune. Les Carthaginois, qui occupaient des camps retranchés dans le voisinage de Tunès et qui avaient d'abondantes provisions, attendirent patiemment les effets destructifs des privations et des souffrances sur leurs ennemis. La position d'Agathoklês était si désespérée, qu'il fut forcé de s'avancer et de combattre.

(1) Diodore, XX, 62.

Après avoir essayé en vain d'attirer les Carthaginois dans la plaine, il finit par les attaquer dans toute la force de leurs retranchements. Mais, en dépit des efforts les plus énergiques, ses troupes furent repoussées avec un grand massacre et refoulées dans leur camp (1).

La nuit qui suivit cette bataille fut une scène de désordre et de terreur panique dans les deux camps, même dans celui des Carthaginois victorieux. Ces derniers, suivant les commandements de leur religion, impatients de faire aux dieux leurs remerciements sentis au fond du cœur pour cette grande victoire, leur sacrifièrent comme offrande de choix les plus beaux des prisonniers faits sur l'ennemi (2). Pendant cette opération, la tente ou tabernacle consacré aux dieux, qui touchait à l'autel aussi bien qu'à la tente du général, prit feu accidentellement. Les tentes n'étant formées que de poteaux de bois, liés par un chaume de foin ou de paille, tant sur le toit que sur les côtés, — le feu se répandit rapidement et tout le camp fut brûlé, avec beaucoup de soldats qui tentèrent d'arrêter l'incendie. La terreur que causa cette catastrophe fut si grande, que l'armée carthaginoise tout entière se dispersa pour le moment, et Agathoklês, s'il eût été prêt, aurait pu la détruire. Mais il se trouva qu'à la même heure, son propre camp fut jeté dans une extrême confusion, par un accident différent, qui rendit ses soldats incapables d'être mis en mouvement (3).

Sa position à Tunês était actuellement devenue désespérée (305 av. J.-C.). Ses alliés libyens s'étaient tous déclarés contre lui après la récente défaite. Il ne pouvait ni continuer d'occuper Tunês, ni emmener ses troupes en Sicile, car il n'avait que peu de navires, et les Carthaginois étaient maîtres de la mer. Se voyant sans ressources, il résolut de s'embarquer secrètement avec son plus jeune fils, Heraklei-

(1) Diodore, XX, 64; Justin, XXII, 8.

(2) Diodore, XX, 65. V. un incident quelque peu semblable (Hérod. VII, 180). — Les Perses, lors de l'invasion de la Grèce par Xerxês, sacrifièrent le plus beau prisonnier grec capturé à bord du premier vaisseau ennemi qui tomba entre leurs mains.

(3) Diodore, XX, 66, 67.

dês, en abandonnant Archagathos et l'armée à leur sort. Mais Archagatos et les autres officiers, soupçonnant son dessein, étaient parfaitement résolus à ne pas laisser ainsi s'échapper et les trahir l'homme qui les avait amenés à la ruine. Quand Agathoklês fut sur le point de s'embarquer, il se vit guetté, arrêté et retenu prisonnier par les soldats indignés. Toute la ville devint alors une scène de désordre et de tumulte, aggravée par le bruit que l'ennemi s'avançait pour les attaquer. Au milieu de l'alarme générale, les gardes auxquels on avait confié Agathoklês, croyant ses services indispensables à la défense, l'amenèrent encore chargé de chaînes. Quand les soldats le virent dans cet état, leur sentiment à son égard revint de nouveau à la pitié et à l'admiration, nonobstant sa désertion projetée; de plus, ils comptèrent sur sa direction pour résister à l'attaque qui les menaçait. D'une seule voix, ils invitèrent les gardes à lui enlever ses chaînes et à le laisser libre. Agathoklês se trouva de nouveau en liberté. Mais, insensible à tout, si ce n'est à sa propre sûreté personnelle, il se déroba bientôt, sauta inaperçu dans un esquif, avec quelques hommes qui le suivaient, mais sans ni l'un ni l'autre de ses fils, — et fut assez heureux, malgré un temps orageux de novembre, pour arriver sur la côte de Sicile (1).

La fureur des soldats fut si terrible quand ils découvrirent qu'Agathoklês avait accompli sa désertion, qu'ils tuèrent ses deux fils, Archagathos et Hêrakleidês. Il ne leur restait pas d'autre ressource que d'élire de nouveaux généraux et de faire avec Carthage les meilleures conditions possibles. Ils formaient encore une armée formidable, qui avait en son pouvoir diverses autres villes outre Tunês, de sorte que les Carthaginois, délivrés de toute crainte d'Agathoklês, jugèrent prudent d'accorder une capitulation facile. On convint que toutes les villes seraient rendues aux Car-

(1) Diodore, XX, 69; Justin, XXII, 8... Τὸ δὲ πλῆθος, ὡς εἶδεν, εἰς ἔλεον ἐτράπη, καὶ πάντες ἐπεβόων ἀφεῖναι· ὁ δὲ λυθεὶς καὶ μετ' ὀλίγων ἐμβὰς εἰς τὸ πορθμεῖον, ἔλαθεν ἐκπλεύσας κατὰ τὴν δύσιν τῆς Πλειάδος, χειμῶνος ὄντος.

thaginois, en échange d'une somme de 300 talents; que ceux des soldats qui voudraient entrer au service de Carthage en Afrique seraient reçus à solde entière; mais que ceux qui préféraient retourner en Sicile y seraient transportés, avec permission de résider dans la ville carthaginoise de Solonte. C'est sous ces conditions que la convention fut conclue et l'armée définitivement détruite. Cependant, quelques-unes des garnisons grecques qui avaient leurs quartiers dans des postes détachés, étant assez hardies pour refuser la convention et résister, furent assiégées et prises par l'armée carthaginoise. Leurs commandants furent mis en croix, et les soldats condamnés aux travaux de la campagne, comme esclaves chargés de fers (1).

Telle fut l'issue misérable de l'expédition d'Agathoklês en Afrique, après un intervalle de quatre années depuis le moment qu'il avait débarqué. Les *vana mirantes* (2), qui cherchaient des coïncidences curieuses (probablement Timée), firent remarquer que sa fuite définitive, avec le meurtre de ses deux fils, s'effectua exactement le même jour de l'année qui suivit la mort d'Ophellas, assassiné par son ordre (3). Des écrivains anciens vantent, avec beaucoup de raison, l'idée hardie et frappante de transporter la guerre en Afrique, au moment même où il était assiégé dans Syracuse par une armée carthaginoise supérieure. Mais, tout en admettant l'esprit de ressources, le talent et l'énergie militaires d'Agathoklês, nous ne devons pas oublier que son succès en Afrique fut considérablement secondé par la conduite perfide du général carthaginois Bomilkar, — coïncidence accidentelle sous le rapport du temps. Il ne faut pas non plus perdre de vue qu'Agathoklês négligea l'occasion de profiter de son premier succès, à un moment où les Carthaginois auraient probablement acheté son éva-

(1) Diodore, XX, 69.

(2) Tacite, Annal. I, 9. « Multus hinc ipso de Augusto sermo, plerisque *vana mirantibus* — quod idem dies accepti quondam imperii princeps, et vitæ supremus — quod Nolæ in domo et cubiculo, in quo pater ejus Octavius, vitam finivisset », etc.

(3) Diodore, XX, 70.

cuation de l'Afrique, en lui faisant des concessions considérables en Sicile (1). Il persista imprudemment dans la guerre, bien que la conquête complète de Carthage dépassât ses forces, — et bien qu'il fût encore plus au-dessus de ses forces de poursuivre une guerre efficace, simultanément et pendant longtemps, en Sicile et en Afrique. Les sujets africains de Carthage n'étaient pas attachés à cette ville, mais ils ne furent pas non plus attachés à Agathoklês, — et, à la longue, ils ne lui firent aucun bien sérieux. Agathoklês est un homme de force et de fraude,—consommé dans l'usage de l'une et de l'autre. Toute sa vie est une série d'aventures heureuses et de coups d'adresse hardie pour se tirer de difficultés, mais il manque en lui tout plan général déterminé à l'avance, ou tout cercle mesuré d'ambition auquel il eût pu faire servir ces exploits isolés.

Après avoir traversé la mer en quittant l'Afrique, Agathoklès débarqua à l'extrémité occidentale de la Sicile, près de la ville d'Egesta, qui était à ce moment alliée avec lui. Il envoya chercher un renfort à Syracuse. Mais il était dans un cruel besoin d'argent; il soupçonna ou prétendit soupçonner les Egestæens de désaffection. Conséquemment, quand il reçut ses nouvelles forces, il les employa à commettre un massacre et un pillage révoltants à Egesta. La ville contenait, dit-on, 10,000 citoyens. Agathoklês fit tuer, pour la plupart, les gens pauvres; il fit cruellement torturer les plus riches, et même torturer et mutiler leurs femmes, pour les forcer à révéler leurs richesses cachées; on transporta en Italie les enfants des deux sexes, et on les y vendit comme esclaves aux Brutiens. La population primitive étant ainsi presque entièrement extirpée, Agathoklês changea le nom de la ville en celui de Dikæopolis, en l'assignant comme résidence à ceux des déserteurs qui

(1) C'est ce qu'aurait pu faire Agathoklês, mais c'est ce qu'il ne fit pas. Néanmoins, Valère Maxime (VII, 4, I) le représente comme l'ayant réellement fait, et il loue sa sagacité pour ce motif. C'est un exemple du peu de soin qu'apportent parfois aux faits ces compilateurs d'anecdotes.

pourraient le rejoindre (1). Cette atrocité, plus convenable à l'Afrique (2) qu'à la Grèce (où il n'est presque pas parlé de la mutilation de femmes), fut probablement la manière dont son sauvage orgueil obtint une sorte de satisfaction par représaille pour la calamité et l'humiliation qu'il avait récemment subies en Afrique. C'est sous l'empire du même sentiment qu'il accomplit un autre acte sanglant à Syracuse. Après avoir appris que les soldats qu'il avait abandonnés à Tunês avaient après son départ mis à mort ses deux fils, il donna ordre à Antandros, son frère (vice-roi de Syracuse), de massacrer tous les parents de ceux des Syracusains qui avaient servi sous lui dans l'expédition d'Afrique. Cet ordre fut exécuté par Antandros (nous assure-t-on) exactement et à la lettre. Les bourreaux d'Agathoklês n'épargnèrent ni âge ni sexe, — ni grand-père ni petit-enfant, — ni épouse ni mère. Nous pouvons être sûrs que leurs biens furent pillés en même temps; on ne parle pas de mutilations (3).

Cependant Agathoklês essaya de conserver son empire sur les villes siciliennes qui lui restaient; mais ses cruautés aussi bien que ses revers avaient produit un sentiment de grande aversion contre lui, et même son général Pasiphilos se révolta pour rejoindre Deinokratês. Cet exilé était alors à la tête d'une armée qui montait, dit-on, à 20,000 hommes, les forces militaires les plus formidables en Sicile; de sorte qu'Agathoklês, sentant l'insuffisance de ses propres moyens, envoya demander la paix et offrir des conditions séduisantes. Il déclara qu'il était prêt à évacuer complétement Syracuse, et à se contenter de deux villes maritimes sur la

(1) Diodore, XX, 71. Nous ne savons pas ce qu'il advint ensuite de cette ville avec sa nouvelle population. Mais l'ancien nom d'Egesta fut repris plus tard.

(2) Cf. la conduite de la princesse gréco-libyenne Pheretimê (de la famille Battiade) à Barka (Hérod. IV, 202).

(3) Diodore, XX, 72. Hippokratês et Epikydês, — ces Syracusains qui, environ un siècle après, engagèrent Hierônymos de Syracuse à préférer l'alliance carthaginoise à l'alliance romaine, — avaient habité Carthage pendant quelque temps et servi dans l'armée d'Hannibal, parce que leur grand-père avait été banni de Syracuse comme ayant été mêlé au meurtre d'Archagathos (Polyb. VII, 2).

côte septentrionale de l'île, — Terma et Kephaloïdion, — si l'on voulait les assigner à ses mercenaires et à lui-même. Cette proposition fournissait à Deinokratês et aux autres exilés syracusains l'occasion d'entrer dans Syracuse et de rétablir le gouvernement municipal libre. Si Deinokratês eût été un autre Timoleôn, la cité aurait pu acquérir et goûter le nouveau bonheur d'une autonomie et d'une prospérité temporaires, mais son ambition était complétement égoïste. En qualité de commandant de cette armée considérable, il jouissait d'une position qui lui assurait une puissance et une licence qu'il n'était pas vraisemblable qu'il obtînt sous le gouvernement municipal rétabli à Syracuse. Il éluda donc la proposition d'Agathoklês, en demandant des concessions plus grandes encore, jusqu'à ce qu'enfin les exilés syracusains de sa propre armée (excités en partie par des émissaires d'Agathoklês lui-même) commençassent à soupçonner ses projets égoïstes et à chanceler dans leur fidélité à son égard. Pendant ce temps-là, Agathoklês, repoussé par Deinokratês, s'adressa aux Carthaginois, et conclut avec eux un traité qui leur rendait ou leur garantissait toutes les possessions dont ils avaient jamais joui en Sicile. En récompense de cette concession, il reçut d'eux une somme d'argent et une provision considérable de blé (1).

Délivré des Carthaginois comme ennemis, Agathoklês osa bientôt s'avancer contre l'armée de Deinokratês. Ce dernier était, à la vérité, très-supérieur en force, mais beaucoup de ses soldats étaient actuellement tièdes ou mal disposés, et Agathoklês avait établi parmi eux des correspondances sur lesquelles il pouvait compter. A une grande bataille livrée près de Torgium, un grand nombre d'entre eux passèrent à Agathoklês, et lui donnèrent une victoire complète. L'armée de Deinokratês fut entièrement dispersée. Peu après, un corps considérable de cette armée (4,000 ou 7,000 hommes, suivant des assertions différentes)

(1) Diodore, XX, 78, 79. Quelques-uns disent que la somme d'argent payée par les Carthaginois était de trois cents talents. Suivant Timée, elle était de cent cinquante.

se rendit au vainqueur à conditions. Aussitôt que ces hommes eurent livré leurs armes, Agathoklês, sans égard pour la convention, les fit entourer par sa propre armée et massacrer (1).

Il paraîtrait que la récente victoire avait été le résultat d'un pacte secret de trahison entre Agathoklês et Deinokratês, et que les prisonniers massacrés par Agathoklês étaient ceux dont Deinokratês désirait se débarrasser comme mécontents; car, immédiatement après la bataille, il s'opéra entre eux deux une réconciliation. Agathoklês admit Deinokratês comme une sorte d'associé dans son despotisme, tandis que ce dernier, non-seulement apporta dans l'association tous les moyens militaires et tous les postes fortifiés qu'il avait mis deux ans à acquérir, mais encore livra à Agathoklês le général révolté Pasiphilos, avec la ville de Gela occupée par ce général. On signale comme fait singulier, qu'Agathoklês, généralement sans foi et sans scrupules à l'égard de ses amis et de ses ennemis, entretint les meilleurs rapports de bonne intelligence et de confiance avec Deinokratês jusqu'à la fin de sa vie (2).

Le despote avait regagné actuellement tout pouvoir à Syracuse avec l'empire sur une grande partie de la Sicile (303 av. J.-C). Le reste de son existence agitée fut consacré à des opérations d'hostilité ou de pillage contre des ennemis plus septentrionaux, — les îles Liparæennes (3), — les cités italiennes et les Brutiens, — l'île de Korkyra. Nous ne pouvons pas suivre ses opérations en détail. Il fut menacé d'une attaque formidable (4) par le prince spartiate Kleonymos, que les Tarentins appelèrent à leur aide contre les Lucaniens et les Romains. Mais Kleonymos trouva assez à s'occuper ailleurs sans visiter la Sicile. Il réunit une armée considérable sur la côte d'Italie, entreprit des opéra-

(1) Diodore, XX, 89.

(2) Diodore, XX, 90.

(3) Diodore, XX, 101. Cette expédition d'Agathoklês contre les îles Liparæennes semble avoir été décrite en détail par son historien contemporain le Syracusain Kallias : V. les Fragments de cet auteur dans Fragm. Hist. Græc. vol. II, p. 383, éd. Didot, Fragm. 4.

(4) Diodore, XX, 104.

tions avec succès contre les Lucaniens, et prit même la ville de Thurii. Mais les Romains, qui poussaient alors leur intervention même jusqu'au golfe de Tarente, le chassèrent et reprirent la ville; de plus, sa propre conduite fut si tyrannique et si dissolue, qu'il s'attira une haine universelle. En revenant d'Italie à Korkyra, Kleonymos se rendit maître de cette île importante, avec l'intention de l'employer comme base d'opérations et contre la Grèce et contre l'Italie (1). Toutefois il échoua dans diverses expéditions tant dans le golfe de Tarente que dans l'Adriatique. Demetrios Poliorketês et Kassandre essayèrent tous les deux de conclure une alliance avec lui, mais en vain (2). A une période subséquente, Korkyra fut assiégée par Kassandre avec des forces navales et militaires considérables. Kleonymos se retira (ou peut-être s'était-il retiré antérieurement) à Sparte. Kassandre, après avoir réduit l'île à de grands embarras, était sur le point de la prendre, lorsqu'elle fut délivrée par Agathoklês avec un puissant armement. Ce despote était engagé dans des opérations sur la côte d'Italie contre les Brutiens, quand on le sollicita de secourir Korkyra; il détruisit la plus grande partie de la flotte macédonienne, puis il s'empara de l'île pour lui-même (3). En revenant de cette expédition victorieuse sur la côte d'Italie, où il avait laissé un détachement de ses mercenaires liguriens et toscans, on lui apprit que ces mercenaires s'étaient montrés turbulents pendant son absence, en réclamant la solde qui leur était due par son petit-fils Archagathos. Il les fit tous tuer, au nombre de 2,000 (4).

(1) Diodore, XX, 104; Tite-Live, X, 2. On lit dans le Pseudo-Aristote, De Mirabilibus (78), une anecdote curieuse relative à deux Italiens indigènes, Aulus et Caius, qui essayèrent d'empoisonner Kleonymos à Tarente, mais qui furent découverts et mis à mort par les Tarentins.

Qu'Agathoklês, dans ses opérations sur la côte de l'Italie méridionale, se soit trouvé en conflit avec les Romains, et que leur importance se fit alors fortement sentir, — c'est ce dont nous pouvons juger par le fait que le Syracusain Kallias (contemporain et historien d'Agathoklês) paraît avoir donné des détails sur l'origine et l'histoire de Rome. V. les Fragments de Kallias dans Didot, Hist. Græc. Fragm. vol. II, p. 383; Fragm. 5, — et Denys d'Halikarn. Ant. Rom. I, 72.

(2) Diodore, XX, 105.

(3) Diodore, XXI, Fragm. 2, p. 265.

(4) Diodore, XXI, Fragm. 3, p. 266.

Autant que nous pouvons suivre les événements des dernières années d'Agathoklês, nous le voyons s'emparer des villes de Krotôn et d'Hipponia en Italie, établir une alliance avec Demetrios Poliorketês (1), et donner sa fille Lanassa en mariage au jeune Pyrrhus, roi d'Epire (300-289 av. J.-C.). A l'âge de soixante-douze ans, encore dans la plénitude de sa vigueur aussi bien que de sa puissance, il projetait une nouvelle expédition contre les Carthaginois d'Afrique, avec deux cents des plus grands vaisseaux de guerre, lorsque sa carrière fut terminée par une maladie et par des ennemis domestiques.

Il déclara comme successeur futur de sa domination son fils, nommé Agathoklês; mais Archagathos, son petit-fils (fils d'Archagathos qui avait péri en Afrique), jeune prince de qualités plus remarquables, avait déjà été désigné pour le commandement le plus important, et il était à ce moment à la tête d'une armée près d'Ætna. Le vieil Agathoklês, désirant assurer plus de force à son futur successeur, envoya son fils favori Agathoklês à Ætna, avec un ordre écrit qui enjoignait à Archagathos de lui remettre le commandement. Archagathos, qui n'était nullement disposé à obéir, invita à un banquet son oncle Agathoklês et le tua, puis il combina l'empoisonnement de son grand-père, le vieux despote lui-même. L'instrument de ce projet fut Mænôn, citoyen d'Egesta, réduit à l'esclavage à l'époque où Agathoklês massacra la plus grande partie de la population égestæenne. La beauté de sa personne lui procura une grande faveur auprès d'Agathoklês; mais il n'avait jamais oublié, et il avait toujours désiré venger, l'outrage sanglant fait à ses concitoyens. Pour l'accomplissement de ce dessein, Archagathos lui donna une occasion à ce moment, avec la promesse de le protéger. En conséquence, il empoisonna Agathoklês, nous dit-on, au moyen d'une plume imprégnée de poison, qu'il lui remit pour nettoyer ses dents après dîner (2). En combinant les divers récits, il semble pro-

(1) Diodore, XXI, Fragm. 4, 8, 11, p. 266-273.

(2) Diodore, XXI, Fragm. 12, p. 276-278. Ni Justin (XXIII, 2), ni

bable qu'Agathoklês était malade à ce moment, — que cette maladie a pu être la raison qui lui fit désirer fortifier la position de son successeur désigné, — et que sa mort fut autant l'effet de sa maladie que du poison. Archagathos, après avoir tué son oncle, semble, au moyen de son armée, s'être rendu maître réel de la puissance syracusaine, tandis que le vieux despote, sans défense sur son lit de douleur, ne put faire plus que de pourvoir à la sûreté de son épouse, — l'Égyptienne Theoxena, et de ses deux jeunes enfants, en les envoyant à Alexandrie sur un vaisseau, avec tous ses trésors précieux qui pouvaient se transporter. Après avoir assuré cet objet, au milieu de l'extrême douleur de ceux qui l'entouraient, il expira (1).

Les grandes lignes du caractère d'Agathoklês sont bien marquées. Il était de la trempe de Gelôn et de Denys l'Ancien, — c'était un soldat de fortune qui s'éleva des plus humbles commencements au faîte de la puissance politique, — et qui, pour acquérir aussi bien que pour conserver cette puissance, déploya une énergie, une persévérance et un esprit de ressources militaires tels, qu'ils ne furent dépassés par personne, même par aucun des généraux formés à l'école d'Alexandre. C'était un adepte dans cet art, auquel visaient tous les hommes ambitieux de son temps, — l'emploi de soldats mercenaires pour l'anéantissement de la liberté politique et de la sécurité à l'intérieur, et pour l'agrandissement au dehors au moyen du pillage. J'ai déjà mentionné l'opinion exprimée par Scipion l'Africain, — à savoir, que Denys l'Ancien et Agathoklês étaient les hommes d'action les plus audacieux, les plus sagaces et les plus ca-

---

Trogue Pompée avant lui (à ce qu'il semble par le Prologue) ne font allusion au poison. Il représente Agathoklês comme étant mort d'une violente maladie. Toutefois il mentionne les querelles sanglantes de famille et le meurtre de l'oncle par le neveu.

(1) Justin (XXIII, 2) insiste d'une manière pathétique sur cette dernière scène de séparation entre Agathoklês et Theoxena. Il est difficile de concilier le récit de Justin avec celui de Diodore ; mais sur ce point, autant que nous en pouvons juger, je le crois plus croyable que ce dernier.

pables qu'il connût (1). Séparément de ce génie entreprenant, employé au service d'une ambition personnelle illimitée, nous ne connaissons d'Agathoklês que des dispositions sanguinaires, perfides et atroces, attributs dans lesquels il surpasse tous ses contemporains connus et presque tous ses prédécesseurs (2). Nonobstant sa perfidie souvent prouvée, il semble avoir eu une gaieté et une apparente simplicité de manières (ce que l'on raconte également de César Borgia) qui amusaient les gens, les rendaient sans défiance et les jetaient perpétuellement dans ses piéges (3).

Toutefois, Agathoklês, bien qu'il fût au nombre des plus mauvais d'entre les Grecs, était cependant un Grec. Pendant son gouvernement de trente-deux ans, la marche des événements en Sicile continua d'être sous l'influence hellénique, sans l'intervention prépondérante d'aucune puissance étrangère. Le pouvoir d'Agathoklês, il est vrai, reposait

---

(1) Polybe, XV, 35. V. tome XVI, ch. 2 de cette Histoire.

(2) Polybe (IX, 23) dit qu'Agathoklês, bien qu'extrêmement cruel au commencement de sa carrière et dans l'établissement de son pouvoir, devint cependant le plus doux des hommes une fois que ce pouvoir fut établi. La dernière moitié est contredite par tous les faits particuliers que nous savons relativement à Agathoklês.

Quant à Timée l'historien (qui avait été banni de Sicile par Agathoklês, et qui écrivit l'histoire de ce dernier en cinq livres), Polybe avait bien lieu de le blâmer, comme étant sans mesure dans les injures qu'il adresse à Agathoklês. Car Timée non-seulement racontait d'Agathoklês des actes nombreux d'atroce cruauté, — actes qui naturellement étaient essentiellement publics, et par conséquent susceptibles d'être connus, — mais encore il disait beaucoup de choses scandaleuses au sujet de ses habitudes privées, et le représentait (ce qui est plus absurde encore) comme un homme vulgaire et méprisable sous le rapport du talent. V. les Fragments de Timée ap. Hist. Græc. éd. Didot, Fragm. 144-150.

Tous, ou presque tous les actes d'Agathoklês qui sont racontés dans les pages précédentes ont été copiés sur Diodore, qui avait sous les yeux d'aussi bonnes autorités qu'en possédait Polybe. Diodore ne copie pas sur Timée l'histoire d'Agathoklês; au contraire, il blâme ce dernier pour son acrimonie et son injustice exagérées à l'égard d'Agathoklês, dans des termes non moins forts que ceux que Polybe emploie (Fragm. XXI, p. 279). Diodore cite Timée par son nom, à l'occasion et dans des exemples particuliers, mais évidemment il ne lui emprunta pas le fond même de son récit. Il semble avoir eu sous les yeux d'autres autorités, — entre autres quelques auteurs dont les sentiments les disposaient à favoriser Agathoklês, — le Syracusain Kallias — et Antandros, frère d'Agathoklês (XXI, p. 278-282).

(3) Diodore, XX, 63.

principalement sur des mercenaires étrangers, mais il en avait été de même pour celui de Denys et de Gelôn avant lui, et lui, aussi bien qu'eux, soutint avec vigueur l'ancienne lutte contre la puissance carthaginoise dans l'île. L'histoire grecque en Sicile continue ainsi jusqu'à la mort d'Agathoklês, mais elle ne continue pas plus longtemps. Après sa mort, le pouvoir et les intérêts helléniques deviennent incapables de se soutenir seuls, et ils tombent dans une position secondaire et subordonnée : des étrangers en abusent ou se les disputent. Syracuse et les autres cités passèrent d'un despote à un autre, et elles furent déchirées par des discordes que causa la foule des mercenaires étrangers qui avaient obtenu un pied chez elles. En même temps, les Carthaginois redoublèrent d'efforts en vue de pousser leurs conquêtes dans l'île, sans trouver aucune résistance intérieure suffisante, de sorte qu'ils auraient pris Syracuse et se seraient rendus maîtres de la Sicile, si Pyrrhus, roi d'Épire (gendre d'Agathoklês), ne fût intervenu pour arrêter leurs progrès. Désormais, les Grecs de la Sicile deviennent un prix qui sera disputé, — d'abord, entre les Carthaginois et Pyrrhus, — ensuite, entre les Carthaginois et les Romains (1), — jusqu'à ce qu'enfin ils soient réduits à l'état de sujets de Rome, producteurs de blé pour la plèbe romaine, clients sous le patronage des Marcelli romains, victimes de la rapacité de Verrès, et suppliants en vue d'obtenir l'appui de l'éloquence de Cicéron. L'historien de la Hellas agissant par elle-même les perd de vue à la mort d'Agathoklês.

(1) Le poète Théokrite (XVI, 75-80) s'étend sur la bravoure du Syracusain Hierôn II et sur la grande puissance militaire des Syracusains sous ce prince (260-240 av. J.-C.), qu'il représente comme faisant trembler les Carthaginois pour leurs possessions en Sicile. Personnellement, Hierôn semble avoir mérité cet éloge, — et avoir mérité plus d'éloges encore pour son administration intérieure prudente et douce à Syracuse. Mais sa force militaire fut complétement secondaire dans la grande lutte entre Rome et Carthage pour l'empire de la Sicile.

CHAPITRE IV

CITÉS HELLÉNIQUES A L'ÉTRANGER. — I. EN GAULE ET EN ESPAGNE. — II. SUR LA CÔTE DU PONT-EUXIN

Massalia; sa situation et son état. — Colonies établies par Massalia, — Antipolis, Nikæa, Rhoda, Emporiæ ; état particulier d'Emporiæ. — Gouvernement oligarchique de Massalia; prudente administration politique. — Influence de Massalia, qui répand les idées helléniques dans l'Ouest; Pytheas, navigateur et géographe. — Grecs du Pont; Pentapolis sur la côte sud-ouest. — Sinôpê ; ses députés présents auprès de Darius à ses derniers moments; elle conserve quelque temps son indépendance contre les princes du Pont, mais elle finit par devenir leur sujette. — Hêrakleia du Pont; gouvernement oligarchique ; les Maryandini indigènes réduits à l'état de serfs. — Discordes politiques à Hêrakleia; bannissement de Klearchos; démocratie partielle établie. — Continuation de troubles politiques à Hêrakleia; assistance demandée au dehors. — Caractère et position de Klearchos; il se fait despote d'Hêrakleia. Sa tyrannie et sa cruauté. — Il reste despote pendant douze ans; il est assassiné à une fête. — Satyros devient despote. Sa cruauté aggravée; sa vigueur militaire. — Despotisme de Timotheos, doux et juste; son énergie et son habileté. — Despotisme de Denys; son gouvernement populaire et vigoureux; sa conduite prudente avec les Macédoniens pendant l'absence d'Alexandre dans l'Est. — Retour d'Alexandre à Suse; il est sollicité par les exilés d'Hêrakleia; danger de Denys, détourné par la mort d'Alexandre. — Prospérité et prudence de Denys; il épouse Amastris; sa faveur auprès d'Antigonos; sa mort. — Amastris gouverne Hêrakleia; elle épouse Lysimachos, fait divorce avec lui. Klearchos et Oxathrês tuent Amastris — et sont tués par Lysimachos. — Arsinoê maîtresse d'Hêrakleia. Défaite et mort de Lysimachos. Puissance de Seleukos. — Hêrakleia est délivrée des despotes, et un gouvernement populaire établi. Rappel des exilés ; manière d'être hardie des citoyens à l'égard de Seleukos. Mort de Seleukos. — Situation et administration d'Hêrakleia comme gouvernement libre; puissance navale considérable. — Administration prudente d'Hêrakleia, comme cité libre, parmi les princes puissants de l'Asie Mineure; condition générale et influence des cités grecques sur la côte. — Pentapolis grecque au sud-ouest de l'Euxin. Ovide à Tomi. — Olbia, — à l'époque d'Hérodote et d'Éphore; plus grand nombre et incursions des hordes barbares. — Olbia dans des temps postérieurs; déclin de la sécurité et de la production. — Olbia pillée et abandonnée; renouvelée plus tard. — Visite de Diôn le rhéteur; goûts et mœurs helléniques;

grande passion pour Homère. — Bosporos ou Pantikapæon. — Princes de Bosporos; relations entre Athènes et Bosporos. — Nymphæon au nombre des cités tributaires sous l'empire athénien; elle passe ensuite sous la domination des princes de Bosporos. — Alliance et bons offices réciproques entre Satyros, Leukôn, etc., et les Athéniens. Immunités de commerce accordées aux Athéniens. — Condition politique des Grecs de Bosporos; les princes se donnent le nom d'archontes; leur empire sur des tribus barbares. — Querelles de famille parmi les princes de Bosporos; guerre entre Satyros et Eumelos. Mort de Satyros II. — Guerre civile entre Prytanis et Eumelos; victoire d'Eumelos; il tue les épouses, les enfants et les amis de son frère. — Son règne et ses conquêtes; sa prompte mort. — Déclin de la dynastie de Bosporos, jusqu'à ce qu'elle passe dans les mains de Mithridatês. — Monuments laissés par les princes de la dynastie des Spartokidæ; monuments funèbres près de Kertch (Pantikapæon).

Pour achever le tableau du monde hellénique pendant qu'il est encore dans sa période de vie complète, qu'il est libre et qu'il agit par lui-même, ou même pendant que, réduit à une condition dépendante, il n'a qu'une demi-existence et est sur son déclin, — nous devons dire quelques mots relativement à quelques-uns de ses membres placés en dehors de l'histoire générale, et qui cependant ne sont pas sans avoir une très-grande importance. Les Grecs de Massalia formaient son aile occidentale; les Grecs du Pont (ceux qui habitaient sur les bords de l'Euxin), son aile orientale; les uns et les autres étant les rayonnements de l'hellénisme les plus extrêmes, où il luttait toujours contre les éléments étrangers, qui souvent en altéraient la pureté. Ce que nous avons le moyen de dire est à la vérité bien peu de chose; mais ce peu cependant ne doit pas être omis.

Dans le quatrième chapitre du cinquième volume de cette Histoire, je mentionnais brièvement la fondation et les premiers actes de Massalia (la moderne Marseille), sur la côte de Gaule ou Liguria dans la Méditerranée. Cette cité ionienne, fondée par les entreprenants Phokæens de l'Asie Mineure, un peu avant que leur propre côte maritime fût subjuguée par les Perses, eut une existence et une carrière particulières, séparées de ces événements politiques qui déterminèrent la condition de ses sœurs helléniques en Asie, dans le Péloponèse, en Italie ou en Sicile. Les Massaliotes conservèrent leurs propres relations de commerce, d'amitié ou d'hostilité avec leurs voisins barbares, les Liguriens, les Gaulois et les Ibériens, sans être enveloppés dans les confédérations politiques plus vastes du monde hellénique. Ils apportaient de leur métropole des habitudes établies de navigation aventureuse sur les côtes et d'activité commerciale. Leur situation, éloignée des autres Grecs et soutenue par des forces à peine suffisantes même pour la défendre, leur imposait la nécessité non-seulement d'une harmonie politique à l'intérieur, mais encore de la prudence et d'une action persuasive dans leur manière d'être avec leurs voisins. Qu'ils se soient trouvés à la hauteur de cette nécessité, c'est ce qui paraît suffisamment attesté par le peu de renseignements généraux qui nous sont transmis à leur égard, bien que leur histoire dans ses détails soit inconnue.

Leur cité était dans une position forte, située sur un promontoire que la mer baignait de trois côtés, bien fortifiée, et possédant un port commode sûrement fermé contre des ennemis (1). Toutefois le territoire qui l'entourait ne paraît pas avoir été considérable, et leur population ne s'étendit pas non plus beaucoup dans l'intérieur. La terre d'alentour était moins propre au blé qu'à la vigne et à l'olivier; les Massaliotes fournissaient du vin à toute la Gaule (2). C'était à bord des vaisseaux que se déployaient principalement leur courage et leur habileté ; ce fut par des entreprises maritimes qu'ils acquirent leur puissance, leurs richesses et leur développement colonial. A une époque où la piraterie était chose commune, les vaisseaux et les marins massaliotes se distinguaient dans l'attaque et la défense aussi bien que dans le transport et l'échange commercial; et leurs nombreux succès maritimes étaient attestés par la foule de trophées qui ornaient les temples (3). La cité contenait des bassins et des arsenaux admirablement fournis de provisions, de vivres, d'armes et de toutes les diverses munitions

(1) Cæsar, Bell. Gall. II, 1; Strabon, IV, p. 179.

(2) V. Poseid. ap. Athen. IV, p. 152.

(3) Strabon, IV, p. 180.

nécessaires pour la guerre navale (1). Les Phéniciens et les Carthaginois exceptés, ces Massaliotes furent les seuls marins entreprenants dans la Méditerranée occidentale, à partir de l'an 500 avant J.-C., après que l'énergie des Grecs ioniens eut été brisée par des potentats de l'intérieur. Les tribus ibériennes et gauloises étaient essentiellement des hommes de terre, qui n'occupaient pas de stations permanentes sur la côte, et qui n'avaient aucune vocation pour la mer; mais les Liguriens, bien que surtout montagnards, étaient des voisins importuns pour Massalia aussi bien par leurs pirateries sur mer que par leurs déprédations sur terre (2). Toutefois, quelque déprédateurs que fussent tous ces hommes de terre, la visite du marchand ne tarda pas à se faire sentir à eux comme un besoin, tant pour l'importation que pour l'exportation; et c'est ce besoin que les Massaliotes, avec leurs colonies, furent les seuls à satisfaire, le long des golfes de Gênes et de Lion, depuis Luna (la frontière de Toscane) jusqu'à Dianium (cape Della Nao) en Espagne (3). Ce ne fut pas avant le premier siècle qui précéda l'ère chrétienne qu'ils furent dépassés dans cette carrière par Narbonne, et par quelques autres voisins, élevés au rang de colonies romaines.

Le long de la côte des deux côtés de leur propre cité, les Massaliotes établirent des colonies, recommandées chacune à la protection, et consacrées par la statue et les rites particuliers, de la déesse leur patronne, l'Éphésienne Artemis (4). Du côté de l'est étaient Tauroentium, Olbia, Antipolis, Nikæa et le Portus Monœki; du côté de l'ouest, sur la côte d'Espagne, étaient Rhoda, Emporiæ, Alônê, Hemeroskopium et Artemisium ou Dianium. Ces colonies étaient

(1) Strabon (XII, p. 575) place Massalia au même rang que Kyzikos, Rhodes et Carthage, types de cités maritimes organisées d'une manière admirable et efficace.

(2) Tite-Live, XL, 18; Polybe, XXX, 4.

(3) Le discours composé par Démosthène πρὸς Ζηνόθεμιν, a trait à une affaire où un vaisseau, un capitaine et un second, tous de Massalia, se trouvent employés dans le commerce de transport entre Athènes et Syracuse (Démosth. p. 882 *seq.*).

(4) Brückner, Histor. Massiliensium, c. 7 (Goettingen).

établies surtout sur des caps avancés ou sur des îlots maritimes, à la fois voisins et sûrs; elles étaient destinées à servir d'abri et de commodité pour le trafic maritime, et de dépôts pour le commerce avec l'intérieur, plutôt qu'à s'étendre dans les terres, et à comprendre une nombreuse population extérieure autour des murs. La position d'Emporiæ était la plus remarquable. Cette ville fut fondée primitivement sur un petit îlot inhabité, à la hauteur de la côte de l'Iberia; après un certain intervalle elle s'étendit jusqu'au continent adjacent, et un corps d'Ibériens indigènes fut admis à une résidence commune dans l'enceinte nouvellement entourée de murs qu'on y établit. Toutefois cette nouvelle enceinte fut divisée en deux par un mur intermédiaire, les Ibériens habitant d'un côté de ce mur, les Grecs de l'autre côté. Il n'y avait qu'une seule porte dont il fût permis de se servir pour les communications réciproques; elle était gardée nuit et jour par des magistrats nommés, dont l'un était perpétuellement sur les lieux. Toutes les nuits, un tiers des citoyens grecs montait la garde sur les murs, ou du moins se tenait prêt à le faire. Combien de temps ces précautions rigoureuses et fatigantes furent-elles jugées nécessaires, c'est ce que nous ignorons; mais après un certain temps on s'en relâcha et le mur intermédiaire disparut, de sorte que Grecs et Ibériens se mêlèrent librement et ne formèrent qu'une seule communauté (1). Il est rare qu'il nous soit donné de voir dans un aussi grand détail les premières difficultés et les premiers dangers d'une colonie grecque. Massalia elle-même était placée dans des circonstances presque semblables parmi les grossiers Salyes liguriens; ces Liguriens se louaient, dit-on, comme ouvriers pour bêcher les champs des propriétaires massaliotes (2). Les di-

(1) Tite-Live, XXXIV, 8; Strabon, III, p. 160. A Massalia, dit-on, il n'était jamais permis à aucun étranger d'entrer dans la cité sans déposer ses armes à la porte (Justin, XLIII, 4).

Cette précaution semble avoir été adoptée dans d'autres cités également V. Æneas Poliorket. c. 30.

(2) Strabon, III, p. 165. Fait dit à Poseidonius par un propriétaire massaliote, qui était son ami personnel.

Au siége de Massalia par César, un

verses tribus de Liguriens, de Gaulois et d'Ibériens s'étendaient jusqu'à la côte, de sorte qu'il n'y eut pas de route sûre le long de cette côte, ni aucune communication si ce n'est par mer, jusqu'aux conquêtes des Romains dans le second et le premier siècle avant l'ère chrétienne (1).

Le gouvernement de Massalia était oligarchique ; il était exercé surtout par un sénat ou Grand Conseil de Six Cents (appelés Timuchi), élus à vie, — et par un petit conseil de quinze, choisis dans ce corps plus considérable pour accomplir tour à tour les devoirs exécutifs (2). Les habitudes publiques de l'administration étaient, dit-on, extrêmement vigilantes et circonspectes ; les habitudes privées des citoyens, frugales et sobres, — un maximum étant fixé par la loi pour les dots et les cérémonies du mariage (3). Ils étaient attentifs dans leur manière d'être avec les tribus indigènes, avec lesquelles ils paraissent avoir entretenu des relations généralement amicales. L'historien Éphore (dont l'histoire se terminait vers 340 av. J.-C.) représentait les Gaulois comme particulièrement philhellènes (4), impression qu'il ne pouvait guère avoir reçue que de Massaliotes qui l'en

---

détachement d'Albici, — montagnards peu éloignés de la ville et anciens alliés ou dépendants, furent introduits pour aider à la défense (Cæsar, Bell. Gall. I, 34).

(1) Strabon, IV, p. 180.

(2) Strabon, IV, p. 181 ; Cicéron, De Republ. XXVII, Fragm. Les vacances dans le sénat semblent avoir été remplies au moyen de citoyens méritoires en général, — autant que nous en pouvons juger par une brève allusion qui se trouve dans Aristote (Polit. VI, 7). D'après un autre passage du même ouvrage, il semble que la base étroite de l'oligarchie a dû faire naître des dissensions (V, 6). Aristote avait compris la Μασσαλιωτῶν πολιτεία dans son ouvrage perdu Περὶ Πολιτειῶν.

(3) Strabon, *l. c.* Toutefois, un auteur auquel Athénée faisait des emprunts (XII, p. 523) représentait les Massaliotes comme adonnés à des habitudes de luxe.

(4) Strabon, IV, p. 199. Ἔφορος δὲ ὑπερβάλλουσαν τῷ μεγέθει λέγει τὴν Κελτικὴν, ὥστε ἧσπερ νῦν Ἰβηρίας καλοῦμεν ἐκείνοις τὰ πλεῖστα προσνέμειν μέχρι Γαδείρων, φιλέλληνάς τε ἀποφαίνει τοὺς ἀνθρώπους, και πολλὰ ἰδίως λέγει περὶ αὐτῶν οὐκ ἐοικότα τοῖς νῦν. Cf. p. 181.

Il faut se rappeler qu'Éphore était natif de l'asiatique Kymê, la voisine immédiate de Phokæa, qui était la métropole de Massalia. Les Massaliotes n'oublièrent ni ne brisèrent jamais leurs relations avec Phokæa : V. ce qui est dit de leur intercession auprès des Romains en faveur de Phokæa (Justin, XXXVII, 1). Éphore avait donc de bons moyens d'apprendre tout ce que des citoyens massaliotes étaient disposés à communiquer.

avaient instruit. Les Massaliotes (qui dans le premier siècle av. J.-C. étaient *trilingues*, parlant grec, latin et gaulois) (1) contribuèrent à imprimer profondément dans ces esprits illettrés un certain raffinement et une certaine variété de besoins, et à poser le fondement de ce goût pour les lettres qui plus tard se répandit largement dans toute la Province romaine en Gaule. Sur mer, et dans le commerce, les Phéniciens et les Carthaginois étaient leurs rivaux formidables. Ce fut une des causes qui les jeta de bonne heure dans une alliance et une coopération active avec Rome, sous le gouvernement de laquelle ils obtinrent un traitement favorable, quand le bienfait de la liberté n'était plus à leur portée.

On en sait assez sur Massalia pour montrer que la cité était un pur spécimen de l'hellénisme et des influences helléniques, — agissant non par la force ni par la contrainte, mais simplement par une intelligence et une activité supérieures, — par le pouvoir de servir des besoins qui autrement auraient dû rester sans satisfaction, — et par l'effet d'assimilation d'une culture littéraire sur des voisins plus grossiers. Ce fait est d'autant plus à signaler qu'il contraste fortement avec les influences macédoniennes qui ont occupé une si grande partie du précédent volume : force organisée et maniée admirablement par Alexandre, n'étant toutefois rien autre chose qu'une force. La perte de tous les détails relatifs à l'histoire de Massalia est très-regrettable ; et ce qui ne l'est guère moins, c'est celle des écrits de Pytheas, navigateur massaliote intelligent, qui, à cette époque reculée (330-320 av. J.-C.) (2), avec une hardiesse aventureuse plus que pho-

(1) Varron, Antiq. Fragm. p. 350, éd. Bipont.

(2) V. les « Fragmenta Pytheæ » réunis par Arfwedson, Upsal, 1824. Il composa deux ouvrages : — 1. Γῆς Περιόδος. 2. Περὶ Ὠκεανοῦ. Ses assertions étaient fort estimées, et souvent suivies par Eratosthène, suivies en partie par Hipparque, sévèrement jugées par Polybe, que Strabon suit en général. Mais ceux qui jugent Pytheas le plus sévèrement admettent qu'il fut bon mathématicien et bon astronome (Strabon, IV, p. 201) — et qu'il fit de lointains voyages en personne. Comme Hérodote, il a dû être forcé de rapporter beaucoup de choses sur ouï-dire, et tout ce qu'il pouvait faire était de rapporter les meilleures informations par ouï-dire qui lui arrivaient. Il est

kæenne, franchit les colonnes d'Hêraklês et de là se dirigeant vers le nord rangea la côte de l'Espagne, de la Gaule, de la Bretagne, de la Germanie, — peut-être plus loin encore. Probablement aucun Grec, si ce n'est un Massaliote, n'aurait pu accomplir un pareil voyage, qui, quant à Pytheas, mérite la plus grande sympathie, vu qu'il n'y avait pour toute récompense des difficultés et des dangers bravés que la satisfaction d'une intelligente curiosité. Il semble évident que la publication de son « Voyage autour de la terre, » — fort consulté par Eratosthène, bien que les critiques qui nous sont parvenues par Polybe et Strabon insistent surtout sur ses erreurs, réelles ou supposées, — fit époque dans les anciennes connaissances géographiques.

De l'aile occidentale du monde hellénique, nous passons à l'aile orientale, — le Pont Euxin. Nous avons peu de chose à dire de la Pentapolis sur son côté occidental au sud du Danube (Apollonia, Mesembria, Kallatis, Odessos, et probablement Istros), — et de Tyras près de l'embouchure du fleuve de ce nom (aujourd'hui le Dniester); bien qu'Istros et Apollonia fussent au nombre des villes dont Aristote jugeait les constitutions politiques dignes de son examen (1). Mais Hêrakleia sur la côte sud, et Pantikapæon ou Bosporos entre l'Euxin et le Palus Mæotis (aujourd'hui mer d'Azof) ne sont pas ainsi inconnus à l'histoire; et Sinôpê (sur la côte sud) et Olbia (sur la côte nord-ouest) ne peuvent pas non plus être passées complétement sous silence. Bien que placées à part de l'hégémonie politique d'Athènes ou de Sparte, toutes ces cités étaient des membres légitimes de la confrérie hellénique. Toutes elles fournissaient des spectateurs et

---

évident que ses écrits firent époque dans les recherches géographiques, bien qu'ils continssent sans doute de nombreuses inexactitudes. Voir une bonne appréciation de Pytheas dans Mannert, Geog. der Gr. und Roemer, Introd. I, p. 73-86.

Le manuscrit massaliote d'Homère, possédé et consulté parmi d'autres par les critiques alexandrins, fournit une présomption que la célébrité de Massalia comme endroit où l'on cultivait et étudiait la littérature grecque (rôle dans lequel elle luttait avec Athènes vers le commencement de l'empire romain) avait ses fondements jetés au moins dans le troisième siècle avant l'ère chrétienne.

(1) Aristote, Politic. V, 2, 11; V, 5, 2.

des compétiteurs aux fêtes panhelléniques, — des disciples aux rhéteurs et aux philosophes, — des acheteurs et parfois même des rivaux aux artistes. Toutes aussi elles étaient (comme Massalia et Kyrênê) altérées en partie, — Olbia et Bosporos considérablement, — par le mélange d'un élément non hellénique.

Quant à Sinôpê, et à ses trois colonies dépendantes Kotyôra, Kerasos et Trapézonte, j'en ai déjà dit quelque chose (1) en décrivant la retraite des Dix Mille Grecs. Comme Massalia, avec ses dépendances Antipolis, Nikæa et autres, — Sinôpê jouissait non-seulement d'une indépendance réelle, mais encore d'une prospérité considérable et d'une dignité locale, à l'époque où Xénophon et ses compagnons traversèrent ces contrées. Les citoyens étaient en termes d'une alliance sur le pied d'égalité, mutuellement avantageuse, avec Korylas, prince de la Paphlagonia, pays sur les frontières duquel ils habitaient. Il est probable qu'ils figuraien sur la liste du tribut du roi de Perse comme portion de la Paphlagonia, et qu'ils payaient une somme annuelle; mais là s'arrêtait leur sujétion. Leur conduite à l'égard des Dix Mille Grecs, ennemis déclarés du Grand Roi, fut celle d'une cité indépendante. Ni eux, ni même les Paphlagoniens dans l'intérieur des terres, belliqueux et turbulents, n'étaient molestés par des gouverneurs persans ni par une occupation militaire (2). Toutefois Alexandre les comptait parmi les sujets de la Perse; et c'est un fait à remarquer, qu'il se trouva que des envoyés de Sinôpê restèrent avec Darius presque jusqu'à la dernière heure, après qu'il fut devenu un fugitif vaincu, et qu'il eut perdu ses capitales et ses trésors. Ces envoyés sinopiens tombèrent dans les mains d'Alexandre, qui les mit en liberté en faisant remarquer que puisqu'ils étaient, non pas membres de la confédération hellénique, mais sujets de la Perse, — leur présence comme envoyés

(1) V. tome XIII, ch. 3 de cette Histoire.

(2) V. la remarquable vie du Karien Datamês par Cornélius Népos, qui donne quelque idée de la Paphlagonia vers 360-350 avant J.-C. (c. 7, 8). Cf. Xénoph. Hellen. IV, I, 4.

auprès de Darius étaient très-excusable (1). La position de Sinôpê la plaçait hors du cercle direct des hostilités que les successeurs d'Alexandre poursuivaient les uns contre les autres; et les anciens princes kappadokiens de la famille Mithridatique (descendants reconnus des Achæmenidæ persans) (2), qui finirent par devenir rois du Pont, n'étaient pas parvenus à une assez grande puissance pour absorber son indépendance avant le règne de Pharnakês, dans le second siècle avant J.-C. Sinôpê passa alors sous sa domination; échangeant (comme les autres) la condition d'une cité grecque libre contre celle de sujette des rois barbares du Pont, avec une citadelle et une garnison mercenaire pour maintenir ses citoyens dans l'obéissance. Toutefois nous ne savons rien des événements intermédiaires.

Relativement à la ville d'Hêrakleia du Pont, notre ignorance n'est pas si complète. Cette cité, — beaucoup plus rapprochée que Sinôpê de l'entrée du Bosphore de Thrace, et éloignée par mer de Byzantion seulement d'une longue journée de voyage pour un bateau à rames, — fut établie par des Mégariens et des Bœôtiens sur la côte des Mariandyni. Ces indigènes furent subjugués et réduits à une sorte de servage; par là ils devinrent esclaves, toutefois avec cette clause conditionnelle, qu'ils ne seraient jamais vendus hors du territoire. Dans le voisinage, à l'ouest, entre Hêrakleia et Byzantion, étaient les Thraces bithyniens, — villageois non-seulement indépendants, mais belliqueux et farouches, ravageurs de côtes, qui traitaient cruellement tout Grec échoué sur leur littoral (3). On nous dit en termes généraux que le gouvernement d'Hêrakleia était oligarchique (4), peut-être entre les mains des descendants des

(1) Arrien, III, 24, 8; Quinte-Curce, VI, 5, 6.

(2) Polybe, V, 43.

(3) Xénoph. Anab. VI, 6, 2.

(4) Aristote, Politic. V, 5, 2; V, 5, 5. Toutefois un autre passage du même ouvrage (V, 4, 2) dit que dans Hêrakleia la démocratie fut immédiatement renversée, après la fondation de la colonie, par les chefs populaires, qui commirent une injustice envers les riches. Ces derniers furent bannis, mais ils réunirent assez de forces pour revenir et renverser la démocratie de haute lutte. Si ce passage fait allusion à la même Hêrakleia (il y avait bien

principaux colons primitifs, qui se partagèrent le territoire avec les serfs mariandyniens et qui formaient une minorité petite mais riche parmi la population. On nous parle d'eux comme puissants sur mer et comme étant en état de garnir d'hommes, au moyen de leurs nombreux serfs, une flotte considérable, avec laquelle ils envahirent le territoire de Leukôn, prince du Bosphore kimmérien (1). Ils furent aussi engagés dans une guerre sur terre avec Mithridatês, un des princes de l'ancienne famille persane, établis comme maîtres de district dans la Kappadokia septentrionale (2).

Vers 380-370 avant J.-C., les Hêrakléotes furent troublés par de violentes disputes de parti dans l'intérieur de la cité. Autant que nous pouvons le deviner par quelques allusions obscures, ces disputes commencèrent parmi les oligarques eux-mêmes (3), dont quelques-uns s'opposèrent à un monopole politique exclusif qu'ils ouvrirent en partie, — non toutefois sans une lutte, dans le cours de laquelle un citoyen énergique, nommé Klearchos, fut banni. Bientôt, toutefois, le débat prit des dimensions plus grandes : la plèbe chercha à être admise dans la constitution, et demanda même, dit-on, l'abolition des dettes avec un nouveau partage des terres (4). On établit une constitution démocratique, mais elle ne tarda pas à être menacée par des conspirations des riches, et pour se mettre en garde contre ce danger, on changea la classification des citoyens. Au lieu de trois tribus et de quatre centuries, ils furent tous répartis de nouveau en soixante-quatre centuries, les tribus cessant d'exister. Il paraîtrait que dans les quatre centuries primitives, les hommes riches avaient été inscrits de manière à former des divisions militaires séparées (pro-

des villes de ce nom), le gouvernement doit avoir été démocratique dans l'origine. Mais le servage des indigènes semble impliquer une oligarchie.

(1) Arist. Polit. VII, 5, 7 ; Polyen, VI, 9, 3, 4 : Cf. Pseudo-Aristote, Œconomic. II, 9.

Le règne de Leukôn dura de 392 à 352 avant J.-C. environ. L'événement auquel Polyen fait allusion a dû se passer à quelque moment dans cet intervalle.

(2) Justin, XVI, 4.

(3) Aristote, V, 5, 2; 5, 10.

(4) Justin, XVI, 4.

bablement leurs serfs de la campagne étant armés avec eux), — tandis que les trois tribus avaient contenu tout le reste du peuple; de sorte que cette multiplication des centuries eut pour effet d'enlever aux riches leur inscription militaire séparée, et de les disséminer dans maint régiment différent avec le nombre plus grand des pauvres (1).

Toutefois, on n'accorda pas encore complétement les demandes du peuple, et les dissensions continuèrent (364 av. J.-C.). Non-seulement les citoyens pauvres, mais encore la population des serfs, — homogène, parlant le même langage, unie par une sympathie mutuelle, comme les Ilotes ou les Penestæ, — une fois animée par l'espoir de la liberté, était difficilement apaisée. Le gouvernement, bien que fortement mêlé d'éléments démocratiques, se trouva hors d'état de maintenir la tranquillité, et il invoqua l'assistance du dehors. Une demande fut faite d'abord à l'Athénien Timotheos, — ensuite au Thêbain Epaminondas, mais ni l'un ni l'autre ne voulut intervenir, — et, dans le fait, il n'y avait aucune raison qui pût les tenter. Enfin, on s'adressa au citoyen exilé Klearchos.

Cet exilé, âgé d'environ quarante ans, intelligent, audacieux et sans principes, avait passé quatre années à Athènes, en partie en assistant aux leçons de Platon et d'Isokrate, — et il avait suivi avec une curiosité jalouse la brillante fortune du despote Denys à Syracuse, auquel ces deux philosophes portaient intérêt (2). De plus, durant son bannisse-

(1) Æneas, Poliorket. c. 11. J'ai donné ce qui semble l'explication la plus probable d'un passage très-obscur.

Il est à remarquer que la division des citoyens en centuries (ἑκατοστύες) régnait aussi à Byzantion; V. Inscript. nº 2060 ap. Boeckh, Corp. Inscr. Græc. p. 130. Un citoyen d'Olbia, auquel est conféré le droit de cité de Byzantion, est autorisé à s'inscrire dans celle des ἑκατοστύες qu'il préfère.

(2) Diodore, XV, 81. Ἐζήλωσε μὲν τὴν Διονυσίου τοῦ Συρακουσίου διαγωγὴν, etc. Memnon, Fragm. c. 1; Isokrate, Epist. VII.

C'est ici que commencent les Fragments de Memnon, tels que Photius les a extraits (Cod. 224). Photius n'avait vu que les huit livres de l'Histoire d'Hêrakleia de Memnon (livres IX-XVI inclusivement); il n'avait vu ni les huit premiers livres (V. la fin de ses Excerpta de Memnon), ni ceux qui suivaient le seizième. C'est extrêmement à regretter, en ce que la connaissance des affaires hérakléennes

ment, il avait fait ce que faisaient ordinairement les exilés grecs; il avait pris du service chez l'ennemi de sa ville natale, le prince voisin Mithridatês (1), et assez probablement contre la cité elle-même. Comme officier, il se distingua beaucoup; il acquit du renom auprès du prince et de l'influence sur l'esprit des soldats. Aussi ses amis et un parti dans Hêrakleia devinrent-ils désireux de le rappeler, comme modérateur et protecteur au milieu des funestes discordes politiques qui régnaient. Ce fut le parti oligarchique qui l'invita à revenir, à la tête d'un corps de troupes, pour l'aider à tenir la plèbe abaissée. Klearchos accepta son invitation, mais avec le dessein bien arrêté de se faire le Denys d'Hêrakleia. Obtenant de Mithridatês un corps puissant de mercenaires, en lui promettant en secret de tenir la ville seulement comme son préfet, il s'y rendit avec le dessein déclaré de maintenir l'ordre et de soutenir le gouvernement. Comme ses soldats mercenaires ne tardèrent pas à se montrer des compagnons importuns, il obtint la permission de construire dans la cité une forteresse séparée, sous prétexte de les tenir à part sous la discipline plus rigoureuse d'une caserne (2). Après s'être assuré ainsi une forte posi-

---

antérieures à Klearchos nous est interdite.

Il arrive assez souvent pour Photius qu'il ne possède pas un ouvrage entier, mais seulement des parties de cet ouvrage; c'est un fait curieux, par rapport aux bibliothèques du neuvième siècle de l'ère chrétienne.

Les fragments de Memnon pris dans Photius sont réunis avec ceux de Nymphis et d'autres historiens d'Hêrakleia, et expliqués avec des notes et des citations utiles dans l'édition d'Orelli, aussi bien que par K. Müller, dans les Fragm. de Didot, Hist. Græc. t. III, p. 525. Memnon amenait son histoire jusqu'au temps de Jules César, et il paraît avoir vécu peu après l'ère chrétienne. Nymphis (que probablement il copiait) était beaucoup plus ancien, ayant vécu vraisemblablement de 300 à 230 avant J.-C. environ (V. les quelques Fragments qui restent de lui, dans le même ouvrage, III, p. 12). L'ouvrage de l'auteur hêrakléote Herodôros semble avoir roulé complétement sur la question légendaire (V. Fragm. dans le même ouvrage, II, p. 27). Il était antérieur à Nymphis d'un demi-siècle.

(1) Suidas, v. Κλέαρχος.

(2) Polyen, II, 30, 1; Justin, XVI, 4. « A quibus revocatur in patriam, per quos in arce collocatus fuerat, » etc.

Æneas (Poliorket. c. 12) cite cet acte comme un exemple de la faute commise par un parti politique, en introduisant un nombre de mercenaires trop grand pour qu'il pût le conduire ou le maintenir dans l'ordre.

tion, il appela Mithridatês dans la cité pour recevoir la possession promise; mais, au lieu de remplir son engagement, il retint le prince comme prisonnier, et ne le relâcha qu'en échange d'une rançon considérable. Il trompa ensuite, plus grossièrement encore, l'oligarchie qui l'avait rappelé, en dénonçant sa mauvaise conduite passée, en se déclarant son mortel ennemi, et en épousant les prétentions aussi bien que les antipathies de la plèbe. Celle-ci le seconda volontiers dans ses mesures, — même mesures extrêmes de cruauté et de spoliation, — contre ses ennemis politiques. Un nombre considérable de riches furent tués, emprisonnés, ou appauvris et bannis; de plus, leurs esclaves ou serfs furent non-seulement affranchis par ordre du nouveau despote, mais encore mariés aux femmes et aux filles des exilés. Ces mariages forcés donnèrent lieu aux scènes les plus tragiques; beaucoup d'entre les femmes allèrent jusqu'à se donner la mort, quelques-unes après avoir tué d'abord leurs nouveaux époux. Parmi les exilés, un parti, réduit au désespoir, obtint des secours du dehors, et essaya de se faire admettre de nouveau dans la cité par la force, mais il fut totalement défait par Klearchos, qui, après cette victoire, devint plus brutal et plus implacable que jamais (1).

Il jouit alors d'un pouvoir irrésistible : despote de toute la cité, de la plèbe aussi bien que de l'oligarchie. Ce pouvoir dura douze ans, pendant lesquels il déploya une grande énergie guerrière contre des ennemis extérieurs, ainsi qu'une cruauté non affaiblie envers les citoyens. Il s'abandonna en outre à l'insolence la plus outrecuidante de conduite personnelle, adoptant un costume et des ornements orientaux, et se proclamant fils de Zeus, comme Alexandre le Grand le fit après lui. Cependant, au milieu de toutes ces énormités, ses goûts littéraires ne l'abandonnèrent pas; il réunit une bibliothèque, possession très-rare à cette époque (2). Nombreuses furent les conspirations ourdies

(1) Justin, XVI, 4, 5; Théopompe ap. Athenæ. III. p. 85, Fragm. 200, éd. Didot.

(2) Memnon, c. 1. La septième épître d'Isokrate, adressée à Timotheos, fils de Klearchos, reconnaît en

contre ce tyran par les citoyens victimes de son despotisme; mais sa vigilance les déjoua et les punit toutes. A la fin, deux jeunes gens, Chiôn et Lemidês (ils avaient été au nombre des auditeurs de Platon) trouvèrent une occasion pour lui donner un coup mortel à une fête Dionysiaque. Ils furent tués par ses gardes, avec ceux qui les secondaient, après une vaillante résistance; mais Klearchos lui-même mourut de la blessure, dans des tortures et des remords d'esprit (1).

Par malheur, sa mort n'apporta aucun soulagement aux Hêrakléotes. Les deux fils qu'il laissait, Timotheos et Denys, étaient tous deux mineurs; mais son frère Satyros, qui administrait en leur nom, s'empara du sceptre et continua le despotisme avec une cruauté non-seulement entière, mais même aggravée et aiguisée par le dernier assassinat (352 av. J.-C.). Ne le cédant à son prédécesseur ni en énergie ni en vigilance, Satyros était différent sous ce rapport, qu'il était complément grossier et illettré. De plus, il montra un scrupule rigide en conservant la couronne pour les enfants de son frère, aussitôt qu'ils seraient d'âge à régner. Afin de leur assurer une succession tranquille, il prit toutes les précautions nécessaires pour éviter d'avoir des enfants de son épouse (2). Après un règne de sept ans, Satyros mourut d'une maladie cruelle et prolongée.

---

général ce caractère du dernier, pour la mémoire duquel Isokrate désavoue toute sympathie.

(1) Memnon, c. 1; Justin, XVI, 5; Diodore, XVI, 36.

(2) Memnon, c. 2. Ἐπὶ δὲ τῇ φιλαδελφίᾳ τὸ πρῶτον ἠνέγκατο · τὴν γὰρ ἀρχὴν τοῖς τοῦ ἀδελφοῦ παισὶν ἀνεπηρέαστον συντηρῶν, ἐπὶ τοσοῦτον τῆς αὐτῶν κηδεμονίας λόγον ἐτίθετο, ὡς καὶ γυναικὶ συνὼν, καὶ τότε λίαν στεργομένῃ, μὴ ἀνασχέσθαι παιδοποιῆσαι, ἀλλὰ μηχανῇ πάσῃ γονῆς στέρησιν ἑαυτῷ δικάσαι, ὡς ἂν μήδ' ὅλως ὑπολίποι τινὰ ἐφεδρεύοντα τοῖς τοῦ ἀδελφοῦ παισίν.

Dans la dynastie antigonide de Macédoine, nous lisons que Demetrios, fils d'Antigonos Gonatas, mourut laissant son fils Philippe enfant. Antigonos appelé Doson, frère cadet de Demetrios, prit la régence en faveur de Philippe; il épousa la veuve de Demetrios et eut d'elle des enfants; mais il fut si désireux d'éviter à la succession de Philippe toute chance d'être troublée, qu'il refusa d'élever ses propres enfants. — Ὁ δὲ παιδῶν γενομένων ἐκ τῆς Χρυσηΐδος, οὐκ ἀνεθρέψατο, τὴν ἀρχὴν τῷ Φιλίππῳ περισώζων (Porphyre, Fragm. ap. Didot, Fragm. Hist. Græc. vol. III, p. 701).

Dans le monde grec et romain, le père était généralement considéré

Le gouvernement d'Hêrakleia échut alors à Timotheos, qui présenta un contraste, à la fois marqué et avantageux, avec son père et son oncle (345 av. J.-C.). Renonçant complétement à leur cruauté et à leur violence, il mit en liberté tous ceux qu'il trouva en prison. Il fut rigoureux en rendant la justice, mais doux et même libéral dans toute sa conduite à l'égard des citoyens. En même temps, ce fut un homme d'un courage aventureux, qui fit une guerre heureuse aux ennemis étrangers, et assura le respect à son pouvoir tout alentour. Avec son frère cadet Denys, il conserva une harmonie parfaite, le traitant en égal et en associé. Bien qu'il usât ainsi généreusement de son pouvoir à l'égard des Hêrakléotes, il fut cependant encore un despote et conserva les marques caractéristiques du despotisme, — la citadelle fortifiée séparément de la ville, avec une imposante armée de mercenaires. Après un règne d'environ neuf ans, il mourut, profondément regretté de tout le monde (1).

Denys, qui lui succéda, tomba à une époque troublée, pleine tant d'espérances que de craintes, présentant des chances d'agrandissement, entourée toutefois de maint nouveau danger et de maintes incertitudes nouvelles. La souveraineté dont il hérita comprenait non-seulement la cité d'Hêrakleia, mais encore des dépendances et des possessions étrangères dans son voisinage; car ses trois prédécesseurs (2) avaient tous été des chefs entreprenants, commandant des forces agressives considérables (336 av. J.-C.). Au commencement de son règne, il est vrai, l'ascendant de

---

comme ayant le droit de décider s'il voulait ou non élever un enfant nouveau-né. L'obligation n'était supposée commencer que quand il l'acceptait ou la sanctionnait, en prenant l'enfant dans ses bras.

(1) Memnon, c. 3. L'Épître d'Isokrate (VII) adressée à Timotheos pour recommander un ami est en harmonie avec ce caractère général, mais elle ne donne aucune nouvelle information. Diodore compte Timotheos comme succédant immédiatement à Klearchos, son père, — en considérant Satyros simplement comme régent (XVI, 36).

(2) Nous entendons parler de Klearchos comme ayant assiégé Astakos (plus tard Nikomedia), — à l'extrémité intérieure de la baie nord-est de la Propontis, appelée le golfo d'Astakos (Polyen, II, 30, 3).

Memnôn et de la puissance persane dans la partie nord-ouest de l'Asie Mineure était à un point plus élevé qu'à l'ordinaire ; il paraît aussi que Klearchos, — et probablement ses successeurs également, — avaient toujours eu soin de rester dans les meilleurs termes avec la cour persane (1). Mais bientôt arriva l'invasion d'Alexandre (334 av. J.-C.), avec la bataille du Granikos, qui anéantit complétement la puissance des Perses en Asie Mineure, et qui fut suivie, après un intervalle de peu de longueur, de la conquête entière de l'empire persan. Le contrôle des Perses étant actuellement écarté en Asie Mineure, — tandis qu'Alexandre avec le gros de l'armée macédonienne ne fit que traverser cette contrée pour marcher vers l'est, laissant des vice-rois derrière lui, — de nouvelles espérances d'indépendance ou d'agrandisement commencèrent à naître parmi les princes indigènes de Bithynia, de Paphlagonia et de Kappadokia. Le prince bithynien lutta même avec succès en rase campagne contre Kallas, qui avait été nommé par Alexandre satrape de Phrygia (2). L'Hêrakléote Denys, d'autre part, ennemi de ces Bithyniens par position, courtisa les nouveaux potentats macédoniens, et joua son jeu politique avec beaucoup d'adresse à tous égards. Il sut maintenir ses forces dans sa main, et garda ses domaines avec soin ; il gouverna d'une façon douce et populaire, de manière à entretenir parmi les Hêrakléotes les mêmes sentiments d'attachement que son prédécesseur avait inspirés. Tandis que les citoyens de la voisine Sinôpê (comme nous l'avons déjà raconté) envoyaient leurs députés à Darius, Denys eut les yeux fixés sur Alexandre, s'appliquant à prendre pied à Pella et étant particulièrement assidu dans ses attentions pour la sœur d'Alexandre, la princesse Kleopatra (3). Il était fait plus que personne pour ce service de cour, car c'était un homme de goûts élégants et fastueux, et il avait acheté de son homonyme, Denys de Syracuse, après sa

(1) Memnon, c. 1.
(2) Memnon, c. 20.
(3) Memnon, c. 3.

chute, tout le riche mobilier de la famille dionysienne, extrêmement propre à être offert en présents (1).

Grâce à la faveur d'Antipater et de la régence à Pella, le despote d'Hêrakleia fut en état non-seulement de conserver ses domaines, mais encore de les étendre, jusqu'au retour d'Alexandre à Suse et à Babylone, en 324 avant J.-C. Toute autre autorité céda alors devant la volonté personnelle du tout-puissant vainqueur qui, se défiant de tous ses délégués, — Antipater, les princesses et les satrapes, — écouta volontiers les plaintes qu'on lui adressait de toutes parts, et se fit gloire en particulier d'épouser les prétentions des exilés grecs. J'ai déjà raconté comment, en juin (324 av. J.-C.), Alexandre proclama à la fête Olympique un édit radical, ordonnant le rétablissement des exilés dans toutes les cités grecques, — par la force, si la force était nécessaire. Parmi les divers exilés grecs, ceux d'Hêrakleia ne furent pas les derniers à solliciter son appui, pour obtenir leur propre rétablissement aussi bien que l'expulsion du despote. Comme ils avaient droit, aussi bien que les autres, au bénéfice du récent édit, la position de Denys devint extrêmement dangereuse. Il recueillit à ce moment tout le fruit de sa prudence antérieure, pour avoir su à la fois conserver son autorité auprès des Hêrakléotes à l'intérieur, et son influence auprès d'Antipater, auquel était confié le soin de faire exécuter l'édit. Il put ainsi écarter le danger pour un temps, et sa bonne fortune l'en délivra complétement par la mort d'Alexandre en juin, 323 avant J.-C. Cet événement, arrivant d'une manière inattendue pour tout le monde, remplit Denys d'une joie si extravagante qu'il tomba en faiblesse, et il le célébra en élevant une statue en l'honneur d'Euthymia ou déesse qui tranquillise l'esprit. Toutefois, sa position sembla précaire de nouveau, quand les exilés d'Hêrakleia renouvelèrent leurs sollicitations auprès de Perdikkas, qui favorisa leur cause et aurait probablement pu les rétablir s'il avait voulu diriger sa marche vers l'Hellespont

(1) Memnon, c. 3. Voir tome XVI, ch. 4 de cette Histoire.

contre Antipater et Krateros, au lieu d'entreprendre l'expédition peu judicieuse contre l'Égypte, dans laquelle il périt (1).

Le vent de la fortune souffla actuellement plus que jamais en faveur de Denys (322-304 av. J.-C.). Avec Antipater et Krateros, les potentats prépondérants de son voisinage, il était dans les meilleurs termes; et il se trouva à ce moment qu'il convenait aux vues politiques de Krateros de répudier son épouse persane Amastris (nièce du dernier roi de Perse, Darius, et donnée à Krateros par Alexandre, quand il épousa lui-même Statira), en vue d'épouser Phila, fille d'Antipater. Amastris fut donnée en mariage à Denys, magnifique élévation pour lui, — qui attestait l'influence personnelle qu'il avait acquise antérieurement. Sa nouvelle épouse elle-même, femme de talent et d'énergie, lui apporta une somme considérable du trésor royal, aussi bien que les moyens d'étendre beaucoup sa domination autour d'Hêrakleia. N'étant nullement corrompu par cette bonne fortune, il persévéra encore dans son gouvernement conciliant à l'intérieur et dans ses alliances prudentes au dehors, en se rendant particulièrement utile à Antigonos. Ce grand chef, prépondérant dans la plus grande partie de l'Asie Mineure, était en train d'établir son ascendant en Bithynia et dans le voisinage de la Propontis, en fondant la cité d'Antigonia, dans la riche plaine contiguë au lac Askanieu (2). Denys prêta à Antigonos une aide maritime efficace dans cette guerre, qui aboutit à la conquête de Kypros sur l'Égyptien Ptolemæos (307 av. J.-C.). Quant à l'autre Ptolemæos, neveu et général d'Antigonos, Denys lui donna sa fille en mariage, et il se crut même assez puissant pour prendre le titre de roi, après qu'Antigonos, Lysimachos et l'Égyptien Ptolemæos eurent fait la même chose (3). Il mourut, après avoir régné trente ans avec une habileté politique consommée et une prospérité non interrompue, si

(1) Memnon, c. 4.

(2) Strabon, XII, p. 565.

(3) Memnon, c. 4 : Cf. Diodore, XX, 53.

ce n'est que dans les dernières années de sa vie une excessive corpulence lui fit perdre la santé (1).

Denys laissait trois enfants mineurs, — Klearchos, Oxathrês et une fille, — qu'il avait eus de son épouse Amastris; il constitua régente cette dernière, qui, en partie grâce à l'appui sincère d'Antigonos, conserva intacte la domination d'Hêrakleia (304 av. J.-C.). Bientôt Lysimachos, roi de Thrace et de la Chersonèse de Thrace (sur l'isthme de laquelle il avait fondé la cité de Lysimacheia), rechercha cette puissance comme une alliance précieuse, fit sa cour à Amastris et l'épousa. La reine d'Hêrakleia jouit ainsi d'une double protection et put éviter de prendre part au formidable conflit d'Ipsus (300 av. J.-C.), dans lequel les alliés Lysimachos, Kassandre, Ptolemæos et Seleukos furent vainqueurs d'Antigonos. Ce dernier étant tué et sa puissance en Asie écrasée, Lysimachos prit possession d'Antigonia, la récente fondation de son rival en Bithynia, et changea son nom pour l'appeler Nikæa (2). Toutefois, après un certain temps, Lysimachos eut le désir d'épouser Arsinoê, fille de Ptolemæos d'Egypte; en conséquence, Amastris fit divorce avec lui, et agit pour son propre compte séparément comme régente d'Hêrakleia. Ses deux fils étant alors près d'être majeurs, elle fonda et fortifia, pour sa propre résidence, la cité voisine d'Amastris, à environ soixante milles (= 96 kil. 1/2), à l'est d'Hêrakleia, sur la côte de l'Euxin (3). Ces jeunes gens, Klearchos et Oxathrês, prirent le gouvernement d'Hêrakleia et s'associèrent à diverses entreprises guerrières; et, à ce sujet, nous savons seulement que Klearchos accompagna Lysimachos dans son expédition contre les Getæ, partageant le sort de ce prince, qui fut vaincu et fait prisonnier. Tous deux plus tard obtin-

(1) Nymphis, Fragm. 16, ap. Athen. XII, p. 549; Ælien, V. H. IX, 13.

(2) Strabon, XII, p. 565. De même aussi Antioche, sur l'Oronte, en Syria, la grande fondation de Seleukos Nikator, fut établie sur l'emplacement d'une autre Antigonia ou à côté, fondée aussi antérieurement par Antigonos Monophtalmos (Strabon, XV, p. 750).

(3) Strabon, XII, p. 544.

rent d'être relâchés, et Klearchos retourna à Hêrakleia, qu'il gouverna d'une manière cruelle et oppressive, et même commit l'énormité (conjointement avec son frère Oxathrès) de tuer sa mère Amastris. Ce crime fut vengé par son premier époux Lysimachos, qui, venant à Hêrakleia avec des déclarations d'amitié (288 av. J.-C.), fit mettre à mort Klearchos et Oxathrès, s'empara de leur trésor et, ne gardant que la possession séparée de la citadelle, permit aux Hèrakléotes d'établir un gouvernement populaire (1).

Cependant Lysimachos fut bientôt persuadé par son épouse Arsinoê de lui céder Hêrakleia, comme elle avait été naguère possédée par Amastris; et Arsinoê y envoya un officier kymæen nommé Hèrakleidês, qui emmena avec lui des forces suffisantes afin de rétablir l'ancien despotisme, avec son oppression et ses cruautés. Pour d'autres desseins aussi non moins funestes, l'influence d'Arsinoê fut toute-puissante. Elle détermina Lysimachos à tuer son fils aîné (d'un premier lit), Agathoklês, jeune prince doué des qualités les plus distinguées et les plus estimables. Une pareille atrocité, qui excita une horreur universelle parmi les sujets de Lysimachos, permit à son rival Seleukos de l'attaquer avec succès. Dans une grande bataille livrée entre ces deux princes, Lysimachos fut défait et tué — de la main et par la javeline d'un citoyen d'Hêrakleia, nommé Malakôn (2).

Cette victoire fit passer les domaines du prince vaincu dans les mains de Seleukos (281 av. J.-C.). A Hêrakleia aussi, elle produisit un effet si puissant, que les citoyens purent secouer le despotisme qui pesait sur eux. Ils essayèrent d'abord de traiter avec le gouverneur Hêrakleidês, en lui offrant de l'argent pour l'engager à se retirer. Ils n'obtinrent de lui qu'un refus plein de colère; cependant les officiers subordonnés des mercenaires, et les commandants de postes détachés dans le territoire d'Hêrakleia, ne se croyant pas en état de résister, acceptèrent un compromis

(1) Memnon, c. 6.

(2) Memnon, c. 7, 8.

amical avec les citoyens, qui leur offrirent une liquidation complète de l'arriéré de la solde, avec le droit de cité. Par ce moyen, les Hêrakléotes purent éloigner Hêrakleidês et ravoir leur gouvernement populaire. Ils signalèrent leur révolution par une cérémonie remarquable; ils démolirent leur Bastille, — le fort détaché ou forteresse dans l'intérieur de la cité, qui avait servi pendant quatre-vingt-huit ans de symbole caractéristique et d'instrument indispensable au despotisme antérieur (1). La cité, redevenue une république libre, fut renforcée en outre par le retour de Nymphis (l'historien) et d'autres citoyens hêrakléotes, qui jusque-là avaient été exilés. Ces hommes furent réintégrés et admis par leurs concitoyens dans une amitié et une harmonie complètes, toutefois avec cette clause conditionnelle expresse, qu'il ne serait fait aucune demande pour la restitution de leurs propriétés, confisquées depuis longtemps (2). Cependant la conduite hardie des Hêrakléotes nouvellement affranchis fut blessante pour le vainqueur Seleukos et pour son officier Aphrodisios. Et ils auraient probablement couru un grand danger de sa part, s'il n'avait d'abord tourné ses vues vers la conquête de la Macédoine, entreprise dans le cours de laquelle il fut tué par Ptolemæos Keraunos.

Les Hêrakléotes redevinrent ainsi une république de citoyens libres, sans citadelle détachée, ni garnison mercenaire; cependant ils perdirent, vraisemblablement à cause de la force croissante et des agressions de quelques dynastes de l'intérieur des terres, plusieurs de leurs dépendances éloignées, — Kieros, Tion et Amastris. Ils recouvrèrent les deux premières quelque temps après en les achetant, et ils désirèrent également racheter Amastris; mais Eumenês, qui l'occupait, les haïssait tellement, qu'il refusa leur argent, et céda la place gratuitement au chef kappadokien Ariobarzanês (3). Leur puissance maritime fut

(1) Memnon, c. 9; Strabon, XII, p. 542.

(2) Memnon, c. 11.

(3) Memnon, c. 16. Les habitants de Byzantion achetèrent aussi pour une somme considérable la position impor-

très-grande à cette époque; c'est ce que nous pouvons voir par le récit étonnant qu'on fait de leurs immenses vaisseaux, — montés par de nombreux marins, et garnis de beaucoup de courageux combattants sur le pont, — qui luttèrent avec une distinction supérieure dans le combat naval entre Ptolemæos Keraunos (meurtrier et successeur de Seleukos) et Antigonos Gonatas (1).

Mon dessein n'est pas de suivre plus loin les destinées d'Hêrakleia. Elle conserva son autonomie intérieure, avec une puissance maritime considérable, une administration digne et prudente, et une liberté partielle, bien que tristement circonscrite, d'action à l'étranger, — jusqu'à la guerre heureuse des Romains contre Mithridatês (69 av. J.-C.). En Asie Mineure, les cités helléniques sur la côte purent en partie reculer l'époque de leur asservissement, grâce à la grande division de pouvoir qui régnait dans l'intérieur; car les potentats de Bithynia, de Pergame, de Kappadokia, du Pont et de Syria étaient dans une discorde presque perpétuelle, — tandis que tous étaient menacés de l'intrusion des Gaulois belliqueux et adonnés au pillage, qui arrachèrent pour eux-mêmes des établissements en Galatia (276 av. J.-C.). Les rois, ennemis de la liberté civique, furent tenus partiellement en échec par ces nouveaux et formidables voisins (2), qui cependant n'étaient guère moins formidables eux-mêmes aux cités grecques sur la côte (3). Les villes de Sinôpê, d'Hêrakleia, de Byzantion, — et même Rhodes, malgré l'avantage d'une position insulaire, — restes isolés de ce qui avait été jadis un agrégat hellénique, sont désormais rendues impuissantes et enfermées par des

---

tante appelée le Ἱερὸν, à l'entrée de l'Euxin, sur le côté asiatique (Polybe, IV, 50).

Ce sont de rares exemples, dans l'histoire ancienne, de cités acquérant un territoire ou des dépendances *par achat*. Des acquisitions furent faites souvent de cette manière par les cités libres allemandes, suisses et italiennes de l'Europe du moyen âge; mais quant aux cités helléniques, je n'ai pas eu l'occasion de rapporter beaucoup d'affaires semblables dans le cours de cette Histoire.

(1) Memnon, c. 13 : Cf. Polybe, XVIII, 34.

(2) C'est une observation remarquable faite par Memnon, c. 19.

(3) V. l'assertion de Polybe, XXII, 24.

voisins de l'intérieur des terres presque à leurs portes (1), — dépendantes de potentats barbares, entre lesquels elles étaient forcées de balancer, se rendant utiles à tous tour à tour. Toutefois il arriva souvent à ces princes barbares de tirer leurs épouses, leurs maîtresses, leurs ministres, leurs négociateurs, leurs officiers, leurs ingénieurs, leurs littérateurs, leurs artistes, leurs acteurs et leurs agents intermédiaires, tant pour orner leur cour que pour se distraire, — de quelque cité grecque. Parmi eux tous s'insinua ainsi plus ou moins d'influence hellénique, en même temps que la langue grecque jetait ses racines partout, — même parmi les Gaulois ou Galates, les plus grossiers et les derniers venus des immigrants étrangers.

Des cités maritimes grecques dans le Pont-Euxin au sud du Danube, — Apollonia, Mesembria, Odêssos, Kallatis, Tomi et Istros, — cinq (vraisemblablement sans Tomi) formaient une Pentapolis confédérée (2). Vers l'année 312 avant J.-C., nous entendons parler d'elles comme étant sous le pouvoir de Lysimachos, roi de Thrace, qui tenait une

(1) Comparer la position indépendante et dominante occupée par Byzantion en 399 avant J.-C., ne reconnaissant aucun supérieur si ce n'est Sparte (Xénoph. Anab. VII, 1), — avec sa condition dans le troisième siècle avant J.-C., — harcelée et pillée presque jusqu'aux portes de la ville par les Thraces et les Gaulois voisins, et n'achetant l'indépendance qu'au moyen de présents continuels d'argent : V. Polybe, IV, 45.

(2) Strabon, VII, p. 319. Philippe de Macédoine défit le prince scythe Atheas ou Ateas (vers 340 av. J.-C.) quelque part entre le mont Hæmus et le Danube (Justin, IX, 2). Mais les relations d'Ateas avec les villes d'Istros et d'Apollonia, qui, dit-on, amenèrent Philippe dans le pays, sont très-difficiles à comprendre. Il est très-probable que ces cités appelèrent Philippe pour être leur défenseur.

Dans l'Inscription, n° 2056 c. (dans le Corp. Inscript. de Boeckh, part. XI, p. 79), les cinq cités constituant la Pentapolis ne sont pas clairement nommées. Boeckh suppose que ce sont Apollonia, Mesembria, Odêssos, Kallatis et Tomi; mais Istros semble plus probable que Tomi. Odêssos était sur le côté de la moderne Varna, où l'Inscription fut trouvée, bien au sud de la moderne ville d'Odessa, qui est sur l'emplacement d'une autre ville, *Ordêsos*.

Une Inscription (2056) qui précède immédiatement celle que nous venons de citer, trouvée aussi à Odêssos, contient un vote de remercîments et d'honneurs adressé à un certain citoyen d'Antioche, qui résidait auprès de... (nom imparfait), roi des Scythes, et qui rendait de grands services aux Grecs par son influence.

garnison dans Kallatis, — probablement dans les autres aussi. Elles firent un effort pour secouer son joug, et obtinrent l'assistance de quelques-uns des Thraces et des Scythes du voisinage, aussi bien que d'Antigonos. Mais Lysimachos, après une lutte qui semble avoir duré trois ou quatre ans, accabla leurs alliés et elles, et les réduisit de nouveau à la servitude (1). Kallatis soutint un long siége, en renvoyant quelques-uns de ses habitants qui ne pouvaient servir à la défense, et qui trouvèrent accueil et asile chez Eumelos, prince de Bosporos. Ce fut en poussant ses conquêtes encore plus loin vers le nord, dans la steppe entre le Danube et le Dniester, que Lysimachos entra en lutte avec le puissant prince des Getæ, Dromichætês, par lequel il fut défait et pris, mais généreusement relâché (2). J'ai déjà mentionné que l'empire de Lysimachos se termina avec sa dernière défaite et avec sa mort causée par Seleukos (281 av. J.-C.). Par suite de sa mort, les cités de la Pentapolis du Pont regagnèrent une indépendance temporaire. Mais leurs voisins barbares devinrent de plus en plus formidables, étant vraisemblablement renforcés par l'immigration de nouvelles hordes d'Asie; ainsi les Sarmates, qui, à l'époque d'Hérodote, étaient à l'est du Tanaïs, paraissent, trois siècles plus tard, même au sud du Danube. Ces tribus, — Thraces, Getæ, Scythes et Sarmates, — pillèrent successivement les cités grecques de cette Pentapolis. Dans le fait, bien que renouvelées plus tard, à cause de la nécessité d'avoir quelque place de trafic, même pour les déprédateurs, — elles ne furent que pauvrement renouvelées, avec une infusion considérable d'habitants barbares (3). Tel était l'état dans lequel l'exilé Ovide trouva Tomi, vers le commencement de l'ère chrétienne. Les Tomitains étaient plus

(1) Diodore, XIX, 73; XX, 25.

(2) Strabon, VII, p. 302-305; Pausanias, I, 9, 5.

(3) Diôn Chrysostôme, Orat. XXXVI (Borysthenitica) p. 75, Reiske. Εἷλον δὲ καὶ ταύτην (Olbia) Γέται, καὶ τὰς ἄλλας τὰς ἐν τοῖς ἀριστέροις τοῦ Πόντου πόλεις, μέχρι Ἀπολλωνίας· ὅθεν δὴ καὶ σφόδρα ταπεινὰ τὰ πράγματα κατέστη τῶν ταύτῃ Ἑλλήνων· τῶν μὲν οὐκέτι συνοικισθεισῶν πόλεων, τῶν δὲ φαυλῶς, καὶ τῶν πλείστων βαρβάρων εἰς αὐτὰς συῤῥεόντων.

qu'à moitié barbares, et leur grec n'était pas aisément intelligible. Les archers à cheval sarmates ou gétiques, avec leurs flèches empoisonnées, menaçaient continuellement les alentours de la ville, galopaient même jusqu'aux portes, et enlevaient, pour en faire des esclaves, les cultivateurs quand ils n'étaient pas sur leurs gardes. Même à deux cents mètres de la ville, il n'y avait de sécurité ni pour les personnes ni pour les propriétés. Les habitants étaient vêtus de peaux ou de cuir; tandis que les femmes, ne sachant ni filer ni tisser, étaient employées soit à moudre du blé, soit à porter les cruches d'eau sur leurs têtes (1).

---

(1) Le tableau tracé par Ovide de sa situation comme exilé à Tomi ne peut jamais manquer d'intéresser le lecteur par la beauté et le bonheur seuls de l'expression; mais il n'est pas moins intéressant, comme description réelle de l'Hellénisme dans sa dernière phase, dégradé et accablé par des destins contraires. La vérité du tableau d'Ovide est complétement appuyée par l'analogie d'Olbia, qui sera bientôt mentionnée. Ses plaintes traversent les cinq livres des Tristes et les quatre livres des « Epistolæ ex Ponto » (Trist. V, 10, 15).

« Innumeræ circa gentes fera bella minantur,
Quæ sibi non rapto vivere turpe putant.
Nil extra tutum est : tumulus defenditur ægre
Mœnibus exiguis ingenioque soli.
Cum minime credas, ut avis, densissimus hostis
Advolat, et prædam vix bene visus agit.
Sæpe intra muros clausis venientia portis
Per medias legimus noxia tela vias.
Est igitur rarus, rus qui colere audeat, isque
Hac arat infelix, hac tenet arma manu.
Vix ope castelli defendimur : et tamen intus
Mista facit Græcis barbara turba metum.
Quippe simul nobis habitat discrimine nullo
Barbarus, et tecti plus quoque parte tenet.
Quos ut non timeas, possis odisse, videndo
Pellibus et longâ corpora tecta comâ.
Hos quoque, qui geniti Graiâ creduntur ab urbe,
Pro patrio cultu Persica bracca tegit, etc. »

C'est un spécimen pris dans beaucoup d'autres : Cf. Tristes, III, 10, 53; IV, 1, 67; Epist. Pont. III, 1.

Ovide insiste en particulier sur le fait que la langue barbare était à Tomi en proportion plus grande que la langue hellénique : — « Graiaque quod Getico victa loquela sono est » (Trist. V, 2, 68). Des vêtements de laine, et la coutume de tisser et de filer pratiquée par les femmes libres de la famille, étaient au nombre des circonstances les plus familières de la vie grecque; l'absence de ces arts féminins et l'emploi de peaux ou de cuir pour les vêtements, étaient un abandon notable des habitudes grecques (Ex Ponto, III, 8) :

Ce fut par ces mêmes barbares qu'Olbia aussi (sur la rive droite de l'Hypanis ou Bug, près de son embouchure) se vit privée de ce bien-être et de cette prospérité dont elle jouissait quand Hérodote la visita. De son temps, les Olbiens vivaient en bons termes avec les tribus scythes de leur voisinage. Ils payaient un tribut stipulé, et faisaient en outre des présents au prince et à ses favoris immédiats ; et à ces conditions, leurs personnes et leurs propriétés étaient respectées. Le prince scythe Skylês (fils d'une mère hellénique d'Istros, qui l'avait familiarisé avec la langue et les lettres grecques) avait construit une belle maison dans la ville, et il y passait un mois par attachement pour les mœurs et la religion grecques, tandis que son armée de Scythes était près des portes sans molester personne (1). Il est vrai que cette conduite coûta la vie à Skylês ; car les Scythes ne voulurent pas permettre à leur propre prince de pratiquer des rites religieux étrangers, bien qu'ils ne trouvassent pas à redire à ces mêmes rites quand ils étaient observés par les Grecs (2). Les Scythes étaient attachés avec tenacité à leurs propres coutumes, et ces coutumes étaient souvent sanguinaires, féroces et brutales. Toutefois c'étaient des guerriers, plutôt que des voleurs : — ils s'abstenaient d'un pillage habituel, et conservaient auprès des Grecs une réputation d'honnêteté et de bonne foi qui devint proverbiale chez les anciens poëtes. Tels étaient les Scythes que vit Hérodote (probablement de 440 à 430 av. J.-C. environ), et le tableau tracé par Éphore un siècle plus tard (vers 340 av. J.-C.) ne paraît pas avoir été essentiellement différent (3). Mais

---

« Vellera dura ferunt pecudes ; et [Palladis uti
Arte Tomitanæ non didicere [nurus.
Femina pro lanâ Cerealia munera [frangit,
Suppositoque gravem vertice [portat aquam. »

(1) Hérodote, IV, 16-18. La ville était appelée *Olbia* par ses habitants, mais *Borysthenés* habituellement par les étrangers, bien qu'elle ne fût pas sur le Borysthène (Dnieper), mais sur la rive droite de l'Hypanis (Bug).

(2) Hérodote, IV, 76-80.

(3) Strabon, VII, p. 302 ; Skymnus de Chios, V, 112, qui habituellement suit Éphore.

Le rhéteur Diôn nous dit (Orat. XXXVI, init.) qu'il alla à Olbia afin de pouvoir *se rendre chez les Getæ en passant par le pays des Scythes*. Cela

après cette époque, il changea graduellement. De nouvelles tribus semblent avoir été introduites, — les Sarmates venant de l'est, — les Gaulois de l'ouest; de la Thrace au nord jusqu'au Tanaïs et au Palus Mæotis, la plupart des tribus différentes finirent par se mêler, — Gaulois, Thraces, Getæ, Scythes, Sarmates, etc. (1). Olbia était dans une plaine ouverte, sans aucune défense, à l'exception de ses murs et du fleuve adjacent de l'Hypanis, gelé en hiver. La race hybride helléno-scythe, formée par des mariages entre Grecs et Scythes, — et les diverses tribus de ces derniers qui s'étaient fixées partiellement afin de cultiver le blé pour l'exportation, — avaient probablement acquis aussi des habitudes moins guerrières que les tribus du type barbare primitif. En tout cas, eussent-elles été capables de se défendre, elles ne pouvaient continuer leur production et leur commerce sous le coup d'incursions hostiles répétées.

Une précieuse inscription qui reste nous met à même de comparer l'Olbia (ou Borysthenês) vue par Hérodote avec la même ville dans le second siècle avant J.-C. (2). A cette

---

prouve que de son temps (vers l'année 100 de l'ère chrétienne) les Scythes ont dû être entre le Bug et le Dniester, les Getæ plus près du Danube, — précisément comme ils avaient été quatre siècles plus tôt. Mais beaucoup de hordes nouvelles étaient mêlées avec eux.

(1) Strabon, VII, p. 296-304.

(2) Cette inscription — n° 2058 — dans le Corp. Inscr. Græc. de Boeckh, part. XI, p. 121 *seq.*, — est au nombre des plus intéressantes de cette belle collection. Elle consigne un vote de reconnaissance et d'honneurs publics décerne à un citoyen d'Olbia nommé Protogenês, et énumère les importants services que lui aussi bien que son père avait rendus à la cité. Elle décrit ainsi les nombreuses situations difficiles dont il avait contribué à la tirer. Une vive peinture nous est présentée de la détresse de la cité. L'introduction mise en avant par Boeckh (p. 86-89) est aussi très-instructive.

On parle souvent d'Olbia en l'appelant *Borysthenês*, nom qui lui était donné par les étrangers, mais que les citoyens ne reconnaissaient pas. Elle n'était pas même située sur les bords du Borysthènê, mais sur la rive droite ou occidentale de l'Hypanis (Bug), non loin de la ville moderne d'Oczakoff.

La date de l'Inscription citée plus haut n'est pas spécifiée, mais elle a été déterminée différemment par divers critiques. Niebuhr l'assigne (Untersuchungen ueber die Skythen, etc., dans ses « Kleine Schriften », p. 387) à une époque rapprochée de la fin de la seconde guerre Punique. Boeckh croit aussi que ce n'est pas beaucoup après cette époque. La terreur inspirée par les Gaulois, même aux autres barbares, paraît convenir mieux au se-

dernière époque, la cité était diminuée en population; ses finances étaient appauvries; elle était exposée à des exactions constamment croissantes de la part des hordes barbares de passage qui la menaçaient sans cesse ; à peine pouvait-elle défendre contre elles même la sécurité de ses murs. Quelquefois s'approchait le chef barbare Saitapharnês avec sa suite personnelle, parfois toute sa tribu ou horde en masse, appelée Saii. Toutes les fois qu'ils venaient, il fallait les apaiser par des présents plus grands que le trésor n'en pouvait fournir, et dus uniquement aux contributions volontaires des citoyens riches, tandis que même ces présents ne détournaient pas toujours les mauvais traitements ou le pillage. Déjà les citoyens d'Olbia avaient repoussé diverses attaques, en prenant en partie à leur solde une population semi-hellénique de leur voisinage (Hellènes mêlés, comme les Liby-Phéniciens en Afrique); mais les incursions devinrent plus alarmantes, et leurs moyens de défense moindres, à cause de la fidélité incertaine de ces Hellènes mélangés, aussi bien que de leurs propres esclaves, — ces derniers probablement indigènes barbares achetés de l'intérieur (1). Au milieu de la pauvreté publique, il fut nécessaire d'augmenter les fortifications et de leur donner plus de force; car ils étaient menacés de l'arrivée des Gaulois, — qui inspiraient une telle terreur qu'il était vraisemblable que les Scythes et d'autres barbares chercheraient leur propre salut en se faisant admettre de force dans les murs d'Olbia. Bien plus, le blé même était rare et d'une cherté folle. Le produit des terres d'alentour avait manqué à plusieurs reprises; on craignait une famine, et il fallait faire des efforts, plus grands que le trésor ne pouvait les supporter, pour amasser un fonds aux

---

cond siècle avant J.-C. qu'elle ne convient à une période postérieure.

L'Inscription n° 2059 atteste le grand nombre d'étrangers qui résidaient à Olbia, étrangers de dix-huit cités différentes, dont la plus éloignée est Milêtos, la mère-patrie d'Olbia.

(1) Dans une occasion, nous ne savons pas quand, les citoyens d'Olbia furent, dit-on, attaqués par un certain Zopyriôn, et réussirent à lui résister seulement en affranchissant leurs esclaves et en accordant le droit de cité à des étrangers (Macrobe, Saturnal. I, 11).

frais de l'État. Parmi les nombreux points de contraste avec Hérodote, celui-ci peut être le plus frappant; car, de son temps, le blé était le grand produit et le principal objet d'exportation d'Olbia; au moment actuel, la production avait été suspendue, ou était du moins sans cesse interrompue par des dévastateurs et par un manque de sécurité continuels.

Après avoir été attaquée perpétuellement, et même plusieurs fois prise, par des voisins barbares, — cette cité infortunée, environ cinquante ans avant l'ère chrétienne, finit par être saccagée d'une façon si misérable par les Getæ, qu'elle fut abandonnée pour un temps (1). Bientôt cependant les fugitifs revinrent en partie pour se rétablir sur une échelle réduite ; car les mêmes barbares qui les avaient persécutés et pillés avaient cependant besoin d'un marché avec une certaine quantité d'importations et d'exportations, telle que personne ne pouvait y pourvoir si ce n'est des colons grecs; en outre, c'était de la côte voisine d'Olbia, et par les soins de ses habitants, que beaucoup des tribus voisines tiraient leur provision de sel (2). De là résulta un chétif regain d'Olbia, — conservant le nom, les traditions, et une partie de la localité de la cité abandonnée, — grâce au retour d'une portion des colons avec une infusion d'habitants scythes ou sarmates; infusion dans le fait si considérable, qu'elle fit perdre sérieusement à la langue et aux noms des personnes dans la ville leur caractère hellénique (3).

C'est à cette seconde édition d'Olbia que le rhéteur Diôn Chrysostome rendit une visite d'été (environ un siècle après l'ère chrétienne), visite dont il a laissé un récit court, mais intéressant. Dans le vaste espace rempli jadis par la première Olbia, — dont l'ancienne enceinte était marquée par des murs et des tours en ruines, — la seconde ville occupait

(1) Diôn Chrysost. (Or. XXXVI, p. 75). — Ἀεὶ μὲν πολεμεῖται, πολλάκις δὲ καὶ ἑάλωκε, etc.

(2) Diôn Chrys. Orat. (XXXVI, Borysthenit.) p. 75, 76, Reiske.

(3) V. le Commentaire de Boeckh sur le langage et les noms personnels des Inscriptions olbiennes, part. XI, p. 108-116.

un coin étroit, avec de pauvres maisons, des murailles basses, et des temples qui n'avaient pour tout ornement que les anciennes statues mutilées par les pillards. Les citoyens étaient dans un manque constant de sécurité, toujours sous les armes ou sur leurs gardes; car les cavaliers barbares, malgré les sentinelles postées pour annoncer leur approche, enlevaient souvent des prisonniers, du bétail ou du bien dans le voisinage immédiat des portes. Le tableau tracé d'Olbia par Diôn confirme d'une manière remarquable celui qu'Ovide fait de Tomi. Et ce qui lui donne un intérêt touchant, c'est que les Grecs que Diôn vit lutter avec les difficultés, les privations et les dangers de cet avant-poste inhospitalier, conservaient encore l'activité, l'élégance et les aspirations intellectuelles de leur race ionienne, sous ce rapport très-supérieurs aux Tomitains d'Ovide. En particulier, c'étaient des admirateurs passionnés d'Homère; une proportion considérable des Grecs d'Olbia pouvait répéter l'Iliade de mémoire (1). Achille (localisé avec le surnom de Pontarchês, dans des îles et des caps nombreux de l'Euxin) était au nombre des principales personnes divines ou héroïques auxquelles ils adressaient leurs prières (2). Au milieu de la vie grecque, dégradée et penchant vers son anéantissement, et dépouillée même de la pureté d'une langue vivante, — le courant du sentiment de l'imagination et de la tradition continue ainsi sans suspension ni affaiblissement.

(1) Diôn, Orat. XXXVI (Borysthen.) p. 78, Reiske... Καὶ τἄλλα μὲν οὐκέτι σαφῶς ἑλληνίζοντες, διὰ τὸ ἐν μέσοις οἰκεῖν τοῖς βαρβάροις, ὅμως τήν γε Ἰλιάδα ὀλίγου πάντες ἴσασιν ἀπὸ στόματος. Je traduis les mots ὀλίγου πάντες en faisant un peu la part de la rhétorique.

Le portrait que nous fait Diôn du jeune citoyen d'Olbia, — Kallistratos, — avec lequel il conversa, est curieux comme peinture des mœurs grecques dans ce pays éloigné : c'était un jeune homme de dix-huit ans, avec de véritables traits ioniens, et remarquable par sa beauté (εἶχε πολλοὺς ἐραστάς); fanatique de littérature et de philosophie, mais surtout d'Homère; revêtu du costume de l'endroit, bon pour un cavalier, — le long pantalon de cuir et un court manteau noir; constamment à cheval pour défendre la ville, et célèbre comme guerrier, même à cet âge si peu avancé, ayant déjà tué ou fait prisonniers plusieurs Sarmates (p. 77).

(2) V. Inscriptions, nos 2076, 2077, ap. Boeckh; et le Périple de l'Euxin d'Arrien, ap. Geog. Minor. p. 21, éd. Hudson.

Relativement à la ville de Bosporos ou Pantikapæon (car ces deux noms indiquent la même cité, bien que le premier nom comprenne souvent tout l'empire annexé), fondée par des colons milésiens (1) sur le côté européen du Bosphore Kimmérien (près de Kertch), nous en entendons parler pour la première fois, vers l'époque où Xerxês fut repoussé de Grèce (480-479 av. J.-C.). C'était le centre d'un empire comprenant Phanagoria, Kepi, Hermonassa, et d'autres cités grecques sur le côté asiatique du détroit; et on dit qu'il était gouverné par ce qui semble avoir été une oligarchie — appelée les Archæanaktidæ, pendant quarante-deux ans (2) (480-438 av. J.-C.).

Après eux nous avons une série de princes qui se présentent individuellement avec leur nom, et se succèdent les uns aux autres dans la même famille. Spartokos I eut pour successeur Seleukos, ensuite vient Spartokos II, puis Satyros I (407-393 av. J.-C.), Leukôn (393-353 av. J.-C.), Spartokos III (353-348 av. J.-C.), Parisadês I (348-310 av. J.-C.), Satyros II, Prytanis, Eumelos (310-304 av. J.-C.), Spartokos IV (304-284 av. J.-C.), Parisadês II (3). Pendant les règnes de ces princes, une liaison de quelque intimité exista entre Athènes et Bosporos; liaison non politique, vu que les princes de cette ville avaient peu d'intérêt dans les luttes au sujet de l'hégémonie hellénique, — mais de rapports privés, d'échanges de commerce et de bons offices réciproques. L'extrémité orientale de la Chersonèse Taurique, entre Pantikapæon et Theodosia, était très-propre à la production du blé, tandis qu'on pouvait avoir une grande abondance de poissons, aussi bien que de sel, dans le Palus Mæotis et à côté. Le blé, le poisson et la viande salés, les peaux et les esclaves barbares en nombre considérable étaient très-demandés parmi tous les Grecs qui entouraient la mer Ægée, et non moins à Athènes, où il y avait beaucoup d'esclaves

(1) Strabon, VII, p. 310.

(2) Diodore, XII, 31.

(3) V. l'appendice de M. Clinton sur les rois de Bosporos, — Fast. Hellen. Append. c 13, p. 280, etc., et le commentaire de Boeckh sur le même sujet, Inscript. Græc. part. XI, p. 91 *seq.*

scythes (1); tandis que l'huile et le vin, avec d'autres produits de régions plus méridionales, étaient bien reçus dans Bosporos et les autres ports du Pont. Cet important trafic semble avoir été surtout fait au moyen de navires et d'un capital appartenant à Athènes et à d'autres villes maritimes de la mer Ægée, et il a dû être surtout placé sous la protection et le règlement des Athéniens, tant que leur empire maritime exista. Des citoyens entreprenants d'Athènes allaient à Bosporos (comme en Thrace et dans la Chersonèse de Thrace) pour faire leur fortune; des marchands d'autres cités trouvaient avantageux de s'établir comme étrangers domiciliés ou metœki à Athènes, où ils étaient plus en contact avec l'autorité qui les protégeait, et où ils obtenaient un accès plus facile aux tribunaux judiciaires. Ce fut probablement pendant la période qui précéda le grand désastre essuyé à Syracuse en 413 avant J.-C. qu'Athènes acquit pour la première fois sa position de centre commercial pour le trafic avec l'Euxin, position que nous la voyons conserver plus tard, même avec un pouvoir réduit, à l'époque de Démosthène.

Combien était forte la position dont jouissait Athènes dans Bosporos, quand son empire était encore intact, c'est ce dont nous pouvons juger par ce fait que Nymphæon (au sud de Pantikapæon, entre cette ville et Theodosia) était au nombre de ses villes tributaires, et payait un talent annuellement (2). Ce ne fut qu'à l'époque des malheurs d'Athènes

---

(1) Polybe énumère (IV, 38) les principaux articles de ce commerce du Pont, parmi les exportations τά τε δέρματα καὶ τὸ τῶν εἰς τὰς δουλείας ἀγομένων σωμάτων πλῆθος, etc, où Schweighaeuser a changé δέρματα en θρέμματα, vraisemblablement sur l'autorité d'un seul Mss. Je doute de la convenance de ce changement, aussi bien que du fait d'une exportation de bétail vivant du Pont tandis que l'exportation des peaux était considérable : V. Strabon, XI, p. 493.

On connaît bien les esclaves publics scythes ou agents de police d'Athènes. Σκύθαινα aussi est le nom d'une femme esclave (Aristoph. Lysistr. 184). Σκύθης, comme nom d'esclave, se rencontre déjà dans Théognis, V. 826.

Quelques-unes des préparations salées du Pont étaient d'une cherté excessive; Caton se plaignait d'un κεράμιον Ποντικῶν ταρίχων vendu trois cents drachmes (Polybe, XXXI, 24).

(2. Harpokration et Photius, v. Νυμφαῖον, — d'après les ψηφίσματα réunis

dans les dernières années de la guerre du Péloponèse que la ville de Nymphæon passa entre les mains des princes de Bosporos, livrée (suivant Æschine) par le grand-père maternel de Démosthène, l'Athénien Gylôn, qui toutefois ne fit probablement rien de plus qu'obéir à une nécessité rendue inévitable par la condition déchue d'Athènes (1). Nous voyons ainsi que Nymphæon, au milieu des domaines de Bosporos, était non-seulement un membre de l'empire athénien, mais encore renfermait des citoyens athéniens influents, adonnés au commerce de blé. Gylôn fut récompensé par un don considérable de terres à Kepi; — probablement d'autres Athéniens de Nymphæon furent récompensés également par les princes de Bosporos, qui ne refusaient pas un bon prix pour une pareille acquisition. Nous trouvons encore d'autres exemples, — tant de citoyens athéniens envoyés pour résider avec le prince Satyros, — que de Grecs du Pont également qui, déjà en correspondance et en amitié avec divers Athéniens individuellement, confient leurs fils pour qu'ils soient initiés au commerce, à la société et aux raffinements d'Athènes (2). Ces faits attestent la correspondance et les relations de cette cité, pendant sa grandeur souveraine, avec Bosporos.

Le prince de cette ville, Satyros, fut dans les meilleurs rapports avec Athènes, et il semble même avoir eu des représentants autorisés pour appuyer ses requêtes qui trouvaient une très-grande attention (3). Il traitait les mar-

---

par Krateros. Cf. Boeckh, dans sa seconde édition de sa « Staatshaushaltung der Athener », vol. II, p. 658.

(1) Æschine adv. Ktesiph. p. 78, c. 57. V. tome XVII, ch. 2 de cette Histoire.

(2) Lysias pro Mantitheo, Or. XVI, s. 4; Isokrate (Trapezitic.), Or. XVII, s. 5. Le jeune homme dont Isokrate expose l'affaire fut envoyé à Athènes par son père, Sopæos, riche grec du Pont (s. 52), fort avancé dans la confiance de Satyros. Sopæos fournit à son fils deux chargements de blé, et de l'argent en outre, et l'envoya ensuite à Athènes ἅμα κατ' ἐμπορίαν καὶ κατὰ θεωρίαν.

(3) Isokrate, Trapezit. s. 5, 6. Sopæos, père de ce plaideur, avait encouru les soupçons de Satyros dans le Pont, et avait été arrêté; sur quoi Satyros envoie à Athènes saisir les biens du fils, lui ordonner de revenir à Bosporos, — et s'il refusait, demander ensuite aux Athéniens de le lui livrer: — Ἐπιστέλλει δὲ τοῖς ἐνθάδε ἐπιδημοῦσιν ἐκ τοῦ Πόντου τά τε χρήματα παρ' ἐμοῦ κομίσασθαι, etc.

chands athéniens à Bosporos avec équité et même avec faveur, leur accordant une préférence dans l'exportation du blé quand il n'y en avait pas pour tous (1). Son fils Leukôn non-seulement continua la préférence aux vaisseaux athéniens qui faisaient l'exportation, mais encore il leur accorda la remise du droit (d'un trentième) dont elle était frappée, et qu'il exigeait de tous les autres marchands. On compte cette exemption comme équivalant à un présent annuel de 13,000 médimnes de blé (le médimne étant environ un boisseau et un tiers), la quantité totale de blé apportée de Bosporos à Athènes dans toute une année étant de 400,000 médimnes (2). En outre, il est aisé de voir qu'un pareil avantage a dû jeter presque tout le commerce d'exportation dans les mains de marchands athéniens. Athènes reconnut cette faveur par des votes publics de gratitude et d'honneur; elle accorda à Leukôn le droit de cité, avec l'exemption de toutes les charges régulières attachées à la propriété à Athènes. Il y avait dans cette cité de l'argent appartenant à Leukôn (3), qui fut en conséquence (sur la proposition de Leptinês) exposé à cette demande conditionnelle d'échange de fortune, appelée en langage technique Antidosis. En outre, de son temps, le commerce de blé de Bosporos paraît s'être étendu plus loin; car nous apprenons qu'il établit une exportation de Theodosia aussi bien que de Pantikapæon. Son successeur Parisadês I, continuant aux marchands athéniens qui exportaient du blé le même privilége d'immunité pour droit d'exportation, obtint d'Athènes des honneurs plus grands encore que Leukôn; car nous savons que sa statue, avec celles de deux parents, fut érigée dans l'agora sur la motion de Démosthène (4). Les relations de

(1) Isokrate, Trapezit. s. 71. Démosthène reconnaît aussi des faveurs reçues de Satyros : — Καὶ αὐτὸς (Leukôn) καὶ οἱ πρόγονοι, etc. (adv. Leptin. p. 467).

(2) Démosthène, adv. Leptin. p. 467.

(3) Démosth. adv. Leptin. p. 469.

(4) Démosthène, adv. Phormion. p. 917; Dinarque, adv. Demosth. p. 34. Le nom est Berisadês, tel qu'il est imprimé dans le discours; mais il est évident que Parisadês est la personne désignée. V. Boeckh, Introd. ad Inscript. n° 2056, p. 92.

Dinarque affirme que Démosthène recevait annuellement de Bosporos un présent annuel de mille modii de blé.

Bosporos avec Athènes furent durables aussi bien qu'intimes, son commerce de blé étant d'une haute importance pour la subsistance du peuple. Tout exportateur athénien était tenu par une loi d'apporter sa cargaison d'abord à Athènes. Le fret et la navigation de navires dans ce dessein, avec les avances d'argent faites par de riches capitalistes (citoyens et metœki) à un intérêt et sous des conditions imposés par la justice athénienne, étaient une affaire constante et profitable. Et nous pouvons apprécier la valeur du traitement équitable, pour ne pas dire la faveur, accordé par les rois de Bosporos, — si nous le comparons avec la conduite frauduleuse et rapace de Kleomenês, satrape d'Égypte, par rapport à l'exportation du blé égyptien (1).

La condition politique des Grecs à Bosporos était un peu particulière. Les princes héréditaires (mentionnés plus haut) qui les gouvernaient réellement en despotes, ne prenaient d'autre titre (par rapport aux Grecs) que celui d'archontes. Ils payaient tribut aux puissantes tribus scythes qui les bornaient sur le côté européen, et même ils jugèrent nécessaire de mener un fossé en travers de l'isthme étroit, de quelque point près de Theodosia au nord jusqu'au Palus Mæotis, comme protection contre des incursions (2). Leur domination ne s'étendait pas plus loin à l'ouest que Theodosia ; ce fossé était leur limite occidentale extrême ; et même pour la terre qui était en deçà, ils payaient tribut. Mais sur le côté asiatique du détroit, ils avaient un pouvoir souverain à une distance considérable, sur les tribus plus faibles et moins belliqueuses appelées du nom commun de Mæotæ ou Mæêtæ, — les Sindi, les Toreti, les Dandarii, les Thatês, etc. Des inscriptions, existant encore, de Parisadês I, le nomment comme roi de ces diverses tribus barbares, mais comme archonte de Bosporos et de Theodosia (3). Son empire sur le

---

(1) Démosth. adv. Dionysodor. p. 1285.

(2) Strabon, VII, p. 310, 311.

(3) V. Inscript. n°s 2117. 2118, 2119, de la collection de Boeckh, p. 156. Dans les Memorabilia de Xénophon (II, 1, 10), Sokratês mentionne les Scythes comme exemple de peuple dominant, et les Mæôtæ comme exemple de peuple sujet. Probablement cela

côté asiatique du Bosphore Kimmérien, appuyé par des mercenaires grecs et thraces, avait une étendue considérable (bien qu'elle nous soit inconnue), arrivant quelque part près des frontières du Caucase (1).

Parisadês I, en mourant, laissa trois fils, — Satyros, Prytanis et Eumelos (310-304 av. J.-C.). Satyros, comme l'aîné, succéda; mais Eumelos réclama la couronne, chercha du secours au dehors, et détermina divers voisins, — entre autres un puissant roi thrace nommé Ariopharnês, — à épouser sa cause. A la tête d'une armée qui comptait, dit-on, 20,000 chevaux et 20,000 fantassins, les deux alliés s'avancèrent pour attaquer le territoire de Satyros, qui vint à leur rencontre, avec 2,000 mercenaires grecs, et 2,000 Thraces à lui, renforcés par un corps nombreux d'alliés scythes, — 20,000 fantassins, et 10,000 chevaux; il avait avec lui une grande quantité de provisions dans des chariots. Il remporta une victoire complète, et força Eumelos et Ariopharnês à se retirer et à chercher un refuge dans la résidence royale de ce dernier, près du fleuve du Thapsis; forteresse construite en bois, et entourée d'une forêt, d'une rivière, de marais et de rochers, de telle sorte qu'il était très-difficile d'en approcher. Satyros, après avoir commencé par ravager le pays alentour, où il fit un riche butin en prisonniers et en bétail, se mit en devoir d'attaquer ses ennemis dans leur position presque inabordable. Mais bien que lui et Meniskos, son général des mercenaires, fissent les plus grands efforts et emportassent même quelques-uns des ouvrages avancés, ils furent repoussés de la forteresse

---

se rapporte à la position des Grecs de Bosporos, qui payaient tribut aux Scythes, mais régnaient sur les Mæotæ. Le nom de *Mæotæ* semble borné aux tribus sur le côté asiatique du Palus Mæotis, tandis que les Scythes étaient sur le côté européen de cette mer. Sokratês et les Athéniens avaient de bons moyens pour avoir des renseignements sur la situation des Grecs de Bosporos et sur leurs voisins des deux côtés. V. K. Neumann, Die Hellenen im Skythenlande, l. II, p. 216.

(1) Cette limite est attestée dans une autre Inscription, n° 2104, de la même collection. L'Inscription n° 2103 semble indiquer des mercenaires arkadiens au service de Leukôn; au sujet des mercenaires, V. Diodore, XX, 22.

Parisadês I fut, dit-on, adoré comme dieu après sa mort (Strabon, VII, p. 310).

elle-même; et Satyros, s'exposant hardiment pour dégager Meniskos, reçut une blessure dont il mourut bientôt, après un règne de neuf mois. Meniskos levant le siége, retira l'armée à Gargaza; d'où il transporta le corps royal à Pantikapæon (1).

Prytanis, le second frère, rejetant une offre de partage faite par Eumelos, prit le sceptre, et s'avança pour continuer la lutte. Mais le courant de la fortune tourna alors en faveur d'Eumelos, qui prit Gargaza avec plusieurs autres places, défit son frère dans une bataille, et le bloqua si étroitement dans l'isthme près du Palus Mæotis, qu'il fut forcé de capituler, et de renoncer à ses prétentions (309 av. J.-C.). Eumelos entra dans Pantikapæon comme vainqueur. Néanmoins, Prytanis le vaincu, malgré son traité récent, fit une nouvelle tentative sur la couronne; il fut défait de nouveau, forcé de s'enfuir à Kêpi, où il fut tué. Pour s'assurer le trône, Eumelos mit à mort les épouses et les enfants de ses deux frères, Satyros et Prytanis, — avec tous leurs principaux amis. Un jeune homme seul, Parisadês, fils de Satyros, — s'échappa et trouva une protection auprès du prince scythe Agaros.

(1) Diodore, XX, 24. Le théâtre de ces opérations militaires (autant que nous pouvons prétendre l'établir d'après le bref et superficiel récit de Diodore) semble avoir été sur le côté européen de Bosporos, quelque part entre le Borysthène et l'isthme de Pérékop, dans le territoire appelé par Hérodote *Hylæa*. C'est l'opinion de Niebuhr, que je crois plus probable que celle de Boeckh, qui suppose que les opérations s'effectuèrent sur le territoire asiatique de Bosporos. Jusque-là je suis d'accord avec Niebuhr; mais les raisons qu'il avance pour placer Dromichætês roi des Getæ (le vainqueur de Lysimachos) à l'est du Borysthène, ne sont nullement satisfaisantes.

Cf. les « Untersuchungen über die Skythen » de Niebuhr, etc. (dans ses « Kleine Schriften », p. 380) avec le Commentaire de Boeckh sur les Inscriptions sarmates, corp. Ins. Græc. part. XI, p. 83-103.

La mention que fait Diodore d'une forteresse de bois, entourée de marais et de forêts, est curieuse, et peut être expliquée par la description que donne Hérodote (IV, 108) de la cité des Budini. Cette habitude, de construire des villes et des fortifications de bois, régna dans la population slave de Russie et de Pologne jusqu'à une époque très-avancée dans le moyen âge. V. Paul-Joseph Schaffarik, Slavische Alterthümer, dans la traduction allemande de Wuttke, vol. I, ch. 10, p. 192; et K. Neumann, Die Hellenen im Skythenlande, p. 91.

Eumelos avait alors abattu tous ses rivaux ; cependant ses récentes cruautés avaient occasionné de la colère et du dégoût parmi les citoyens de Bosporos. Il les convoqua en assemblée, pour excuser sa conduite passée, et promit un bon gouvernement à l'avenir ; en même temps il leur garantit leur constitution civile complète, avec des priviléges et des immunités semblables à celles dont ils avaient joui auparavant, et l'exemption d'une taxation directe (1). Ces assurances, combinées probablement avec une imposante armée de mercenaires, apaisèrent ou du moins firent taire la désaffection qui dominait. Eumelos tint ses promesses en tant qu'il gouverna avec un esprit doux et populaire. Tout en se rendant agréable à l'intérieur, il conserva une politique étrangère énergique, et fit plusieurs conquêtes parmi les tribus environnantes. Il se constitua en quelque sorte le protecteur de l'Euxin, réprimant les pirateries des Heniochi et des Achæi (dans le mont Caucase jusqu'à l'est) aussi bien que celles des Tauri dans la Chersonèse (Crimée) ; fort à la satisfaction des Byzantins, des Sinopiens, et des autres Grecs du Pont. Il reçut une partie des fugitifs de Kallatis, quand cette place fut assiégée par Lysimachos, et il leur fournit un établissement dans ses domaines. Après avoir acquis ainsi une grande réputation, Eumelos était en pleine carrière de conquêtes et d'agrandissement, quand un accident termina sa vie, après un règne d'un peu plus de cinq ans. En revenant de Scythie à Pantikapæon, dans un chariot à quatre roues attelé de quatre chevaux et surmonté d'une tente, ses chevaux eurent peur et s'emportèrent. S'apercevant qu'ils l'entraînaient vers un précipice, il essaya de sauter dehors ; mais son épée s'embarrassant dans la roue, il fut tué sur place (2). Il eut pour successeur son fils Spartokos IV, qui régna vingt ans (304-284 av. J.-C.) ; ensuite vint le fils de Spartakos, Parisadès, II ; nom avec lequel cessent nos renseignements (3).

---

(1) Diodore, XX, 24.
(2) Diodore, XX, 25.
(3) Diodore, XX, 100. Spartokos IV, — fils d'Eumelos, — est reconnu dans

Cette dynastie, les Spartokidæ, bien qu'ils gouvernassent les Grecs de Bosporos comme despotes au moyen d'une armée mercenaire étrangère, — semble cependant avoir exercé le pouvoir avec équité et modération (1). Si Eumelos eût vécu, il aurait probablement pu établir un empire étendu sur les tribus barbares tout autour de lui. Mais un empire sur de pareils sujets était rarement durable, et ses successeurs ne conservèrent pas longtemps même tout ce qu'il laissa. Nous n'avons aucun moyen de suivre leur fortune en détail ; mais nous savons qu'un siècle avant J.-C. environ, le prince régnant alors, Parisadês IV, se trouva si fortement serré et pressé par les Scythes (2), qu'il fut forcé (comme Olbia et la Pentapolis) d'abandonner son indépendance, et d'appeler, comme auxiliaire ou maître, le formidable Mithridatês Eupator du Pont, à partir duquel commença une nouvelle dynastie de rois de Bosporos, soumise toutefois, après un intervalle de peu de longueur, à la domination et à l'intervention de Rome.

Ces princes mithridatiques dépassent notre période ; mais les cités de Bosporos sous les princes spartokides, dans le quatrième siècle avant J.-C., méritent d'être rangées parmi les traits remarquables du monde hellénique actuel. Elles n'étaient pas, à vrai dire, purement helléniques, mais elles présentaient un mélange considérable de coutumes scythes ou orientales, analogue au mélange des éléments helléniques et libyens à Kyrênê avec ses princes Battiades. Parmi les faits qui attestent les richesses et la puissance de ces princes spartokides et de la communauté de Bosporos, nous devons compter les groupes imposants d'immenses tumuli sépulcraux près de Kertch (Pantika-

---

une Inscription attique (n° 107) et dans diverses de Bosporos (n°s 2105, 2106, 2120) de la collection de Boeckh. Parisadês II, — fils de Spartokos, — est reconnu dans une autre Inscription de Bosporos, n° 2107, — vraisemblablement aussi dans le n° 2120 *b*.

(1) Strabon, VII, p. 310. Cependant Dinarque appelle Parisadês, Satyros et Gorgippos, — τοὺς ἐχθίστους τύραννους (adv. Demosth. s. 44).

(2) Strabon, VII, p. 310. Οὐχ οἷός τε ὢν ἀντέχειν πρὸς τοὺς βαρβάρους, φόρον πραττομένους μείζω τοῦ πρότερον, etc.

pæon), dont quelques-uns ont été récemment examinés, tandis que la plus grande partie reste encore sans être ouverte. Ces spacieuses chambres de pierre, — enfermées dans de vastes monticules (kurgans), ouvrages cyclopéens entassés avec un travail et des frais prodigieux, — se sont trouvées contenir non-seulement une profusion d'ornements en métaux précieux (or, argent et electron, ou mélange de quatre parties d'or contre une. d'argent), mais encore un grand nombre de vases, d'instruments et d'œuvres d'art, qui jettent du jour sur la vie et les idées de la population de Bosporos. « Le contenu des tumuli déjà ouverts est si varié que, par les tombeaux de Pantikapæon seulement, nous pourrions connaître tout ce qui servait aux Grecs pour les besoins habituels ou pour l'ornement de la vie domestique (1). » On a trouvé des statues, des bas-reliefs et des fresques sur les murs, représentant des sujets variés tant de guerre que de paix, et souvent d'une exécution très-belle ; en outre, de nombreuses sculptures en bois et des vases de bronze ou de terre cuite, avec des colliers, des brassards, des bracelets, des anneaux, des coupes à boire, etc., de métal précieux, — plusieurs avec des perles de couleur qui y sont attachées (2). Les costumes, l'équipement et la physiononie

---

(1) Neumann, Die Hellenen im Skythenlande, p. 503.

(2) Un récit des diverses découvertes faites près de Kertch ou Pantikapæon se trouve dans Dubois de Montpéreux, Voyage dans le Caucase, vol. V, p. 135 *seq.*, et dans Neumann, Die Hellenen im Skythenlande, p. 483-533. L'ouvrage mentionné en dernier lieu est particulièrement abondant et instructif; il se rapporte à ce qui a été fait depuis les voyages de Dubois, et il contient d'amples informations tirées des récents mémoires des sociétés littéraires de Saint-Pétersbourg.

Le type local et spécial, qui se montre si abondamment dans ces œuvres d'art, justifie l'induction qu'elles ne furent pas apportées d'autres cités grecques, mais qu'elles furent exécutées par des artistes grecs résidant à Pantikapæon (p. 507). On parle avec une admiration particulière de deux statues de marbre, un homme et une femme, tous deux plus grands que nature, exhumés en 1850 (p. 491). On a trouvé dans plusieurs chambres des monnaies du troisième et du quatrième siècle avant J.-C. (p. 494-495). On a aussi découvert un grand nombre de ce qu'on appelle vases étrusques, fabriqués probablement avec une espèce d'argile qui existe encore dans le voisinage; les figures sur ces vases sont souvent excellentes, avec des dessins

représentés sont, dans le fait, un mélange hellénique et barbare; de plus, même la profusion de chaînes d'or et d'autres ornements précieux indique un ton de sentiment devenu en partie oriental dans ceux auxquels ils étaient destinés. Mais le dessin aussi bien que l'exécution sort évidemment de l'atelier hellénique; et il y a de bonnes raisons pour croire que, dans le quatrième siècle avant J.-C., Pantikapæon était non-seulement le séjour de citoyens entreprenants et riches, mais encore le siége d'un génie artistique plein d'ardeur et bien dirigé. Ces manifestations des raffinements de l'hellénisme, dans cette cité éloignée et peu remarquée, forment une addition importante au tableau de la Hellas comme ensemble, — antérieurement à ses jours de sujétion, — tableau que cette Histoire a eu pour but de présenter.

---

et des scènes très-variés, de religion, de fêtes, de guerre, d'intérieur (p. 522). Beaucoup des sarcophages sont richement ornés de sculptures en bois, en ivoire, etc., quelques-unes admirablement exécutées (p. 521).

Par malheur, l'opinion règne et a longtemps régné parmi la population voisine que ces tumuli contiennent des trésors cachés. L'un des plus frappants dans le nombre, — appelé le Kul-Obo, — fut ouvert en 1830 par les autorités russes. Après beaucoup de peine et de difficultés, on découvrit le moyen d'entrer, et on parvint à la chambre intérieure. C'était la plus riche qui eût jamais été ouverte; il se trouva qu'elle renfermait quelques magnifiques ornements d'or, aussi bien que beaucoup d'autres restes. Les officiers russes mirent une garde pour empêcher qui que ce fût d'y entrer; mais la cupidité de la population de Kertch fut si allumée par la nouvelle que le trésor attendu était découvert, qu'elle força la garde, pénétra dans l'intérieur et pilla la plus grande partie du contenu (p. 509). Les autorités russes ont désiré en général conserver et fouiller graduellement ces monuments, mais elles ont eu à lutter contre la répugnance et même la rapacité de la part des gens d'alentour.

Dubois de Montpéreux fait une description intéressante de l'ouverture de ces tumuli près de Kertch, — en particulier du Kul-Obo, le plus riche de tous, qu'il croit avoir appartenu à l'un des rois spartokides, et dont les décorations étaient le produit de l'art hellénique :

« Si l'on a enterré (fait-il observer) un roi entouré d'un luxe scythique, ce sont des Grecs et des artistes de cette nation qui ont travaillé à ses funérailles » (Voyage autour du Caucase, pp. 195, 213, 227). Pantikapæon et Phanagoria (dit-il) « se reconnaissent de loin à la foule de leurs tumulus » (p. 137).

J'ai actuellement amené l'histoire de la Grèce au moment indiqué dans la préface de mon premier volume, — la fin de la génération contemporaine d'Alexandre, — époque de laquelle date non-seulement l'anéantissement de la liberté politique et de l'action personnelle grecque, mais encore le dépérissement du génie productif et l'abaissement de cette supériorité achevée dans les lettres et l'éloquence, dont le quatrième siècle avant J.-C. nous avait présenté Platon et Démosthène comme les modèles (1). Le contenu des deux derniers volumes n'indique que trop clairement que la Grèce, comme sujet séparé d'histoire, n'existe plus; car l'un d'eux est consacré à dépeindre Alexandre et ses conquêtes, — *ἄγριον αἰχμητὴν, κρατερὸν μήστωρα φόβοιο* (2), ce conquérant non hellénique dans les vastes possessions duquel les Grecs sont absorbés, avec leur éclat intellectuel obscurci, leur ardeur brisée et la moitié de leur courage enlevée par Zeus, — triste émasculation infligée (suivant Homère) aux victimes surprises par le jour de la servitude (3).

Il y eut une branche de l'activité intellectuelle, une seule, qui continua de fleurir, relativement peu affaiblie, sous la prépondérance de l'épée macédonienne, — l'esprit de spéculation et la philosophie. Pendant le siècle que nous venons de traverser, cet esprit a été possédé par plusieurs personnes éminentes dont les noms ont été à peine signalés à l'attention dans cette Histoire. Parmi ces noms, il y en a deux d'une grandeur particulière que j'ai mis partiellement sous les yeux du lecteur, parce que tous deux appartiennent à l'histoire générale aussi bien qu'à la philosophie; Platon,

---

(1) Combien cette dégradation était marquée, c'est ce qu'on peut voir attesté par Denys d'Halikarnasse, De Antiquis Oratoribus, pp. 445, 446, Reiske : — Εὐ γὰρ δὴ τοῖς πρὸ ἡμῶν χρόνοις ἡ μὲν ἀρχαία καὶ φιλόσοφος ῥητορικὴ προπηλακιζομένη καὶ δεινὰς ὕβρεις ὑπομένουσα κατελύετο, ἀρξαμένη μὲν ἀπὸ τῆς Ἀλεξάνδρου τοῦ Μακεδόνος τελευτῆς ἐκπνεῖν καὶ μαραίνεσθαι κατ' ὀλιγον, ἐπὶ δὲ τῆς καθ' ἡμᾶς ἡλικίας μικροῦ δεήσασα εἰς τέλος ἠφανίσθαι. Cf. Denys, De Compos. Verbor. p. 29, 30, Reiske; et Westermann, Geschichte der Griechischen Beredsamkeit, s. 75-77.

(2) Homère, Iliade, VI, 97.

(3) Hom. Odyss. XVII, 322.

Ἥμισυ γάρ τ' ἀρετῆς ἀποαίνυται [εὐρύοπα Ζεὺς
Ἀνέρος, εὖτ' ἄν μιν κατὰ δούλιον [ἦμαρ ἕλῃσιν.

comme citoyen d'Athènes, qui assista Sokratês lors de son procès, et qui conseilla Denys dans sa gloire ; — Aristote, comme maître d'Alexandre. J'avais à un moment espéré les présenter aussi dans mon présent ouvrage comme philosophes, et donner une appréciation du caractère propre de leur spéculation, mais je trouve le sujet beaucoup trop vaste pour être resserré dans l'espace que ce volume fournirait. L'exposition des doctrines des penseurs distingués n'est pas aujourd'hui comptée par les historiens, soit de l'antiquité soit des temps modernes, au nombre des devoirs qu'ils doivent remplir, non plus qu'au nombre des espérances naturelles de leurs lecteurs, mais elle est réservée à l'historien spécial de la philosophie. En conséquence, j'ai terminé mon Histoire de la Grèce, sans essayer de rendre justice ni à Platon ni à Aristote. J'espère contribuer en quelque chose à combler cette lacune, dont j'apprécie pleinement la grandeur, dans un ouvrage séparé, consacré spécialement à un exposé de la philosophie spéculative grecque dans le quatrième siècle avant J.-C.

FIN.

ERRATA

TOME XI

Page 141, ligne 4, *lire* désir *au lieu de* disposition.

TOME XII

Page	ligne				
Page 96,	ligne 2,	*lire*	euvert	*au lieu de*	ouverte.
» 140,	» 29,	»	ou de leur dialogue.		
» 153,	» 36,	»	reste	»	restera.
» 163,	» 13,	»	à arriver	»	pour arriver.
» *id.*,	» 11,	»	à la proclamer	»	pour la proclamer.
» 315,	» 10,	»	d'entre leurs membres	»	d'entre eux.

TOME XIII

Page	ligne				
Page 207,	ligne 16,	*lire*	les faire	*au lieu de*	leur faire.
» 267,	» 7,	»	approprié	»	appropriée.
» 307,	» 20,	»	se frayait	»	frayait.

TOME XIV

Page	ligne				
Page 99,	ligne 21,	*lire*	en tout genre	*au lieu de*	de toutes sortes.
» 105,	» 25,	»	mille	»	cent mille.

TOME XV

Page	ligne				
Page 145,	ligne 20,	*lire*	ouvertement depuis,	*au lieu de*	ouvertement, depuis.
» 170,	» 6,	»	plus tôt	»	plutôt.
» 265,	» 2,	»	id.	»	id.
» 303,	» 26,	»	de chars	»	des chars.

TOME XVI

Page	43,	note, 1re col.,	*lire*	trésor commun	*au lieu de*	sanctuaire commun.
»	198,	ligne 3,	»	invita.		
»	256,	» 30,	»	comme un crime, seulement là où.		
»	*id.*,	» 31,	»	en possession de l'autorité; là où.		
»	270,	» 2,	»	deux cents	*au lieu de*	deux cent.
»	287,	» 10,	»	Syracuse	»	Corinthe.
»	293,	» 4,	»	occupé des.		
»	320,	» 20,	»	ville sujette.		

TOME XVII

Page	230,	note, 2e col.,	*lire*	celle la moins	*au lieu de*	celui le moins.
		lignes 9, 10,	»	la plus	»	le plus.
»	257,	note, 1re col.,	»	histoire véritable	»	histoires véritables.

TOME XIX

Page	56,	ligne 12,	*lire*	rejoints	*au lieu de*	rejoint.
»	188,	» 23,	»	maint colon	»	maints colons.

TABLE DES MATIÈRES

DU DIX-NEUVIÈME VOLUME

DEUXIÈME PARTIE

GRÈCE HISTORIQUE

CHAPITRE I

CHAPITRE II

DEPUIS LA GUERRE LAMIAQUE JUSQU'A LA FIN DE L'HISTOIRE DE LA HELLAS ET DE L'HELLÉNISME LIBRES

CHAPITRE III

GRECS SICILIENS ET ITALIENS. — AGATHOKLÊS

CHAPITRE IV

CITÉS HELLÉNIQUES A L'ÉTRANGER. — I. EN GAULE ET EN ESPAGNE. — II. SUR LA CÔTE DU PONT-EUXIN.

FIN DE LA TABLE DU DIX-NEUVIÈME ET DERNIER VOLUME

INDEX

DES PLANS ET CARTES

INDEX

A

C

D

E

F

G

J

K

L

N

O

T

U

V

W

X

FIN DU DIX-NEUVIÈME ET DERNIER VOLUME

PARIS. — IMPRIMERIE L. POUPART-DAVYL, RUE DU BAC, 30.

de l'Angleterre deviendra le manuel indispensable de tout homme s'occupant sérieusement de politique pratique.

Son importance capitale gît non-seulement dans l'intérêt du sujet, l'étendue des recherches et l'indication minutieuse des sources, mais encore dans la conception même qui en forme le fond. C'est un point de vue entièrement neuf, en effet, et le seul véritable pour bien comprendre l'histoire constitutionnelle du peuple anglais, que celui où s'est placé l'auteur. Il nous présente, au début, une royauté armée de tous les pouvoirs, possédant un système complétement développé de ses droits souverains.

Il permet de suivre pas à pas sa lutte contre les revendications légitimes de l'ensemble de la population : noblesse, clergé, classes moyennes. On voit s'organiser, durant le cours des âges, la vie du *self government*, on la voit ordonnée par des milliers de lois, constituer l'intermédiaire pratique entre l'État et la société. Cette existence journalière fournit enfin les conditions vitales et les éléments organiques de l'existence parlementaire.

Contrairement aux opinions accréditées depuis le dix-huitième siècle, la constitution parlementaire, au lieu d'être la base du *self government*, en est le résultat. C'est ce qu'ignorèrent longtemps les hommes d'Etat et les théoriciens les plus illustres. Une expérience bien cruelle a appris au monde européen que le gouvernement libre ne saurait éclore tout à coup, et se substituer tout d'une pièce à l'absolutisme plus ou moins mitigé. Le temps a fait justice des systèmes *à priori* et l'on ne saurait plus admettre que Minerve puisse sortir tout armée du cerveau de Jupiter.

L'Angleterre, seule, parmi les grands États de l'Europe, présente le modèle pratique d'une constitution libre. Historique, pratique et théorique, l'œuvre que nous offrons au public retracera l'image fidèle de l'exercice des pouvoirs gouvernementaux, conformément aux lois de l'État.

Trois grandes subdivisions se rattachent, dans le livre de

M. Gneist, aux trois points de vue : de l'histoire, de l'application pratique et de la théorie générale, que l'on peut déduire des faits exposés dans les deux premières parties.

I. D'abord, l'*Histoire légale et constitutionnelle, depuis les temps anglo-saxons jusqu'à nos jours*, rangée sous les rubriques spéciales : *De la vie publique interne* de l'État, comprenant l'organisation de l'armée, de la justice et de l'Église ; *De la vie sociale* et des lois qui en règlent l'exercice ; *De la vie politique* dans les assemblées nationales.

II. Une *seconde partie*, la plus étendue de l'ouvrage, *détaille*, en douze chapitres subdivisés en de nombreux paragraphes, *la Constitution communale de l'Angleterre et du pays de Galles dans son état présent.*

L'auteur y traite successivement des circonscriptions et des fonctions communales, du système des impôts communaux, de la justice civile, pénale et de la police des comtés ; de la constitution des villes, de l'organisation de la milice, de celle des paroisses, de l'administration des pauvres, etc.

III. La dernière partie recueille enfin *les principes théoriques du self government*, les règles qui deviendront, par le progrès nécessaire de la civilisation, le patrimoine des nations, et qui seront avec le temps, chez tous les peuples, la consécration ainsi que la garantie des droits imprescriptibles de la liberté.

Publié d'abord en 1857, cet ouvrage a eu, en 1863, une seconde édition, considérablement remaniée et augmentée. La traduction, rédigée sous la surveillance de l'auteur, enrichie du fruit de ses études depuis cette époque, et mise à la hauteur des derniers travaux législatifs du parlement anglais, sera aussi conforme au texte original que le permet le génie de deux langues si différentes dans leur allure. Elle formera six volumes in-8° qui feront partie de la *Collection des grands historiens étrangers contemporains*.

Une dernière preuve du mérite sérieux de l'ouvrage de M. Gneist, c'est que l'Angleterre, désespérant d'en surpasser ou même d'en égaler la perfection, a tenu à s'en assurer les avantages par une traduction anglaise actuellement en cours de rédaction.

L'ouvrage de M. Gneist sera sans contredit le plus complet sur la matière, qui ait encore vu le jour dans les diverses littératures.

Ce sera le livre indispensable à tout homme d'État, à tout économiste, à tout historien, à tout administrateur public.

Tout citoyen d'un pays libre qui veut comprendre vraiment et pratiquer sérieusement son rôle de membre actif d'une société libre devrait posséder et étudier ce livre.

L'ouvrage fera six volumes in-8°, du prix de 6 francs le volume. Le premier volume est sous presse et les volumes suivants se succéderont de deux en deux mois environ.

PARIS. — IMPRIMERIE L. POUPART-DAVYL, RUE DU BAC, 30.

www.ingramcontent.com/pod-product-compliance
Ingram Content Group UK Ltd.
Pitfield, Milton Keynes, MK11 3LW, UK
UKHW012007240726
13965UKWH00001B/208